Kombination dynamischer und formaler Methoden zur Verifikation objektorientierter Software

Stefan Huster

Kombination dynamischer und formaler Methoden zur Verifikation objektorientierter Software

EBERHARD KARLS
UNIVERSITÄT
TÜBINGEN

TÜBINGEN
LIBRARY PUBLISHING

Bibliografische Information der Deutschen Nationalbibliothek
Die Deutsche Nationalbibliothek verzeichnet diese Publikation in der Deutschen Nationalbibliografie, detaillierte bibliografische Daten sind im Internet über http://dnb.d-nb.de abrufbar.

Die Online-Version dieser Publikation ist auf dem Repositorium der Universität Tübingen frei verfügbar (Open Access):
http://hdl.handle.net/10900/101242
http://nbn-resolving.de/urn:nbn:de:bsz:21-dspace-1012425
http://dx.doi.org/10.15496/publikation-42621

Tübingen Library Publishing 2020
Universitätsbibliothek Tübingen
Wilhelmstraße 32
72074 Tübingen
druckdienste@ub.uni-tuebingen.de
https://tlp.uni-tuebingen.de

ISBN (Paperback): 978-3-946552-37-6
ISBN (PDF): 978-3-946552-38-3

Umschlaggestaltung: Susanne Schmid, Universität Tübingen
Satz: Stefan Huster
Druck und Bindung: readbox unipress in der readbox publishing GmbH
Printed in Germany

Danksagung

Die vorliegende Arbeit entstand nebenberuflich zu meiner Arbeit bei der elusoft GmbH, als Mitglied der Saftey-Critical-Systems-Gruppe am Lehrstuhl der Technischen Informatik der Mathematischen-Naturwissenschaftlichen Fakultät der Eberhard Karls Universität Tübingen. An dieser Stelle möchte ich mich bei allen herzlich bedanken, die zum erfolgreichen Gelingen dieser Dissertation beigetragen haben.

An erster Stelle gebührt mein Dank Prof. Dr. Thomas Kropf und Prof. Dr. Wolfang Rosenstiel für die hervorragende wissenschaftliche Betreuung und für die Begutachtung meiner Dissertation. Ihre Anregungen und die Diskussionen, die ich mit Ihnen führen durfte, waren stets ein wertvoller Beitrag zu meiner Arbeit.

An dieser Stelle möchte ich mich auch bei meinen Kollegen der elusoft GmbH bedanken. Besonderer Dank gilt dabei meinem langjährigen Chef Ralf Haspel und meiner hoch geschätzten Kollegin Petra Ecker. Ohne ihre Unterstützung und ihr Verständnis wäre eine nebenberufliche Promotion nicht möglich gewesen.

Ebenfalls möchte ich mich bei den Mitgliedern der Saftey-Critical-Systems-Gruppe, Dr. Jörg Behrend, Sebastian Burg, Dr. Patrick Heckeler, Dr. Hanno Eichelberger, Dr. Stefan Lämmermann und Jo Laufenberg für die sehr gute Zusammenarbeit, die guten Gespräche und die tolle gemeinsame Zeit bedanken. Ausdrücklicher Dank gilt meinem Gruppenleiter Dr. Jürgen Ruf, der mich auch in schwierigen Phasen stets motivierte und unterstütze. Durch seine fachliche Kompetenz und seine aufbauende Art trug er maßgeblich zum Gelingen dieser Arbeit bei.

Herzlich bedanken möchte ich mich auch bei meinen Eltern Monika und Volker Huster. Ihre Förderung ermöglichte mir das Studium der Informatik und die anschließende Promotion. Insbesondere möchte ich mich bei meiner Frau Angela bedanken, die mir während meiner Promotion den Rücken freigehalten und mich stets motiviert hat.

Stefan Huster
Mai 2020

Zusammenfassung

Der Anteil und die Komplexität von Software in industriellen Gütern und Dienstleistungen steigt stetig. Die Korrektheit ist eine der wichtigsten Eigenschaften eingesetzter Software. Nur korrekt funktionierende Software dient langfristig der monetären Wertschöpfung und bietet den Anwendern ausreichend Sicherheit. Ein Programm gilt dabei als korrekt, wenn es der zugrundeliegenden Spezifikation entspricht. Die Überprüfung ob ein Programm der Spezifikation entspricht wird Verifikation genannt.
Für die Entwicklung werden häufig objektorientierte Programmiersprachen eingesetzt. Durch die Aufteilung der gesamten Programmlogik auf einzelne Klassen lassen sich auch komplexe Systeme gut strukturieren und effizient entwickeln. Die Korrektheit objektorientierter Software kann mit Hilfe dynamischer Testverfahren oder mit Hilfe formaler Methoden verifiziert werden. Dynamische Testverfahren können leicht auf jede Software angewandt werden, garantieren jedoch keine Fehlerfreiheit. Methoden der formalen Verifikation können hingegen dafür genutzt werden, Fehlerfreiheit zu garantieren. Jedoch ist ihre Anwendung wesentlich komplexer.
Kernkonzepte, wie Polymorphie, Aliasing und der dynamische Dispatch [13] erschweren jedoch die Verifikation objektorientierter Software. Den Type eines Objektes kann auf Grund dieser Konzepte häufig erst zur Laufzeit bestimmt werden. Während der formalen Verifikation oder dem Testen der Interaktion einzelner Objekte müssen daher alle möglichen Kombinationen von Laufzeittypen geprüft werden. Dies erhöht die Anzahl der benötigten Testfälle und die Komplexität für formale Verifikationsmethoden.
Das Konzept der modularen formalen Verifikation soll dem entgegenwirken. Dieses Konzept sieht vor, dass der Korrektheitsbeweis eines Systems in einzelne Teilbeweise unterteilt wird. Diese Teilbeweise werden einzeln verifiziert. Bei der Verifikation eines Teilbeweises wird die Korrektheit aller anderen Teilbeweise postuliert. Durch dieses Vorgehen kann die Komplexität für jeden einzelnen Beweis deutlich reduziert und dadurch der Beweis einfacher automatisiert werden. Gleichzeitig entstehen durch dieses Vorgehen Abhängigkeiten

zwischen den einzelnen Teilbeweisen. Kann auch nur ein einziger Teilbeweis nicht geführt werden, kann keine Aussage mehr über die Korrektheit des Gesamtsystems getroffen werden.

In dieser Arbeit wird ein neues Verfahren zu Kombination modularer, formaler Verifikationsmethoden und dynamischer Testverfahren vorgestellt. Das Ziel der vorgestellten Methodik ist es möglichst große Anteile der Software automatisiert, modular und formal zu verifizieren. Dadurch können zeitintensive, dynamische Testfälle eingespart und die Sicherheit der Software erhöht werden. Die Korrektheit von Programmabschnitten, die nicht formal verifiziert werden konnten, werden mit dynamischen Testfällen überprüft. Zusätzlich werden Robustheitstests generiert. Diese simulieren Fehler bezüglich aller nicht formal verifizierten Programmeigenschaften. Mit Hilfe dieser Robustheitstests wird das Verhalten der formal verifizierten Programmabschnitte im Fehlerfall analysiert. Ein sicherer Umgang mit Fehlern verhindert, dass Fehler unbemerkt durch das Gesamtsystem propagiert werden können. Stattdessen werden Fehler durch das Programm korrigiert oder die Programmausführung mit einem definierten Prozess unterbrochen. Die Robustheitstests helfen dem Entwickler, die notwendige Fehlerbehandlung zu identifizieren, zu entwickeln und final zu testen. Die auf diesem Weg entstandene Fehlerbehandlung erhöht auch die Robustheit des Gesamtsystems gegenüber potentiell nicht entdeckter Fehler.

Diese Arbeit beschreibt das vorgestellte Verfahren unabhängig von einer speziellen Programmiersprache. Die Implementierung der vorgestellten Methodik wird basierend auf der Programmiersprache C# erörtert. Die Ergebnisse der Methodik werden anhand einzelner Beispiele aus der industriellen Praxis vorgestellt. In jedem Beispiel konnten mit Hilfe der Robustheitstest Risiken in modular verifizierten Programmabschnitten identifiziert werden. Diese Risiken hätten im Fehlerfall dazu führen können, dass die analysierte Software falsche Ergebnisse zurückgibt und dadurch wirtschaftlichen Schaden verursacht. Basierend auf den generierten Robustheitstests konnte ein Fehlerverhalten zur Minimierung der identifizierten Risiken implementiert werden.

Inhaltsverzeichnis

Abbildungsverzeichnis

Tabellenverzeichnis

Listings

Liste der Algorithmen

Kapitel 1

Einleitung und Motivation

Der Anteil [12] und die Komplexität von Software [75] in industriellen Gütern steigt stetig. Ein Grund dafür ist die immer stärkere Automatisierung, Vernetzung und Digitalisierung industrieller Produkte und verbundener Prozesse. Unbeachtet der steigenden Komplexität muss die Software natürlich die selben hohen Qualitätsansprüche erfüllen wie die Hardware, für die sie entwickelt wurde. Softwarefehler haben einen direkten Einfluss auf die Sicherheit und die Effektivität der verwendeten Hardware. Verhindert beispielsweise ein Fehler in einem Warenwirtschaftssystem die automatische Bestellung notwendiger Rohstoffe, kann dies schnell die gesamte Produktion gefährden. Aus diesem Grund ist die Korrektheit einer der wichtigsten Kriterien bei der Bewertung von Softwarequalität. Ein Programm gilt als korrekt, wenn diese die Spezifikation erfüllt. Die Überprüfung ob ein Programm die Spezifikation erfüllt wird Verifikation genannt.

Um mit der wachsenden Größe und Komplexität der eingesetzten Systeme Schritt halten zu können, müssen die verwendeten Methoden zur Entwicklung und zur Qualitätssicherung stets auf die aktuellen Ansprüche angepasst werden. Diese Anpassung beginnt bereits bei der Wahl der verwendeten Programmiersprache. Objektorientierte Sprachen machen heute einen großen Anteil der industriell eingesetzten Hochsprachen bei Neuentwicklungen aus[1]. Deren Programmieransätze beschreiben das Verhalten eines Softwaresystems über die Interaktion einzelner Objekte oder Objektgruppen. Im Vergleich zum Gesamtsystem umfassen einzelne Objekte nur eine geringe Anzahl gespeicherter Daten bzw. Attribute und in Form weniger Methoden einen überschaubaren Ausschnitt der Gesamtlogik. Diese Aufteilung der Programmlogik auf mehrere kleinere Einheiten soll dabei helfen, die Komplexität von größeren Systemen zu kontrollieren und diese in mehrere einzelne Module zu unterteilen.

[1] `https://www.tiobe.com/tiobe-index/` - Stand Juni 2019

Um kürzere Entwicklungszeiten zu erzielen oder das Wissen unterschiedlicher Experten zu vereinen, werden diese einzelnen Module häufig von unterschiedlichen Entwicklern oder Entwicklerteams implementiert und erst am Ende zu einem Gesamtsystem zusammengeführt. Damit diese Zusammenführung erfolgreich gestaltet werden kann, muss für jedes Modul bereits vor dem Beginn der Implementierung festgelegt sein, welche Eingabeparameter ein Modul erhalten wird und welche Ausgaben es zu liefern hat. Diese spezielle Form der Entwicklung nennt sich "Vertragsbasierte Programmierung" (engl. Design By Contract oder Programming By Contract) [64]. Diese "Verträge" werden auch Spezifikation genannt.

Für objektorientierte Sprachen erfolgt die Spezifikation meist durch die Definition von Vorbedingungen (Preconditions), Nachbedingungen (Postconditions) und Objekt-Invarianten. Vor- und Nachbedingungen definieren welche Bedingungen vor einem Methodenaufruf bzw. beim Beenden einer Methode erfüllt sein müssen. Objekt-Invarianten spezifizieren gültige Objektzustände, die während der gesamten Programmausführung aufrechterhalten werden müssen. Die Korrektheit dieser Spezifikation kann entweder mit Hilfe dynamischer oder formalen Methoden verifiziert werden.

Dynamische Testverfahren führen das Programm mit expliziten Eingabeparametern aus und vergleichen die berechneten Werte mit dem erwarteten Ergebnis. Während der Ausführung dynamischer Tests können Testüberdeckungsmetriken dafür genutzt werden zu protokollieren, welche Programmabschnitte ausgeführt wurden. Dadurch ist es möglich, gezielt alle Bereiche eines Programms ausführlich zu testen. Dieses Vorgehen hat den Vorteil, dass es sehr einfach auf jede Software angewandt werden kann. Der Nachteil ist, dass jeder Testfall nur eine Stichprobe im Hinblick auf den gesamten Wertebereich der Parameter darstellt. Der Einsatz von dynamischen Testverfahren zur Überprüfung der Spezifikation wird in dieser Arbeit dynamische Verifikation genannt.

Formale Verifikationsverfahren überführen das Programm in ein mathematisches Modell und verifizieren dieses gegenüber der formalen Spezifikation. Auf diesem Weg können mit formalen Methoden vollständige Wertebereiche von Variablen und Eingabeparametern abgedeckt und analysiert werden. Die Herleitung des Korrektheitsbeweises kann interaktiv [73] oder automatisch erfolgen [70, 8]. Interaktive Beweisassistenten benötigen für die Bedienung ein hohes Maß an Fachwissen um produktiv eingesetzt werden zu können. Bei Verifikationsprojekten wird dieses z.T. durch spezialisierte Verifikationsteams bereit gestellt [51]. Ein Aufwand, der meist nur für kleine, hoch kritische Softwarekomponenten betrieben werden kann. Automatische Verifikationswerkzeuge konnten hingegen in den vergangenen Jahren bereits in die normale Entwicklungsumgebung des Programmierers integriert werden [41]. Durch diesen Fortschritt ist es auch weniger spezialisierten Entwicklern möglich Methoden der Softwareverifikation zu nutzen. Der Nachteil bei der Nutzung automatischer Verfahren zur Verifikation ist, dass diese Werkzeuge z.T. keine verständlichen Erklärungen ausgeben, warum ein Beweis nicht geführt werden konnte. Dies erschwert für Entwickler im Besonderen den Umgang mit nicht verifizierten Softwarebereichen.

Gerade Konzepte der häufig zum Einsatz kommenden objektorientierten Programmiersprachen, wie beispielsweise die Aufteilung der Programmlogik in Klassen, die Aggregation

und die Polymorphie, stellen im Vergleich zu rein prozedualen Programmiersprachen zusätzliche Herausforderungen für formale Verifikationsverfahren dar [78]. Die Klasse eines Objekts definiert die Liste der Attribute und die Implementierung von Methoden (vgl. 2.1). Klassen können durch Aggregation und Polymorphie unbegrenzt erweitert werden. Welche konkrete Klasse eine Variable repräsentiert, wird auf Grund der dynamischen Bindung (vgl. 2.1.2) erst zur Laufzeit festgelegt. Klassische Verifikationsverfahren, wie die von Floyd oder Hoare [60], analysieren einzelne Programmpfade bzw. Funktionen mit statischen Typen. Das bedeutet, dass der Typ einer Variable bereits im Quellcode definiert wird und dadurch auch zum Zeitpunkt der statischen Analyse bekannt ist. Bei objektorientierter Software ist dies nicht der Fall, da der Typ einer Variable z.T. erst zur Laufzeit festgelegt wird. Bei der Verifikation müssen dadurch alle Typen berücksichtigt werden, die eine Variable zur Laufzeit annehmen kann. Auf den ersten Blick scheint es eine Lösung zu sein, ein objektorientiertes Programm für die Verifikation als Menge von Programmpfaden mit statischen Typen zu repräsentieren. In diesem Fall müsste für jede Variable in einem Programmpfad, die auf ein Objekt verweist, pro Typ, den die Variable zur Laufzeit annehmen kann, eine Variante des Programmpfades analysiert werden. Enthält ein Pfad mehrere solcher Variablen, muss zudem eine Variante aller möglichen Kombinationen verifiziert werden. Diese große Anzahl zu verifizierenden Kombinationsmöglichkeiten macht es für statische Verifikationsverfahren unmöglich, nur einzelne, statisch typisierte Programmpfade zu analysieren. Auch eine vollständige Abdeckung durch dynamische Testfälle ist dadurch nicht mehr möglich.
Ein vereinfachtes Beispiel für dieses Problem zeigt die Abbildung 1.1. Das Beispiel enthält drei Klassen A, B und C. Die Klasse B erweitert die Klasse A und die Klasse C erweitert die Klasse B. Alle Klassen implementieren die Methode $m()$. Verwendet werden die Klassen als Parametertyp für die Funktionen $funcF1()$ und $funcF2()$. Beide Methoden garantieren einen Rückgabewert größer Null ($Result >= 0$). Aufgrund der Regeln der Polymorphie kann für jede Variable des Typs A auch eine Variable des Typs B oder C verwendet werden. Für die Verifikation basierend auf statisch getypten Pfaden müssen beide Funktionen mit allen möglichen Typkombinationen analysiert werden. Für die Funktion $funcF1()$ müssen drei Varianten analysiert werden. Wird bei der Funktion $funcF2()$ das Kommutativgesetz für den +-Operator nicht berücksichtigt, müssen neun verschiedene Kombinationsmöglichkeiten für die Parameter $a1$ und $a2$ getestet werden. In einem komplexeren Beispiel würde die Anzahl zu testender statisch getypten Programmpfade entsprechend exponentiell zunehmen.
Als Lösung für dieses Problem können Verfahren verwendet werden, die nicht mehr auf der Verifikation statisch getypter Programmpfade aufbauen. Diese Verfahren verteilen die Komplexität des Gesamtbeweises auf einzelne Teilbeweise mit geringerer Komplexität. Dieses Vorgehen wird modulare Verifikation [70] genannt. Die einzelnen Teilbeweise werden auch Beweisziele (engl. "Proof Obligation" oder "Verification Goal") genannt. Die einzelnen Beweisziele werden unabhängig voneinander verifiziert. Damit diese Unterteilung möglich ist, werden für den Beweis eines Beweisziels Annahmen über die Korrektheit anderer Beweisziele getroffen. Beispielweise wird während der Verifikation einer Nachbedingung die Einhaltung einer Vorbedingung postuliert. Jede Annahme, die für die Verifikation eines Beweisziels getroffen wird, muss durch ein anderes Beweisziel abgesichert werden. Ein Gesamtsystem gilt nur dann als verifiziert, wenn jedes einzelne Beweisziel verifiziert wer-

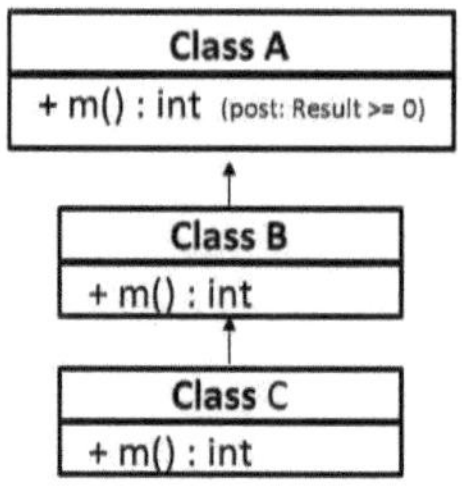


```
//Postcondition: Result >= 0
double funcF1 (A a) {
  return sqrt(a.m());
}

//Postcondition: Result >= 0
int funcF2 (A a1, A a2) {
  return a1.m() + a2.m();
}
```

Abbildung 1.1: Beispiel für die Verwendung von Beweiszielen

den konnte. Ein weiterer Vorteil dieser Unterteilung ist, dass bei späteren Änderungen des Quellcodes i.d.R. nicht alle Beweisziele neu verifiziert werden müssen. Die modulare Verifikation bringt bereits für das Beispiel in Abbildung 1.1 Vorteile, da mit ihrer Hilfe die Anzahl der zu verifizierenden Pfade reduziert werden kann. Die Methode $m()$ garantiert in ihrer Nachbedingung, dass der Rückgabewert immer größer oder gleich Null ist (*Result* >= 0). Dieser Beweis erfolgt modular für alle drei Implementierungen, also unabhängig von der Verwendung der Methode $m()$ in den Funktionen $funcF1()$ und $funcF2()$. Die Erkenntnis, dass jede mögliche Ausführung von $m()$ einen Wert größer Null zurückgibt, könnte als Vorbedingung für den Beweis der Funktionen $funcF1()$ und $funcF2()$ verwendet werden. In diesem Fall wäre der konkrete Typ zur Laufzeit der Parameter a, $a1$ und $a2$ irrelevant. Für jede Funktion müsste jeweils nur noch ein Pfad betrachtet werden. Die Gesamtanzahl der zu verifizierenden Beweisziele reduziert sich dadurch von zwölf auf fünf. Drei Beweisziele werden für jede Klasse bzgl. der Nachbedingung der Methode $m()$ generiert und je ein Beweisziel für die Methode $FuncF1()$ und $funcF2()$.

Ein großes Problem entsteht jedoch genau dann, wenn einzelne Beweisziele nicht formal verifiziert werden können. Aufgrund der modularen Verifikation hängt die Korrektheit einzelner Beweisziele voneinander ab. Wird auch nur ein Beweisziel nicht formal verifiziert, ist der Korrektheitsbeweis des Gesamtsystems formal ungültig.
Nehmen wir beispielsweise an, dass die Methode $m()$ der Klasse B aus Abbildung 1.1 nicht formal verifiziert werden könnte. Ein Fehler in dieser Methode verursacht einen negativen Rückgabewert. Dieser Fehler hätte direkte Auswirkungen auf die Methode $funcF1()$, da es mit reellen Zahlen (double) nicht möglich ist, aus einem negativen Wert die Wurzel zu berechnen. Das bedeutet, dass die Funktion vermutlich einen Programmabsturz verursacht, obwohl diese zuvor modular verifiziert wurde. Die Beweisziele der Methoden $funcF1()$ und $funcF2()$ stehen daher in einer direkten Abhängigkeit zu den Beweiszielen der Methode $m()$ für die Klassen A, B und C. Können nicht alle Beweisziele formal verifiziert werden, muss die Korrektheit der nicht verifizierten Beweisziele aus diesem Grund durch andere Methoden so gut wie möglich verifiziert werden.

Aus diesem Grund werden in dieser Arbeit formale Verifikations- und dynamische Testverfahren kombiniert. Kann ein Beweisziel nicht formal verifiziert werden, wird es stattdessen mit dynamischen Tests überprüft. Beim Testen einzelner nicht formal verifizierter Beweisziele besteht jedoch immer das Restrisiko, dass Fehler übersehen werden. Auf dieses Risiko wies bereits Dijkstra mit folgendem Zitat frühzeitig hin:

> *"Program testing can be a very effective way to show the presence of bugs, but is hopelessly inadequate for showing their absence. [Durch Testen kann man stets nur die Anwesenheit, nie aber die Abwesenheit von Fehlern beweisen.]"*
>
> The Humble Programmer, ACM Turing Lecture 1972

1.1 Das Risiko dynamischer Testmethoden

Testmethoden können lediglich dafür genutzt werden, die Existenz von Fehlern nachzuweisen, jedoch nicht dafür die Korrektheit einer Software zu garantieren. Selbst wenn mit Hilfe mehrerer Testfälle jede Programmzeile einmal fehlerfrei ausgeführt wurde, können bei unterschiedlichen Testparametern im selben Code Fehler auftreten. Ein Beispiel dafür ist der Programmausschnitt in Listing 1.1. Das Beispiel ist in C# programmiert. Die Spezifikation verwendet die von Microsoft eingeführte `Contract`-Klasse. Der gezeigte Programmausschnitt ist Teil eines Programms zur Zuschnittsoptimierung (engl. "CuttingStock"-problem). Das Ziel der Zuschnittsoptimierung ist es, aus einer Stange Rohmaterial möglichst viele Einzelteile zu fertigen. Dafür muss eine vorgegebene Menge an Einzelteillängen auf eine möglichst geringe Menge Rohmaterialstangen verteilt werden. Dies wird in Abbildung 1.2 illustriert. Drei Teile mit unterschiedlichen Längen und Stückzahlen sollen möglichst platzsparend für die Produktion auf dem Rohmaterial verteilt werden.

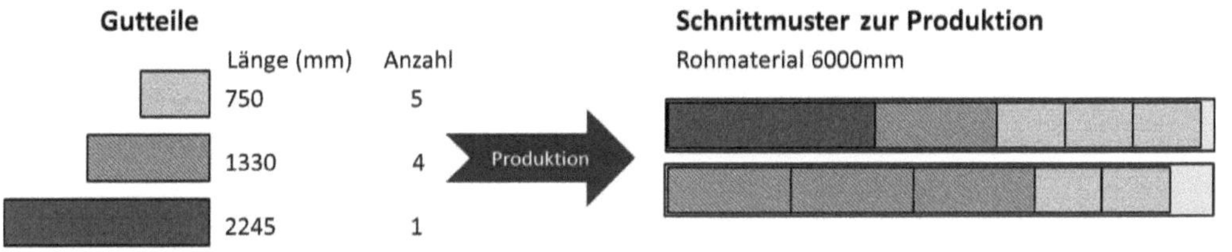

Abbildung 1.2: Illustration des Zuschnittproblems

Der aufgeführte Programmausschnitt in Listing 1.1 auf Seite 6 zeigt einen Teil der `Bar`-Klasse. Diese Klasse repräsentiert ein gültiges Schnittmuster einer Rohmaterialstange. Die `AddCut`-Methode fügt dem Schnittmuster eine neue Teillänge hinzu. Dafür prüft die Methode, ob die bereits verbrauchte Rohmateriallänge zzgl. des notwendigen Abstands zwischen zwei positionierten Einzelteilen noch genügend Platz für das neu hinzuzufügende Teil bietet (Zeile 13-14). Reicht der Platz nicht aus, soll die Methode `false` zurückgeben und sich beenden, ohne das neue Teil dem Schnittmuster hinzugefügt zu haben. Die aktuell verbrauchte Materiallänge wird in der Klassenvariable `UsedLength` gespeichert.

```
1 public class Bar {
2   public double Length, UsedLength, MinSpace;
3   public List<Double> Cuts;
4   [ContractInvariantMethod]
5   private void ObjectInvariant() {
6     Contract.Invariant(UsedLength >= 0);
7     Contract.Invariant(UsedLength <= Length);
8     Contract.Invariant(Cuts != null);
9   }
10  public Bar(double length, double minSpace) {[...]}
11  public bool AddCut(double cutLength) {
12    Contract.Requires(cutLength > 0);
13    double usedSpace = Cuts.Count * MinSpace;
14    if ((Length - UsedLength - usedSpace) < cutLength) {
15      return false;
16    }
17    UsedLength += cutLength;
18    Cuts.Add(cutLength);
19    return true;
20  }
21 }
```

Listing 1.1: Code Contracts: Nicht verifizierte Objekt-Invariante

Der gültige Wertebereich dieser Variable wird in den Objekt-Invarianten in Zeile 6 und 7 (`Contract.Invariant`) definiert. Diese Invarianten definieren, dass der Wert stets größer oder gleich 0 und kleiner als die Rohmateriallänge sein muss.

Das Microsoft Verifikationsframework "CodeContracts"[2] schafft es nicht alle Beweisziele dieses Programms zu verifizieren. Das Beweisziel welches zusichert, dass die Invariante in Zeile 7 nach dem Verlassen der `AddCut`-Methode weiterhin gültig ist, kann nicht bewiesen werden. Die entsprechende Warnung ist in Abbildung 1.3 dargestellt. CodeContracts liefert an dieser Stelle keine weitere Information für den Grund warum die Invariante nicht verifiziert werden konnte. Es wird auch kein Gegenbeispiel angezeigt oder sonst eine Information gegeben, die es dem Entwickler zielgerichtet erlauben würde, den Code so anzupassen, dass eine formale Verifikation möglich ist. In diesem Beispiel kann nur vermutet werden, dass CodeContracts die Beziehung zwischen der `if`-Abfrage in Zeile 14 und der Invariante in Zeile 7 nicht herleiten kann.

```
public void TestAddCut() {
  Bar bar = new Bar(5000, 5);
  bool couldAdd = bar.AddCut(1500);
  Assert.IsTrue(couldAdd && bar.UsedLength == 1500);
  couldAdd = bar.AddCut(5500);
  Assert.IsTrue(!couldAdd && bar.UsedLength == 1500);
```

[2] `https://marketplace.visualstudio.com/items?itemName=RiSEResearchinSoftwareEngineering.CodeContractsforNET`, Version: 1.9.10714.2

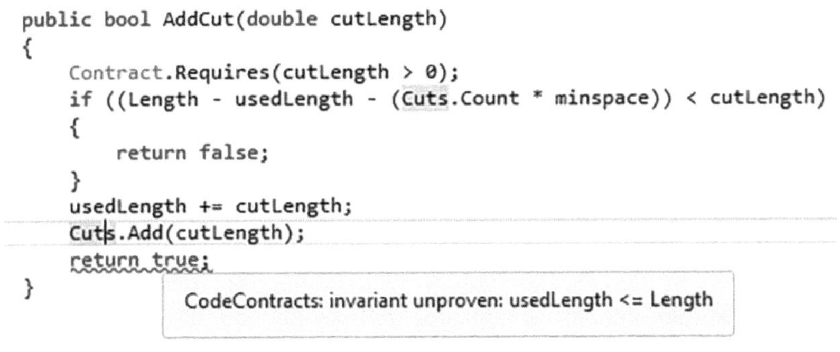

Abbildung 1.3: Code Contracts warnt vor nicht bewiesener Invariante

```
}
```

Listing 1.2: Testfälle zur Verifikation der nicht formal verifizierten Invariante

Auch auf Grund des Mangels an weiterführenden Informationen bleibt dem Entwickler an dieser Stelle fast nichts anderes übrig, als diesen Codeabschnitt mit anderen Methoden zu verifizieren. Eine Verifikation mit dynamische Methoden könnte beispielsweise mit den Testfällen in Listing 1.2 erfolgen. Die aufgeführten Tests werden alle erfolgreich durchlaufen. Sie führen jede Programmzeile der getesteten Methode aus und erzielen eine vollständige Testabdeckung aller gängigen Überdeckungsmetriken (vgl. Kapitel 2.6). Aus diesem Grund könnte die Methode als vollständig getestet und als hinreichend verifiziert betrachtet werden. Die aufgeführten Testfälle erzielen aber auch die selben Testergebnisse, wenn die Zeile 14 in Listing 1.1 durch `if ((Length - usedSpace)< cutLength)` ersetzt wird. Dies wäre ein schwerwiegender Fehler, da diese Prüfung die bereits verbrauchten Rohmateriallängen ignoriert. Es könnten dadurch mehr Teile auf dem Rohmaterial positioniert werden als in der Realität daraus gefertigt werden kann. Solche Fehler sind besonders tückisch, da sie erst einmal keinen sichtbaren Fehler wie beispielsweise einen Absturz in der Oberfläche erzeugen. Unter Umständen würde dieser Fehler daher erst dann auffallen, wenn das Rohmaterial auf Basis der Optimierung bestellt wurde und versucht wird, das erste fehlerhaft generierte Schnittmuster zu produzieren. Dieses einfache Beispiel zeigt, wie Fehler trotz ausführlichem Testen übersehen werden können. Solche Fehler können weitreichende Folgen haben, auch wenn andere Bereiche einer Software formal verifiziert werden konnten.

1.2 Ziele dieser Arbeit

Objektorientierte Programmierkonzepte kommen in der Praxis häufig zum Einsatz. Deren Konzepte stellen jedoch besondere Anforderungen an die Verifikationsverfahren. Weder formale noch dynamische Methoden sind ideal für die Verifikation geeignet.

Das Ziel dieser Arbeit ist die Kombination der Stärken formaler und dynamischer

Verifikationsmethoden zur Analyse objektorientierter Software.

Formale Methoden sollen dafür eingesetzt werden, möglichst große Teile der Software modular formal zu verifizieren. Ihre Stärke ist es, den gesamten Wertebereiche aller Parameter und möglicher Laufzeittypen von Objekten zu analysieren. Dies wirkt dem Nachteil dynamischer Testverfahren, immer nur Stichproben zu testen, entgegen. Die Korrektheitsaussage wird gegenüber dem reinem Testen verstärkt.
Bei der modularen Verifikation wird der Gesamtbeweis auf einzelne Beweisziele unterteilt. Jedes Beweisziel repräsentiert die Eigenschaft eines Programmpfades. Beweisziele, die nicht formal verifiziert werden können, sollen möglichst isoliert durch dynamische Tests überprüft werden. Eigenschaften, die bereits formal verifiziert werden konnten, müssen nicht mehr dynamisch verifiziert werden. Dies reduziert die Anzahl der notwendigen Testfälle im Vergleich zum reinen Testen. Der Ablauf zur Kombination formaler und dynamischer Verifikationsverfahren soll in einer weitestgehend automatisierbaren Methodik integriert werden.

Der Stand der Technik hat bei der Kombination unterschiedlicher Verifikationsmethoden den Fokus auf der Kombination verschiedener formaler Verifikationsverfahren oder auf der Testfallgenerierung für nicht formal verifizierte Codeabschnitte. Der Stand der Technik wird in Kapitel 4 vorgestellt. Der Fokus dieser Arbeit liegt hingegen auf dem Umgang mit nicht verifizierten und getesteten Beweiszielen. Die Möglichkeit nicht verifizierte Beweisziele interaktiv zu verifizieren scheidet für diese Arbeit aus. Dieses Vorgehen fordert eine zu hohe Expertise des Anwenders und ist nicht automatisierbar. Daher müssen nicht formal verifizierte Beweisziele durch Tests verifiziert werden. Stichprobenbasierte Testverfahren können jedoch nicht die Abwesenheit von Fehlern garantieren. Dadurch stellen getestete Softwareabschnitte immer ein Risiko für modular formal verifizierte Testabschnitte dar. Keine bisherige Methodik fokussiert die Fehlerbehandlung hinsichtlich des in Abschnitts 1.1 beschriebenen Risikos getesteter Codeabschnitte für modular formal verifizierte Beweisziele.

Hoare [43] verwendet hierfür in Bezug auf die Wunscheigenschaften eines verifizierenden Kompilers den Begriff des *Risk-managed*:

> ***Risk-managed.*** *The risks of failure are identified, symptoms of failure will be recognized early, and strategies for cancellation or recovery are in place. [Die Risiken von Fehlern werden identifiziert, deren Symptome frühzeitig erkannt und Strategien für deren Eliminierung oder deren Behandlung erarbeitet.]"*

Aus diesem Zitat leitet sich das Kernziel dieser Arbeit ab:

Das Kernziel dieser Arbeit ist die Vereinfachung der Risikoanalyse für den Entwickler bei der Kombination von dynamischen Test- und formalen Verifikationsverfahren.

Im Speziellen soll durch die in dieser Arbeit vorgestellten Methodik verhindert werden, dass sich unentdeckte Fehler aus getesteten Programmabschnitten unbemerkt in formal verifizierte Programmabschnitte ausbreiten können. Stattdessen sollen die Risiken und Symptome von Fehlern bereits im Vorfeld aufgedeckt werden. Dafür werden Fehler bezüglich nicht verifizierbarer Programmeigenschaften simuliert. Dies ermöglicht es dem Entwickler bereits frühzeitig Strategien für den Umgang mit potentiellen Fehlern zu implementieren.

In Bezug auf das Beispiel in Abschnitt 1.1 ist das Ziel, während der automatischen Testfallgenerierung einen Testfall zu generieren, der ein fehlerhaftes Verhalten der `AddCut`-Methode simuliert und die in Listing 1.1 in Zeile 6 und 7 formulierte Invariante verletzt. Testfälle, die bewusst das Fehlerverhalten einer Software analysieren, werden auch Robustheitstests genannt. Bei Robustheitstest weiß der Entwickler, dass ein fehlerhaftes Verhalten der Software simuliert bzw. provoziert wird. Bei der Ausführung eines Robustheitstest erwartet der Entwickler demnach, dass eine Fehlerbehandlung der Software ausgeführt wird. Ist dies nicht der Fall, wird der Entwickler durch einen solchen Test darauf hingewiesen, dass eine zusätzliche Fehlerbehandlung notwendig ist. In diesem Beispiel könnte eine gezielte Fehlerbehandlung eine zusätzliche Prüfung der Anzahl der auf einer Stange positionierten Teile enthalten. Durch eine solche Prüfung könnte verhindert werden, dass durch einen Fehler im Optimierungsalgorithmus unbemerkt Schnittmuster generiert werden, die in der Realität auf Grund einer mangelnden Materiallänge nicht gefertigt werden können. Würde während dieser Prüfung ein fehlerhaftes Schnittmuster erkannt werden, könnte die Optimierung mit einer entsprechenden Fehlermeldung terminiert werden. Dadurch würde verhindert werden, dass dieser Fehler erst bei der angelaufenen Produktion und nach der Materialbestellung bemerkt wird.

Aus den beiden formulierten Zielen lassen sich an die zu entwickelnde Methodik folgende Anforderungen ableiten:

K1 Modulare Verifikation funktionaler Korrektheit objektorientierter Software

K2 Automatische Verifikation von Beweisziele

K3 Isoliertes Testen nicht formal verifizierbarer Beweisziele

K4 Analyse von Auswirkungen möglicher Fehler bzgl. nicht formal verifizierbarer Beweisziele

K5 Automatische Generierung von Testvektoren für Testfälle

1.3 Lösungsansatz

Die in dieser Arbeit vorgestellte Methodik umfasst den gesamten Verifikationsprozess, beginnend bei der Spezifikation des Programms über die Beweiszielgenerierung bis hin zur Testfall- und Testvektorgenerierung. Der Ablauf der Gesamtmethodik ist in Grafik 1.4 illustriert.
Die vorgestellte Methodik wird auf den Quelltext und die formale Spezifikation angewandt. Die formale Spezifikation basiert auf Vor- und Nachbedingungen sowie Objekt-Invarianten. Der Beweiszielgenerator (1) analysiert die Eingabe und erstellt eine Menge einzelner,

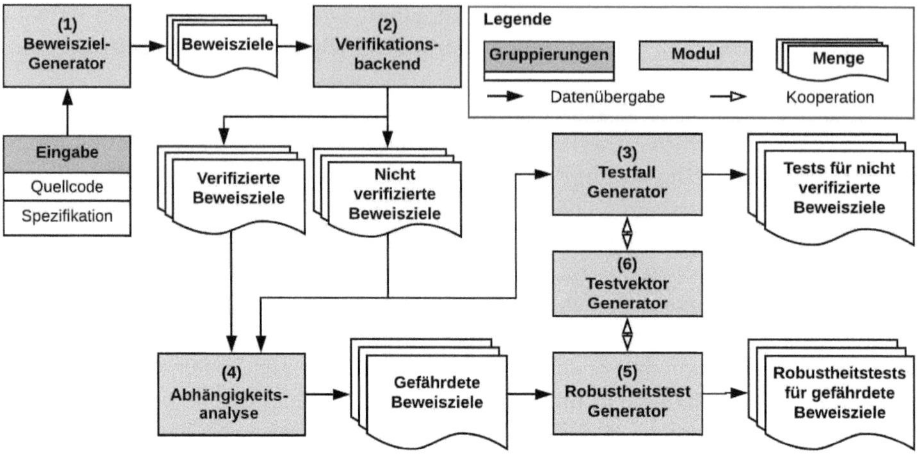

Abbildung 1.4: Illustration des Verifikationssprozesses

voneinander abhängiger Beweisziele. Für diese Arbeit wurde hierfür speziell ein Spezifikationsverfahren für Objekt-Invarianten entwickelt.
Das formale Verifikationsbackend (2) versucht die einzelnen Beweisziele formal modular zu verifizieren. Bei der modularen Verifikation wird die Korrektheit aller getroffenen Annahmen postuliert. Für verifizierte Beweisziele kann damit der vollständige Wertebereich der Parameter abgedeckt werden. Daher kann für diese Programmabschnitte eine verlässlichere Korrektheitsaussage getroffen werden, als dies mit dynamischen Tests möglich gewesen wäre. Zudem müssen diese Programmabschnitte nicht weiter getestet werden, was die Anzahl der insgesamt benötigten Testfälle reduziert.
Der Testfallgenerator (3) generiert mit Hilfe des Testvektorgenerators (6) daher nur noch Testfälle für die dynamische Verifikation der Beweisziele, die nicht verifiziert werden konnten.
Die Kernkomponente der vorgestellten Methodik ist die Abhängigkeitsanalyse (4) und der Generator für Robustheitstest (5). Die Abhängigkeitsanalyse identifiziert Programmabschnitte, die durch nicht formal verifizierte Beweisziele gefährdet werden. Für diese Abschnitte generiert der Robustheitstestgenerator (5) in Kooperation mit dem Testvektorgenerator (6) spezielle Robustheitstests. Diese Tests analysieren die Auswirkungen von verletzten Annahmen innerhalb formal verifizierter Programmabschnitte, deren Korrektheitsbeweise die Korrektheit getesteter Programmabschnitte postulieren. Damit unterstützen die Robustheitstests den Entwickler darin, den Quellcode gegenüber unentdeckten Fehlern abzusichern, was deren unbemerkte Verbreitung verhindert. Eine Besonderheit beim isolierten Testen einzelner Beweisziele betrifft die Testvektorgenerierung (6). Es ist häufig notwendig, explizite Programmzustände zu generieren, damit die Bedingungen der isolierten

Testpfade erfüllt werden. Dies erfordert die spezielle Anwendung von Verfahren zur Testisolation (vgl. Abschnitt 2.5.1). Diese Verfahren modifizieren den zu testenden Quellcode um beispielsweise Abhängigkeiten aufzulösen. Auch der Zugriff auf private Klassenfelder oder Methoden kann durch solche Isolationsverfahren ermöglicht werden. Im Rahmen dieser Arbeit wurde ein entsprechendes Verfahren entwickelt und in den Testfallgenerator (3) integriert.
Die Initialisierung von unterschiedlichen Testobjekten erzeugt eine hohe Anzahl an freien Parametern, die bei der Testvektorgenerierung (6) belegt werden müssen. Tests während der Entstehung dieser Arbeit haben gezeigt, dass Testvektorgeneratoren keine gültigen Testvektoren mehr generieren können, wenn die Anzahl der freien Parameter zu groß wird. Aus diesem Anlass wurde im Rahmen dieser Arbeit ein statisches Analyseverfahren implementiert, welches die Anzahl der freien Parameter reduziert und die Einsatzmöglichkeiten der automatischen Testvektorgenerierung erweitert.

1.4 Aufbau dieser Arbeit

Die vorliegende Arbeit ist wie folgt gegliedert: Kapitel 2 umfasst eine Beschreibung aller für diese Arbeit notwendigen Grundlagen. Hier wird besonders auf die Themen dynamische Testverfahren, Testmetriken, Robustheit, Spezifikation objektorientierter Software und auf formale Verifikationsmethoden eingegangen.

In Kapitel 3 werden anhand von Beispielen aus einer industriellen Software Anforderungen an Methoden zur Spezifikation und Verifikation abgeleitet. Diese Anforderungen adressieren kritische Teilprobleme, die während dem Entstehen dieser Arbeit aufgetreten sind. Dazu zählen im speziellen die Verwendung von Objekt-Invarianten, das dynamische Testen von Schleifen und die Generierung von Testvektoren.

In Kapitel 4 wird ein Überblick über den akademischen Stand der Technik gegeben. Im Fokus stehen dabei Arbeiten, welche die zuvor identifizierten Grenzen aktueller Methoden erweitern. Thematisch werden speziell Methoden zur Kombination formaler Verifikations- und dynamischer Testmethoden betrachtet. Zusätzlich werden auch Methoden vorgestellt, welche die Teilprobleme in Kapitel 3 adressieren. Basierend auf der Analyse aktueller Arbeiten werden in Abschnitt 4.4 der Beitrag dieser Arbeit zum Stand der Technik skizziert.

In Kapitel 5 wird die in dieser Arbeit vorgestellte Methodik beschrieben. Die Unterteilung dieses Kapitels richtet sich dabei nach den in Abbildung 1.4 skizzierten Schritten. Das Kapitel beginnt mit der Beschreibung der verwendeten statischen Codeanalyse. In Kapitel 5.4 wird die zugrunde liegende Beweiszielgenerierung erörtert. Die neu eingeführte Methodik zur Definition und Verifikation von Objekt-Invarianten wird in Abschnitt 5.5 vorgestellt. Die formale Verifikation generierter Beweisziele und die Analyse nicht verifizierter Beweisziele wird in Abschnitt 5.6 beschrieben. Die Generierung von Testfällen und Robustheitstests wird in Abschnitt 5.7 erörtert. Das besondere Vorgehen beim dynamischen Testen von Schleifen wird in Abschnitt 5.8 beschrieben. Der Kombination verschiedener

Testvektor-Generatoren wird in Kapitel 5.9 erläutert.

Das Kapitel 6 gibt einen Überblick über die Implementierung der in dieser Arbeit vorgestellten Methodik. Die hier vorgestellte Implementierung dient der Verifikation von Programmen, die mit der Sprache C# entwickelt wurden. Ein besonderer Schwerpunkt dieses Kapitel liegt in der Beschreibung wie vorhandene Frameworks, wie z.B. der Theorembeweiser Z3 und Code Contracts in die Implementierung integriert wurden.

Kapitel 7 präsentiert die Ergebnisse einzelner Fallstudien. Dabei werden zwei Kategorien von Fallstudien vorgestellt. Die erste Kategorie zeigt Studien hinsichtlich der in dieser Arbeit betrachteten Detailbereiche: Objekt-Invarianten und das Testen von Schleifen. In der zweiten Kategorie werden Fallstudien über den Einsatz der Gesamtmethodik vorgestellt. Abschließend werden in Kapitel 8 die erzielten Ergebnisse diskutiert und zusammengefasst.

Kapitel 2

Grundlagen

Dieses Kapitel beschreibt die dieser Arbeit zugrunde liegenden Techniken. Im Fokus liegen die Besonderheiten objektorientierter Programmiersprachen, die Spezifikation objektorientierter Programme und entsprechende Test- und Verifikationstechniken. Es werden speziell die Techniken und Methoden betrachtet, die aktuell in der Praxis verwendet werden. Zudem werden die Nachteile und Limitierungen analysiert, die in dieser Arbeit adressiert werden.

2.1 Objektorientierte Programmierung

Es gibt keine einheitliche Definition für objektorientierte Programmierung bzw. Programmiersprachen. Unterschiedliche Programmiersprachen wie C++, Java, C# oder Smalltalk verwenden eine unterschiedliche Syntax und unterstützen unterschiedliche Konzepte. In der Literatur werden die Konzepte objektorientierter Programmierung aus diesem Grund auch häufig an Hand einer expliziten Programmiersprache beschrieben: Smalltalk [68], C++ [46], Java [48] oder für C# [67]. Die exemplarische Implementierung der vorgestellten Methodik analysiert C#-Programme. Die vorgestellte Methodik ist dennoch universell und kann auch auf andere objektorientierte Sprachen übertragen werden.

Das Ziel dieses Abschnitts ist es nicht die Syntax und Konzepte einer speziellen Programmiersprache vorzustellen. Für diesen Anspruch sei an dieser Stelle auf die oben aufgeführten Literaturhinweise verwiesen. Stattdessen werden in diesem Abschnitt allgemeingültig die sprachübergreifenden Konzepte skizziert, die objektorientierte Programmiersprachen auszeichnen. Diese Beschreibung dient in folgenden Abschnitten der Erklärung spezieller Test- und Verifikationsanforderungen objektorientierter Programme. Gleichzeitig definiert dieser Abschnitt welche objektorientierte Konzepte von der vorgestellten Methodik unterstützt werden. Die Beschreibungen der einzelnen objektorientierten Konzepte basiert auf dem "Praxisbuch Objektorientierung" [54].

2.1.1 Klassen und Objekte

Das Besondere an objektorientierter Programmierung ist die Zusammenführung von Daten und Methoden in Form von Objekten. Die Daten eines Objekts werden auch **Attribute** genannt. Objekte mit ähnlichen Eigenschaften werden in Klassen zusammengefasst. Die **Klasse** (engl. class) ist eine formale Definition eines Objekts und beschreibt u.a. welche Methoden und Attribute ein Objekt besitzt. Für Attribute wird ein eindeutiger Name und ein Datentyp definiert. Die Definition erfolgt als **Klassenfeld** oder **Klassenvariable**. Methodendefinitionen umfassen einen Rückgabewert, einen eindeutigen Namen und eine Parameterliste. Eine Klasse definiert so den Datentyp eines Objekts. Ein einzelnes Objekt einer Klasse wird als **Instanz** bezeichnet. In einer Instanz sind die Werte der Attribute gespeichert. Dies kann durch das einfache Beispiel in Abbildung 2.1 veranschaulicht werden. Die

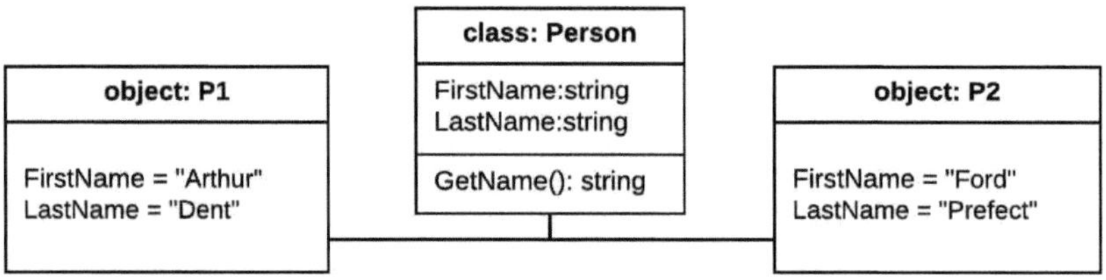

Abbildung 2.1: Beispiel: Klasse und Instanzen

Klasse `Person` definiert die Eigenschaften jeder `Person`-Instanz. Sie gibt vor, dass jede Instanz beispielsweise über die Attribute `Firstname` und `Lastname` sowie über die Methode `GetName()` verfügt. Die unterschiedlichen Instanzen $P1$ und $P2$ können für die Attribute unterschiedliche Werte enthalten. Die Methoden einer Klasse agieren stets auf den Werten der entsprechenden Instanz. Die Werte der Attribute einer Instanz können durch den Aufruf einer Methode modifiziert werden.

2.1.2 Vererbung und Polymorphie

Ein spezielles Konzept objektorientierter Programmiersprachen ist die Vererbung. Durch dieses Konzept können Attribute und Methoden hierarchisch geteilt beziehungsweise ergänzt werden. Hierfür definiert eine Klasse, eine andere Klasse als **Basisklasse** bzw. Bassistyp. Im Kontext einiger Programmiersprachen (z.B. Java) wird auch von Superklassse oder Supertyp gesprochen. Die erbende Klasse wird dementsprechend als **Kindsklasse** oder Unterklasse bezeichnet. Erbt eine Kindsklasse von einer Basisklasse spricht man auch davon, dass die Kindsklasse von der Basisklasse abgeleitet wird.

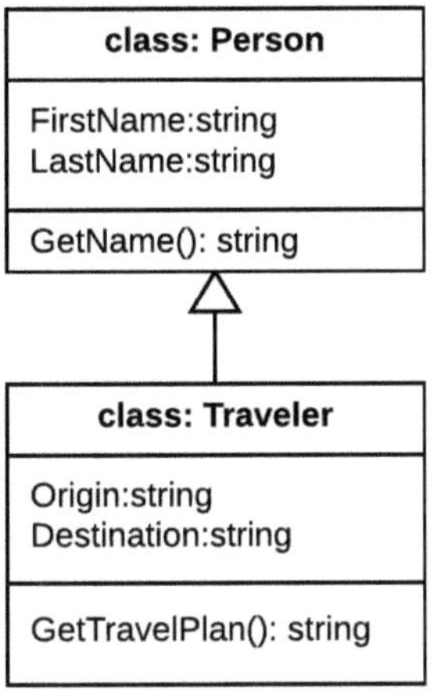

Abbildung 2.2: Beispiel: Vererbung: Basisklasse `Person` und Kindsklasse `Traveler`

Die Vererbung hat das Ziel, die Attribute und die Methoden der Basisklasse auf die Definition der Kindsklasse zu übertragen. Abbildung 2.2 zeigt ein entsprechendes Beispiel. Die Klasse `Traveler` erweitert die Klasse `Person`. Sie fügt der Basisklasse die beiden Attribute `Origin` und `Destination` sowie die Methode `GetTravelPlan()` hinzu. Manche Programmiersprachen, wie beispielsweise C++, unterstützen die Mehrfachvererbung. Diese erlaubt es einer Kindsklasse mehrere Basisklassen zu erweitern. Dieses Konzept kann zu unterschiedlichen Problemen führen [14] und wird daher in vielen moderneren Sprachen wie C# nicht unterstützt. Auch diese Arbeit hat keine Unterstützung für Mehrfachvererbung.

Instanzen der Kindsklassen sind stets auch Instanzen der entsprechenden Basisklassen. Welchen Klassentyp ein Objekt angehört, kann daher nur noch dynamisch zur Laufzeit eines Programms bestimmt werden. Beispielsweise ist jede Instanz der `Traveler`-Klasse auch eine gültige Instanz der `Person`-Klasse. Wird bei einem Methodenaufruf ein Objekt der `Person`-Klasse als Parameter erwartet, kann auch eine Instanz der `Traveler`-Klasse übergeben werden. Diese Vielseitigkeit wird in der objektorientierten Programmierung als **Polymorphie** bezeichnet.

Die Polymorphie spielt für die Programmausführung nur eine geringe Rolle, solange ausschließlich auf die Attribute eines Objekts zugegriffen wird. Bei der Ausführung von Methoden kann die Vererbung jedoch einen erheblichen Einfluss auf den Programmablauf haben. Das Konzept der Vererbung erlaubt es Kindsklassen, Methoden der Basisklasssen zu **überschreiben**. Dies bedeutet, dass die Implementierung einer Methode durch die Kindsklasse neu definiert werden kann.

Dies ist in Listing 2.1 auf Seite 16 illustriert. Das Listing definiert in C# eine Basisklasse `OIntervall`. Diese Klasse repräsentiert ein offenes Intervall. Bei einem offenen Intervall gehören die Intervallgrenzen nicht mehr zum Intervall. Die Klasse `CInterval` repräsentiert hingegen ein geschlossenes Intervall. Bei diesem sind die Intervallgrenzen Teil des Intervalls. Beide Klassen definieren entsprechend ihrer mathematischen Bedeutung die Methode `Within(int n)`, die `true` zurückgibt, wenn die übergebene Zahl `n` Teil des Intervalls ist und `false` wenn nicht. In der Hauptmethode dieses Beispiels wird je eine Instanz der beiden Klassen initialisiert. Zusätzlich wird der Variable *i*3 vom Typ `OInterval` die Instanz *i*2 der `CInterval`-Klasse zugewiesen. Die Zeilen 27 bis 30 zeigen die Ergebnisse der aufgerufenen `Within`-Methode. Anders als man eventuell erwarten mag, ist der Rückgabewert des Aufrufs in Zeile 29 `true` und nicht `false`, obwohl *i* als Type `OInterval` deklariert wurde. Dies liegt daran, dass der dynamische Typ von *i*3 `CInterval` ist und die Methoden dynamisch gebunden sind. Dies wird im englischen auch als **dynamic dispatch** bezeichnet. Welcher Programmcode bei einem Methodenaufruf ausgeführt wird, entscheidet sich dynamisch zur Laufzeit des Programms. Ammann und Offuttund beschreiben in [4] wie diese Kerneigenschaft objektorientierter Software zu verschiedenen Fehlern führen kann. Dadurch entstehen besondere Anforderungen an das Testen und an die Verifikation objektorientierter Programme. Beim Testen müssen alle möglichen Implementierungen und möglichen Kombinationen untersucht werden.

```
0  class OInterval {
1    public int Min;
2    public int Max;
3
4    public OInterval(int min, int max)
     {
5      this.Min = min;
6      this.Max = max;
7    }
8    public virtual bool Within(int n) {
9      return n > Min && n < Max;
10   }
11 }
12
13 class CInterval : OInterval {
14   public CInterval(int min, int max)
15   : base(min, max)
16   {}
17   public override bool Within(int n)
     {
18     return n >= Min && n <= Max;
19   }
20 }
21
22 OInterval i1 = new OInterval(2, 9);
23 CInterval i2 = new CInterval(2, 9);
24 OInterval i3 = (OInterval) i2;
25 CInterval i4 = (CInterval)i3;
26
27 bool b1 = i1.Within(2); //false
28 bool b2 = i2.Within(2); //true
29 bool b4 = i3.Within(2); //true
30 bool b5 = i4.Within(2); //true
```

Listing 2.1: Beispiel für dynamische Methodenbindung

2.1.3 Schnittstellen und abstrakte Klassen

Schnittstellen (engl. Interface) werden dafür genutzt, semantisch ähnliche Klassentypen in einer Typ-Definition zusammenzufassen. Schnittstellen enthalten ausschließlich Deklarationen. Sie enthalten keine Implementierungen der Methoden und je nach Sprache auch keine Definitionen von Attributen. Dadurch unterscheiden sich Schnittstellen von Basistypen. Die Implementierung aller deklarierten Methoden muss in den Klassen erfolgen, die

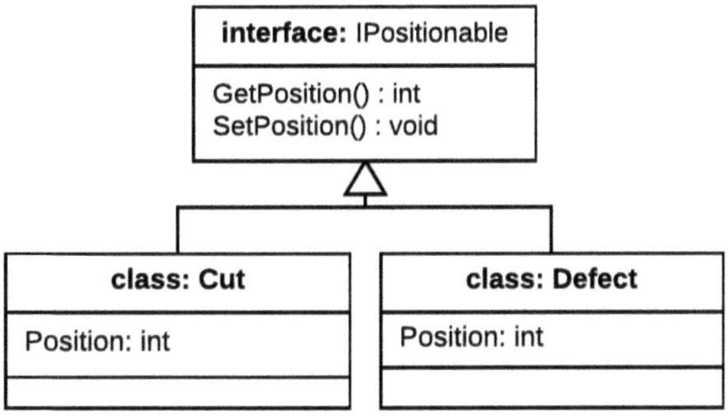

Abbildung 2.3: Beispiel: Schnittstelle `IPositionable` und zwei implementierende Klassen

einen Schnittstellentyp referenzieren. In diesem Zusammenhang spricht man auch davon, dass eine Klasse eine Schnittstelle implementiert. Eine Klasse kann mehrere Schnittstellen implementieren. Jede Schnittstelle definiert einen eigenen Datentyp. Instanzen von Klassen, die eine Schnittstelle implementieren, können auch als entsprechender Schnittstellentyp referenziert werden. Schnittstellen selbst können nicht instanziiert werden.

Ein Beispiel für die Verwendung von Schnittstellen zeigt die Abbildung 2.3 auf Seite 17. Die Schnittstelle `IPositionable` definiert einen einheitlichen Datentyp, der in einer erweiterten Variante der `Bar`-Klasse aus Listing 1.1 dafür genutzt werden kann, unterschiedliche Objekttypen auf der repräsentierten Rohmaterialstange zu positionieren. Dafür deklariert die Schnittstelle die Methode `GetPosition()` und `SetPosition()`. Die Schnittstelle wird von den beiden Klassen `Cut` und `Defect` implementiert. Die `Cut`-Klasse repräsentiert ein Gutteil, welches aus dem Rohmaterial hinaus gesägt wird. Die `Defect`-Klasse repräsentiert eine defekte Stelle des Rohmaterials, auf dem keine anderen Elemente positioniert werden dürfen.
Schnittstellen sind ein essentielles Konzept moderner objektorientierter Programmiersprachen und Bestandteil vieler verschiedener Programmiermuster wie z.B. dem Factory- oder dem Visitor-Pattern [36]. Das Konzept wird jedoch von den verschiedenen Programmiersprachen unterschiedlich umgesetzt. Die Sprache C++ unterstützt keinen eigenständigen Datentyp für Schnittstellen. In Java dürfen Schnittstellen Methodendeklarationen aber keine Attribute enthalten. In C# können in Schnittstellen Methoden und Attribute definiert werden. In dieser Arbeit sind in Schnittstellen ausschließlich Methodendeklarationen erlaubt. Dies ist keine semantische Einschränkung, da das Schreiben und Lesen gemeinsamer Attribute über Methoden abstrahiert werden kann.

Abstrakte Klassen werden dafür genutzt, geteilte Implementierungsdetails unterschiedlicher Klassen an einer gemeinsamen Codestelle auszulagern. Für diesen Anwendungsfall können sie Definitionen für Attribute und Methoden enthalten. Dadurch soll der Programmieraufwand reduziert werden, da derselbe Quellcode nicht an verschiedenen Stellen implementiert werden muss. Zusätzlich können abstrakte Klassen auch Deklarationen abstrak-

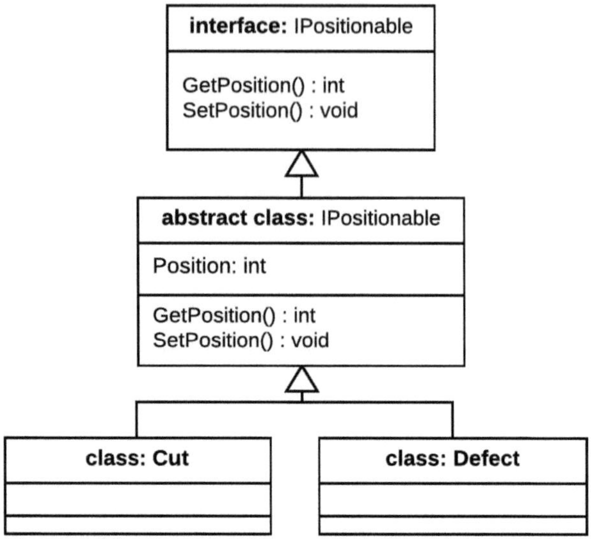

Abbildung 2.4: Beispiel: Abstrakte Klasse `APossitionable` zur Auslagerung eines Attributs und zwei Methoden

ter Methoden enthalten. Dies sind Methoden, die nur deklariert, aber nicht implementiert sind. Die Implementierung muss dann in den regulären Kindsklassen erfolgen, die von einer abstrakten Klasse abgeleitet wurden. Abstrakte Methoden werden beispielsweise dafür genutzt, allgemeine gültige Implementierungen von Schnittstellen bereitzustellen, während typspezifische Methoden erst in den Kindsklassen implementiert werden. In beiden Fällen dienen abstrakte Klassen nur dem Auslagern gemeinsam genutzter Codestellen. Sie können nicht als eigenständige Instanzen verwendet werden. Aufgrund dessen können abstrakte Klassen auch nicht instanziiert werden.
Das Beispiel in Abbildung 2.4 auf Seite 18 zeigt die beiden Klassen `Cut`- und `Defect`. Beide Klassen müssen die Schnittstellenmethoden `GetPosition()` und `SetPosition()`, sowie das Attribut `Position` implementieren. Die Implementierung dieser Methoden setzt bzw. liest lediglich den Wert des Attributs und kann daher sehr einfach für beide Klassen ausgelagert werden. Hierfür wird die abstrakte Klasse `APossitionable` in das Klassendiagramm eingefügt. Diese abstrakte Klasse enthält die Implementierung beider Methoden und die Definition des Attributs. Die `Cut`- und `Defect`-Klasse erweitern die abstrakte Klasse um die jeweils typspezifischen Eigenschaften und Funktionen.

2.1.4 Datenkapselung und statische Inhalte

Bei dem Aufbau von Klassenhierarchien und der Verwendung von Objekten ist die **Datenkapselung** (engl. *encapsulation*) besonders wichtig. Diese definiert von welchen Codestellen aus auf Attribute und Methoden eines Objekts zugegriffen werden darf. Entsprechende

Überlegungen sind besonders im Hinblick auf Pflege und Erweiterbarkeit eines objektorientierten Programms wichtig.
Für die Definition der Zugriffsberechtigung unterstützen verschiedene Programmiersprachen unterschiedliche Schlüsselwörter und Konzepte. In dieser Arbeit werden folgende drei Zugriffsmodelle unterstützt:

private Attribute und Methoden, die als private deklariert sind, können nur innerhalb von Methoden derselben Klasse aufgerufen werden.

protected Attribute und Methoden, die als protected deklariert sind, können innerhalb Methoden derselben Klasse und aller direkt und transitiv abgeleiteten Kindsklassen aufgerufen werden.

public Attribute und Methoden, die als public deklariert sind, können von jeder Programmstelle aus aufgerufen werden.

Ein weiteres spezielles Konzept bei der Definition von Attributen und Methoden in objektorientierten Programmiersprachen ist die Definition **statischer Klassenelemente**. Attribute und Methoden werden normalerweise für einzelne Objektinstanzen definiert. Die Werte eines Attributes werden in Abhängigkeit der Instanzen gespeichert und können auch nur über diese abgerufen werden. Statische Definitionen sind an den Klassentyp gebunden und nicht an die Instanz, ihr Wert ist für alle Instanzen identisch. Dies bedeutet auch, dass der Wert eines statischen Attributs über die Lebensdauer einer Instanz hinaus für die gesamte Laufzeit des Programms bestehen bleibt. Die Referenzierung statischer Elemente erfolgt auf Basis des Klassentyps und nicht über eine Instanz. Aus diesem Grund können statische Methoden auch nur auf statische Attribute und Methoden zugreifen. Verwendung finden statische Definitionen bei der Implementierung globaler Programmvariablen oder bei Programmiermustern wie z.B. dem Singelton-Pattern [36].

2.1.5 Parameterübergabe

Für die Verifikation und das Testen objektorientierter Programme ist es wichtig die genaue Art und Weise der Parameterübergabe einer Programmiersprache zu verstehen. Es wird zwischen zwei verschiedenen Methoden der Parameterübergabe unterschieden:

Call-By-Value. Bei der Call-By-Value Methode werden an eine Methode Kopien der Variablenwerte übergeben. Änderungen des Parameterwertes innerhalb der Methode haben keinen Effekt auf den Wert der Variable außerhalb der Methode. Dies wird in Listing 2.2 verdeutlicht. An die Methode `testCBV` wird in Zeile 19 die Variable `value` als Parameter `pA` übergeben. Der Wert von `pA` wird innerhalb der Methode in Zeile 7 modifiziert. Der Wert von `value` nach Beendigung der Methode ist jedoch noch derselbe wie vor dem Aufruf.

Call-By-Reference. Bei der Call-By-Reference Methode werden Referenzen als Parameterwerte übergeben. Änderungen des Parameterwertes innerhalb der Methode gelten in diesem Fall auch für den Variablenwert außerhalb der Methode. Ein Beispiel ist die Methode `testCBR` in Listing 2.2. Beide Parameter dieser Methode werden als Referenz übergeben. In Zeile 21 wird die Methode aufgerufen. Als erster Parameter wird die Variable `value` als Referenz übergeben. In Zeile 12 wird der Wert des Parameters `pB` modifiziert. Diese Änderung gilt auch für die Variable `value`. Diese hat nach der Beendigung der Methode ebenfalls den Wert 42.

```
0 class VCont{
1  public VCont(int v){value = v;}
2  public int value;
3 }
4 void testCBV(int pA, VContainer pC)
5 {
6   pA = 42;
7   pC.value = 42;
8   pC = new VContainer(0);
9 }
10 void testCBR(ref int pB, ref VCont pC
  )
11 {
12   pB = 42;
13   pC.value = 42;
14   pC = new VContainer(0);
15 }
16
17 int value = 24;
18 VCont vContainer = new VCont(24);
19 testCBV(value, vContainer);
20 // value = 24, vContainer.value = 42
21 testCBR(ref value, ref vContainer);
22 // value = 42, vContainer.value = 0
```

Listing 2.2: Beispiel für Varianten der Parameterübergabe

In manchen objektorientierten Programmiersprachen wird zusätzlich zwischen zwei verschiedenen Grundtypen unterschieden: Werttypen und Referenztypen. Letztere werden auch häufig als Verweistypen bezeichnet. **Werttypen** können wie oben beschrieben entweder als Wert oder als Referenz übergeben werden. Bei **Referenztypen** wird bei der Call-By-Value Methode eine Kopie der Referenz und keine Kopie des referenzierten Werts übergeben. Dies bedeutet, dass Änderungen am referenzierten Wert, z.B. einem Attribut eines übergebenen Objekts, auch außerhalb der aufgerufenen Methode sichtbar sind. Im Listing 2.2 wird das Objekt `vContainer` übergeben. Dem Attribut `value` wird in Zeile 7 ein neuer Wert 42 zugewiesen. Der Wert 42 ist auch in Zeile 20 sichtbar. Auf Grund dessen, dass die Referenz über die Call-By-Value Methode übergeben wurde, ist es nicht möglich, die Referenz an sich zu ändern. Wird der Referenz innerhalb der Methode ein neues Referenzziel zugewiesen (Zeile 8), hat dies keine Auswirkungen auf die Variable `vContainer.value`. Damit einer Referenz in einer Methode ein neues Ziel zugewiesen werden kann muss auch die Referenz selbst als Referenz übergeben werden. Dies wird im Beispiel in der Methode `testCBR` illustriert. Dem Parameter Parameter pC wird in Zeile 14 ein neues Objekt zugewiesen. Dies hat zur Folge, dass auch die Variable `vContainer` nach Beendigung der Methode auf das neu zugewiesene Objekt verweist. Der Wert `vContainer.value` ist daher 0 und nicht 42.

Die genaue Anwendung beider Übergabemethoden und die Unterscheidung zwischen verschieden Grundtypen hängt von der verwendeten Programmiersprache ab. In C# werden standardmäßig alle Parameter über die Call-By-Value-Methode übergeben. Parameter, die als Referenztyp übergeben werden sollen, müssen explizit mit dem Schlüsselwort ref gekennzeichnet werden. Zusätzlich bietet C# die Möglichkeit Rückgabewerte in der Parameterliste zu markieren. Dafür müssen übergebene Referenzen in der Parameterliste explizit

mit dem Schlüsselwort `out` gekennzeichnet werden. Innerhalb dieser Methoden muss den `out`-Referenzen ein Wert zugewiesen werden.
In C# werden Basistypen wie z.B. int, float und double als Werttyp behandelt. Objektinstanzen werden als Referenztyp behandelt. Für eine vollständige Liste aller Wert- und Referenztypen sei an dieser Stelle auf das C# Handbuch verwiesen[1].

2.1.6 Aliasing

Aliasing bezeichnet im Allgemeinen den Fall, in dem ein und dieselbe Speicherstelle über unterschiedliche Zeiger referenziert wird. Angewandt auf objektorientierte Programme bedeutet dies, dass unterschiedliche Referenzen auf eine einzige Instanz zeigen. Aufgrund dessen, dass in objektorientierten Programmiersprachen Objekte als Referenzen vorgehalten werden, stellt Aliasing in diesen Programmen ein besonderes Risiko dar. Aliasing kann zu vielen verschiedenen Fehlern führen, die auf den ersten Blick nicht ersichtlich sind und auch aktuelle Test- und Verifikationsmethoden vor große Herausforderungen stellen.

```
0  class SimpleObject {
1   public:
2    int value;
3  };
4
5  int _tmain(int argc, _TCHAR* argv[])
   {
6   SimpleObject* o1 = new SimpleObject
    ();
7   o1->value = 42;
8   SimpleObject* o2 = o1;
9   int o1value = o1->value;
10  cout << o1value << endl;
11  delete o2;
12  o1value = o1->value;
13  cout << o1value << endl;
14  return 0;
15 }
```

Listing 2.3: Beispiel für eine ungültige Dereferenzierung

Die Beispiele in Listing 2.3 und 2.4 zeigen exemplarisch zwei Probleme in C++, die durch Aliasing entstehen können und in komplexeren Programmstrukturen nur schwer zu finden sind.
Im ersten Beispiel wird in Zeile 6 eine neue Objektinstanz erstellt und als Referenz in der Variable `o1` gespeichert. Zusätzlich wird in Zeile 8 eine zweite Referenz `o2` auf dieselbe Instanz angelegt. Über die zweite Referenz wird in Zeile 11 die Instanz freigegeben. Wird im Anschluss die erste Referenz dereferenziert (Zeile 12), stürzt je nach Compiler das Programm aufgrund eines ungültigen Speicherzugriffs ab oder liefert für `o1.value` einfach einen zufälligen numerischen Wert.
Das zweite Beispiel in Listing 2.4 zeigt die Klassenstruktur einer Liste. In Zeile 11 wird der `next`-Referenz der Wert der `this`-Referenz zugewiesen. Dadurch entsteht eine rekursive Datenstruktur. Die Iteration der Schleife in Zeile 12 bewirkt eine Endlosschleife. Das Programm stürzt dadurch auf Grund eines Speicherüberlaufs ab.

[1] `https://docs.microsoft.com/en-us/dotnet/csharp/language-reference/keywords/types`

```
class MyList {
 public:
 MyList(int v){
  value = v;
  next = NULL;
 }
 int value;
 MyList* next;
};
int _tmain(int argc, _TCHAR* argv[])
{
 MyList* head = new MyList(42);
 head->next = head;
 while(head->next != NULL) {
  cout << head->value << endl;
  head = head->next;
 }
 return 0;
}
```

Listing 2.4: Beispiel für eine Endlosschleife durch Aliasing

2.1.7 Fehlerbehandlung

Während der Programmausführung kann es zu Fehlern kommen, die den korrekten Programmablauf stören oder einen Absturz verursachen. Für die Behandlung erwartbarer Fehler unterstützen alle objektorientierten Programmiersprachen spezielle Sprachkonstrukte zur gezielten Fehlerbehandlung. Diese Sprachkonstrukte verwenden häufig eine *try-catch*-Syntax. Diese ist in Listing 2.5 auf Seite 23 dargestellt. Die *throw*-Anweisung beendet die aktuelle Ausführung des Programmcodes und wirft eine Ausnahme (engl. *Exception*). Welche Datentypen von einer *throw*-Anweisung als Ausnahme geworfen werden können, hängt von der verwendeten Programmiersprache ab. In dem Beispiel wird in Zeile 3 ein Objekt der *ArgumentException*-Klasse geworfen, wenn der übergebene Divisor *b* gleich Null ist.
Geworfene Ausnahmen können mit der *try-catch*-Syntax gefangen werden. Dafür muss der Programmcode, der die Ausnahme wirft, innerhalb des *try*-Blocks ausgeführt werden. Für jeden *try*-Block können ein oder mehrere *catch*-Blöcke definiert werden. Jeder *catch*-Block definiert einen zu fangenden Ausnahmetyp. Der Programmcode innerhalb des *catch*-Blocks wird ausgeführt, wenn innerhalb des *try*-Blocks eine Ausnahme des entsprechenden Typs geworfen wurde. Im Beispiel fängt der *catch*-Block in Zeile 10 die in Zeile 3 geworfene Ausnahme.
Eine geworfene Ausnahme unterbricht die gesamte Programmausführung, bis innerhalb der Aufrufhierarchie eine passende *try-catch*-Anweisung gefunden wird. Wird keine passende Fehlerbehandlung gefunden, verursacht die geworfene Ausnahme einen Programmabsturz.

2.2 Kontrollflussgraph

Ein Kontrollflussgraph ist ein gerichteter Graph, der den Kontrollfluss eines Programms oder Programmausschnitts repräsentiert. Er wird beispielsweise für die Programmanalyse verwendet. Der Kontrollflussgraph besteht aus Knoten $v \in V$ und gerichteten Kanten $e = (v_i, v_{,j}) \in E, v_i, v_{,j} \in V$. Die Knoten eines Kontrollflussgraphen repräsentieren die Basisblöcke des dargestellten Programmausschnitts. Ein Basisblock ist eine Menge zwingend

```
double div(double a, double b) {
 if(b == 0) {
  throw new ArgumentException("Argument must be unequal to zero");
 }
 return a / b;
}

try {
 sqrt(-1);
} catch(ArgumentException e) {
 /* handle exception */
}  catch(Exception e) {
 /* handle exception */
}
```

Listing 2.5: Beispiel für eine Fehlerbehandlung mit try-catch

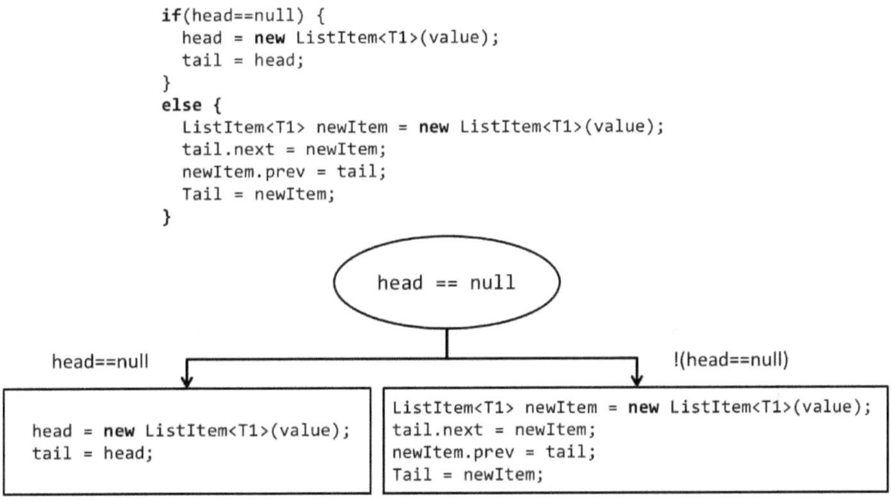

Abbildung 2.5: Beispiel eines Kontrollflussgraphen

hintereinander ausgeführter Programmanweisungen ohne Verzweigungen und Sprungbefehle. Die Kanten eines Kontrollflussgraphen repräsentieren den möglichen Sprung der Programmausführung von einem Basisblock zu einem anderen.

In jedem Kontrollflussgraph muss es einen Wurzelknoten geben, der den eindeutig definierten Einstiegspunkt des dargestellten Programmabschnitts repräsentiert. Zudem kann jeder Kontrollflussgraph einen oder mehrere End-Knoten enthalten, die das Ende der Programmausführung symbolisieren.
Verzweigungen und mögliche Programmsprünge werden innerhalb des Kontrollflussgra-

phen durch mehrere Ausgangskanten eines Knotens repräsentiert. In diesem Fall enthält jede Kante eine Sprungbedingung. Abbildung 2.5 auf Seite 23 zeigt oben einen Auszug aus einem Quellcode mit einer `if`-Bedingung und unten den entsprechenden Ausschnitt des Kontrollgraphen. Ein Ausführungspfad ist ein Pfad innerhalb des Kontrollflussgraphen. Die zusammengesetzten Sprungbedingungen entsprechen der Pfadbedingung. Bei der statischen Codeanalyse dienen Kontrollflussgraphen und deren mögliche Pfade als Grundlage, um beispielsweise mögliche Programmausführungen zu analysieren

2.3 Design by Contract

Ein Hauptvorteil objektorientierter Programmiersprachen ist die Kapselung von Funktionalität in getrennte, wiederverwendbare Klassen bzw. Objekte [55, S.101 f.]. Dies vereinfacht die Aufteilung eines Programms in einzelne Module, die wiederum getrennt voneinander von unterschiedlichen Teams und Experten entwickelt werden können. Dadurch kann die Entwicklungszeit entscheidend verkürzt werden. Durch die Wiederverwertbarkeit der entwickelten Klassen können auch die Entwicklungskosten gesenkt werden.

Damit die Aufteilung der Gesamtfunktionalität auf einzelne Klassen und deren anschließende Zusammenführung zu einem Gesamtprogramm funktionieren kann, müssen die Schnittstellen und das gewünschte Verhalten jeder Klasse klar definiert sein. Basierend auf diesen Anforderungen wurde 1986 von Bertrand Meyer das Konzept "Design by Contract" (DbC) [64] entwickelt. "Design by Contract" kann im Deutschen am ehesten als "Vertragsbasierte Programmierung" übersetzt werden.

Die Idee von DbC ist es, für die Kommunikation zwischen den einzelnen Modulen bzw. Klassen Verträge zu definieren. Diese Verträge werden auch Spezifikation genannt. Sie sollen sicherstellen, dass Methoden korrekte Eingaben erhalten und im Gegenzug dafür korrekte Rückgabewerte berechnen. Werden alle definierten Verträge eingehalten, wird das Verhalten eines Programms als korrekt angesehen. Das DbC-Konzept sieht vor, dass die Verträge für die zu definierenden Klassen und Methoden vor der Implementierung definiert werden. Die Einhaltung der Verträge kann dadurch bereits sehr früh im Entwicklungsprozess für einzelne Methoden und Klassen modular verifiziert werden.

2.4 Spezifikation objektorientierter Programme

Im Kontext dieser Arbeit wird die Spezifikation im Sinne des Design-by-Contracts-Prinzips als semantische Beschreibung der Programmlogik verstanden. Sie beschreibt die angedachte und daher als korrekt betrachtete Funktionsweise eines Programms. In objektorientierten Programmiersprachen wird mit Hilfe der Spezifikation das Verhalten von Methoden und die Eigenschaften gültiger Objektzustände definiert.

Wie die formale Spezifikation syntaktisch in den Quellcode eingebunden wird, hängt von der verwendeten Programmiersprache und dem Spezifikations- bzw. Verifikationsframework ab. Ältere Sprachen wie JML [15] für Java oder Larch für C++ [56] verwenden Kommentare im Quellcode des Programms zur Spezifikation. Dies hat den Nachteil, dass der Entwickler bei der Spezifikation i.d.R. nicht durch die automatische Syntaxprüfung und Autovervollständigung der Entwicklungsumgebung unterstützt wird. Modernere Spezifikationssprachen wie Spec# [8] für C# oder die in Eifel integrierten Spezifikationsmöglichkeiten sind als Erweiterung der entsprechenden Programmiersprache implementiert.

Die Implementierung dieser Arbeit fokussiert die Verifikation mit C# programmierten Programmen. Aufgrund dessen ist diese Arbeit auf dem von Microsoft entwickelten Spezifikations- und Verifikationsframework CodeContracts [65] aufgebaut. CodeContracts Bedingungen basieren auf Prädikatenlogik. Unterstützt werden der Allquantor ($\forall$) und der Existenzquantor ($\exists$). Die Spezifikationen müssen generell frei von Seiteneffekten sein. Das bedeutet, dass die Auswertung einer Bedingung keinen Einfluss auf den Wert referenzierter Variablen haben darf.

2.4.1 Vorbedingungen

Mit Vorbedingungen (engl. Preconditions) werden Anforderungen einer Methode definiert, die unmittelbar vor deren Aufruf erfüllt sein müssen.
In C# werden Vorbedingungen mit `Contract.Requires()` am Anfang einer Methode definiert. In Vorbedingungen dürfen Parameter und Klassenfelder referenziert werden. Ein Beispiel zeigt Listing 2.6. Der Konstruktor der `Cut`-Klasse erwartet einen Parameter `length` dessen Wert größer 0 ist.

```
public class Cut {
  private int length;
  //[...]
  public Cut(int length) {
    Contract.Requires(length > 0);
    this.length = length;
  }
  //[...]
}
```

Listing 2.6: Vorbedingung in CodeContracts

Die Einhaltung von Vorbedingungen muss auf der Seite des Aufrufers sichergestellt werden. Aus diesem Grund erlauben viele Spezifikationsframeworks auch nur die Referenzierung von sichtbaren Klassenfeldern, damit die Vorbedingungen auf der aufrufenden Seite geprüft werden können. CodeContracts erlaubt auch die Referenzierung von nicht sichtbaren (privaten) Attributen.
In Zusammenhang mit dem Konzept der Vererbung ist zu beachten, dass die Vorbedingungen der Methoden der Basisklasse auch für die Methoden der Kindsklasse gültig sind. Werden Vorbedingungen in den überschriebenen Methoden der Kindsklassen modifiziert, dürfen diese nicht restriktiver sein als die der Basisklasse. Das bedeutet, dass Vorbedingungen in

Kindsklassen immer gleichstark oder schwächer sein müssen. Der zugelassene Wertebereich für eines Parameter darf durch die Vorbedingung der Kindsklasse nur vergrößert, jedoch nicht verkleinert werden. Fordert eine Vorbedingung einer Methode in der Basisklasse beispielsweise $p > 0$, darf die Vorbedingung in der Kindsklasse $p \geq 0$ fordern. Umgekehrt ist dies nicht erlaubt, da ansonsten ein Aufruf der Methode der Basisklasse im Zusammenhang mit der dynamischen Bindung, die Vorbedingung der Implementierung innerhalb der Kindsklasse verletzten könnte.

2.4.2 Nachbedingungen

Mit Nachbedingungen (engl. Postconditions) werden Anforderungen definiert, die unmittelbar nach der Ausführung einer Methode gültig sein müssen. Meistens werden Nachbedingungen dafür verwendet, um den Wertebereich der Rückgabewerte einer Methode zu spezifizieren. Es ist aber auch möglich, mit Nachbedingungen den Zustand eines Objekts nach dem Methodenaufruf zu definieren.
In CodeContracts werden Nachbedingungen mit `Contract.Ensures()` am Anfang einer Methode definiert. Referenziert werden dürfen Parameter und Klassenfelder. Zusätzlich stellt CodeContracts für die Definition von Nachbedingungen noch weitere spezielle Schlüsselwörter zur Verfügung.

```
class Bar {
  //[...]
  private List<int> mItemPositions;
  private int materialLength;W
  public int MaterialLength() {
    return materialLength;
  }
  [ContractInvariantMethod]
  private void ObjectInvariants() {
    Contract.Invariant(materialLength > 0);
  }
  public int GetNextPosition() {
    Contracts.Ensures(0 <= Contract.Result())
    Contracts.Ensures(Contract.Result() < MaterialLength());
    int nextPosition = 0;
    if(mItemPositions.Count > 0) {
      nextPosition = mItemPositions.ElementAt(mItemPositions.Count-1);
    }
    return nextPosition;
  }
  //[...]
}
```

Listing 2.7: Nachbedingung und Invariante in CodeContracts

Mit der Methode `Contract.Result()` kann der Rückgabewert einer Methode referenziert werden. Zusätzlich kann über `Contract.OldValue()` der Wert einer Variable vor der Ausführung und mit `Contract.ValueAtReturn()` der Wert zum Zeitpunkt des Ausführungsendes referenziert werden.

Ein Beispiel wird in Listing 2.7 auf Seite 26 in Zeile 13 und 14 gezeigt. Die Methode garantiert, dass der zurückgegebene Wert zwischen 0 und dem Wert von `MaterialLength` liegt.

In Zusammenhang mit dem Konzept der Vererbung ist zu beachten, dass die Nachbedingungen der Methoden der Basisklasse auch für die Methoden der Kindsklasse gelten. Werden Nachbedingungen in überschriebenen Methoden modifiziert, so müssen die neuen Nachbedingungen restriktiver und damit stärker sein als die Nachbedingungen, die in der Basisklasse definiert wurden. Garantiert eine Methode in der Basisklasse für den Rückgabewert r beispielsweise $r \geq 0$, darf die Nachbedingung in der Kindsklasse $r > 0$ garantieren. Umgekehrt ist dies nicht erlaubt. Ansonsten würde der Rückgabewert der Implementierung innerhalb der Kindsklasse die Nachbedingung der Methode aus der Basisklasse verletzten. Dies könnte im Rahmen der dynamischen Bindung zu Fehlern führen.

2.4.3 Objekt-Invarianten

Mit Objekt-Invarianten werden Anforderungen an gültige Objektzustände definiert. Diese Anforderungen definieren beispielsweise den gültigen Wertebereich einer Klassenvariable. In CodeContracts werden Invarianten innerhalb einer speziellen Methode implementiert. Diese Methode wird über die Annotation `[ContractInvariantMethod]` gekennzeichnet. Die einzelnen Invarianten werden innerhalb dieser Methode mit `Contract.Invariant()` definiert. Ein Beispiel ist in Listing 2.7 in Zeile 10 dargestellt. Die Invariante definiert, dass der Wert für das Attribut `materialLength` größer 0 sein muss.
Anders als bei Vor- und Nachbedingungen ist die Semantik einer Objekt-Invarianten nicht klar definiert. Welche Werte in einer Invarianten referenziert werden dürfen und wann eine Invariante gültig sein muss, hängt von dem verwendeten Verifikationsframework ab. Dieser Umstand wird zusammen mit verschiedenen Verfahren zur Spezifikation und Verifikation von Objekt-Invarianten detailliert in Kapitel 4.2 erörtert.

2.4.4 Laufzeitbedingungen und Schleifen-Invarianten

Laufzeitbedingungen (engl. Assertions) und Schleifen-Invarianten sind im Sinne des Design-by-Contracts kein Teil der Spezifikation. Dennoch können sie für die Verifikation überaus hilfreich sein und werden aus diesem Grund in dieser Arbeit berücksichtigt.

Laufzeitbedingungen sind Bedingungen, die innerhalb des Quellcodes definiert werden können und exakt an dieser Stelle erfüllt sein müssen. In Verbindung mit CodeContracts werden Laufzeitbedingungen mit dem Befehl `Contract.Assert()` definiert. Innerhalb von Laufzeitbedingungen können alle Variablen referenziert werden, die an der betreffenden Stelle des Quellcodes definiert und sichtbar sind. Wie reguläre Spezifikationen müssen auch Laufzeitbedingungen frei von Seiteneffekten sein.
Schleifen können eine potentiell unbegrenzte Anzahl von Programmpfaden repräsentieren. Dadurch ist es für Verifikationsmethoden häufig schwierig, das korrekte Verhalten

```
1 int SubAB(int a, int b) {
2   while ((a>0) && (b>0)) {
3     if (a<b) { b = b-a; }
4     else{ a = a-b; }
5     Contract.Assert(a>0 && b>0);
6   }
7   return a+b;
8 }
```

Listing 2.8: Schleifeninvarianten in CodeContracts

einer Schleife zu beweisen. Entwickler haben die Möglichkeit mit Hilfe von Schleifen-Invarianten das Verifikationsframework bei seiner Arbeit zu unterstützen. Das Ziel einer Schleifen-Invarianten ist es, die Korrektheit einer Schleife über einen automatisierten Induktionsbeweis zu verifizieren. Dafür wird versucht zu beweisen, dass die Schleifen-Invariante vor Beginn der Schleife und nach jeder Iteration gültig ist. Kann dies formal bewiesen werden, gilt die Schleife als formal verifiziert. In CodeContracts werden Schleifen-Invarianten mit Hilfe von Assertions definiert.
Ein Beispiel zeigt Listing 2.8 in Zeile 5. Die Schleife subtrahiert in jeder Iteration den kleineren der beiden Parameter `a` und `b` vom jeweils größeren. Die Invariante der Schleife fordert, dass zu jedem Zeitpunkt der Wert von `a` und `b` größer Null ist.

2.5 Dynamisches Testen

Beim dynamischen Testen wird das zu testende Programm mit Testwerten ausgeführt und die berechneten Ergebnisse mit Erwartungswerten verglichen. Dies unterscheidet das dynamische Testen von der symbolischen Programmausführung (vgl. Abschnitt 2.8). Stimmen berechnete und erwartete Werte überein, gilt ein Test als erfolgreich.

Der Vorteil dynamischer Testmethoden ist, dass die Tests die final erstelle Software ausführen. Dadurch können auf diesem Weg auch Fehler gefunden werden, die beispielsweise bei der Kompilierung oder der Interaktion mit dem zugrundeliegendem Laufzeit- bzw. Betriebssystem einhergehen.
Jedoch wird bei der Ausführung des Programms mit konkreten Werten nur ein geringer Anteil des möglichen Eingaberaums abgedeckt. In der Praxis können dadurch i.d.R. weder alle möglichen Programmpfade, noch der gesamte Wertebereich der Parameter durch Tests abgedeckt werden. Dadurch kann es vorkommen, dass trotz einer hohen Anzahl dynamischer Testfälle, ein Programm nicht vollständig getestet wird und Fehler übersehen werden. Ein klassisches Beispiel hierfür ist die Division zweier Fließkommazahlen A/B. Der Wertebereich einer Fließkommazahl reicht laut der Norm IEEE 754 von $2 * 10^{-308}$ bis $2 * 10^{308}$. Die Berechnung A/B liefert jedoch nur für den Wert $B = 0$ einen undefinierten Wert und bringt das gesamte Programm u.U. zum Absturz. Ebenso kann es zu numerischen Überläufen kommen, wenn der Unterschied zwischen A und B zu groß ist. Das heißt, es besteht eine

nahezu unendliche Anzahl an möglichen Testwerten, für die kein Fehler gefunden wird und nur sehr wenige Testwerte, die einen Fehler verursachen. Es wäre somit ein leichtes an dem potentiellen Fehler vorbei zu testen.

Eine Unterkategorie beim dynamischen Testen sind Modultests (engl. Unit-Tests). Diese untersuchen isoliert einzelne Methoden, Klassen und Module. Die Verwendung von Modultests bringt viele Vorteile [76]. Modultests decken i.d.R. nur einen kleinen Ausschnitt der Gesamtsoftware ab. Dadurch können sie bereits früh in der Entwicklungsphase zur Qualitätssicherung eingesetzt werden. Sollte ein Modultest fehlschlagen, kann auf Grund der geringen Größe des ausgeführten Programmabschnitts der Fehler meist schnell lokalisiert werden. Des weiteren können Modultests meist einfach direkt vom Entwickler verfasst und deren Ausführung leicht automatisiert werden. Modultests können neben der Suche nach funktionalen Fehlern auch für weitere Aufgaben eingesetzt werden [27]. So können Modultests u.a. auch dafür eingesetzt werden den Verbrauch von Ressourcen wie z.B. Speicher oder CPU zu messen oder die Performance eines Programms zu analysieren.

Liegt für die untersuchten Elemente der Quellcode vor, spricht man beim dynamischen Testen auch von White-Box-Testen, bzw. Glass-Box-Testen [60]. Diese Art des Testens wird im Rahmen dieser Arbeit eingesetzt. Die Testfälle für die Validierung eines Programms werden zu Testsuiten zusammengefasst. Testsuiten werden i.d.R. in speziellen Testprojekten angelegt, die parallel zu dem eigentlich Projekt verwaltet werden. Auf Grund dieser Trennung können Unit-Tests primär nur dafür genutzt werden, öffentliche (public) Methoden zu testen. Nicht sichtbare Methoden müssen indirekt über die zugänglichen Schnittstellen validiert werden.

Listing 2.9 auf Seite 30 zeigt einen C# Unit-Test für die `Add`-Methode einer Liste. Unit-Testfälle umfassen i.d.R. drei Bereiche: Diese werden im Englischen als *Arrange*, *Act* und *Assert* bezeichnet. Sinngemäß könnte man diese drei Bereiche mit *Arrangieren*, *Ausführen* und *Kontrollieren* übersetzen.
Beim *Arrangieren* werden die Objekte und Datenstrukturen angelegt, die zur Ausführung des Testfalls notwendig sind. Im ersten Testfall in Listing 2.9 entspricht dieser Bereich der Zeile 7. Hier wird die Instanz der Liste angelegt, auf der im Folgenden die Testmethode aufgerufen wird. Beim *Ausführen* wird der zu testende Programmabschnitt aufgerufen. Im ersten Testfall in Listing 2.9 entspricht dies den Zeilen 8 und 9. In diesen Zeilen wird die zu testende `Add`-Methode aufgerufen. Bei der *Kontrolle* wird das beobachtete Verhalten des getesteten Programmabschnitts mit dem erwarteten Verhalten verglichen. Meist erfolgt diese Kontrolle durch den Vergleich eines Rückgabewertes oder dem Wert einer Klassenvariable mit einem zuvor definierten Erwartungswert. Für diesen Vergleich werden innerhalb der Testfälle `Assert`-Anweisungen verwendet. In diesem Beispiel erfolgt die Kontrolle im ersten Testfall in Zeile 10 und 11. In diesen Zeilen wird der Wert, der in der Liste gespeichert wurde, mit den Werten verglichen, die der Liste zuvor hinzugefügt wurden.
Empfehlungen hinsichtlich guter Unit-Tests sehen vor, dass jeder Test so feingliedrig wie möglich gestaltet sein soll [76]. Das bedeutet, dass ein Testfall einen möglichst kleinen Pro-

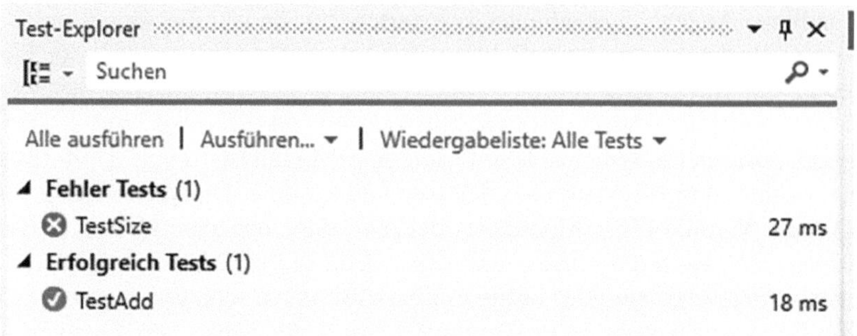

Abbildung 2.6: Übersicht des Visual Studio Test Explorers

grammabschnitt ausführen und jeder Testfall nur eine Eigenschaft überprüfen soll. Dadurch soll es dem Entwickler einfach gemacht werden, Fehler im Fall eines fehlgeschlagenen Tests schneller zu lokalisieren.

```
namespace TestLinkedList
{
  [TestClass]
  public class LinkedListTest {

    [TestMethod]
    public void TestAdd() {
      LinkedList<int> iList = new LinkedList<int>();
      iList.Add(4);
      iList.Add(2);
      Assert.AreEqual(4,iList.First());
      Assert.AreEqual(2,iList.Last());
    }
  }
}
```

Listing 2.9: Beispiel für einen C# Unit Test

Für jede gängige Programmiersprache werden Modultests durch spezielle Frameworks unterstützt wie z.B. JUnit[2] für Java, NUnit[3] für .Net-Sprachen wie C# und CPPUnit[4] für C++. Diese haben die Aufgabe, die Testfälle der Reihe nach automatisiert auszuführen und die Ergebnisse für den Entwickler übersichtlich darzustellen. Wird der Ausdruck, der den `Assert`-Befehlen in den Testmethoden übergeben wird, zu *False* ausgewertet, wird der umschließende Testfall automatisch durch das Framework als fehlgeschlagen markiert. Erfolgreich ausgeführte Testfälle werden ebenfalls entsprechend gekennzeichnet. Die Darstellung der Testergebnisse in Visual Studio ist in Abbildung 2.6 dargestellt.

Eine besondere Form der Modultests sind Robustheitstests [80]. Diese werden explizit dafür verwendet das Fehlerverhalten (vgl. Abschnitt 2.1.7) einer Software zu testen. Beispielsweise werden Methoden mit ungültigen Parameterwerten aufgerufen. Ein Robustheitstest

[2] `https://junit.org/`
[3] `https://nunit.org/`
[4] `https://sourceforge.net/projects/cppunit/`

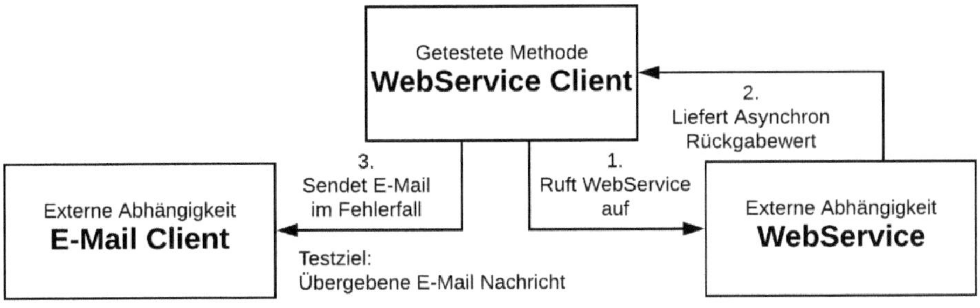

Abbildung 2.7: Beispiel für Testabhängigkeiten

einer Wurzelfunktion könnte einen negativen Radikand verwenden um zu prüfen, ob das System eine gewünschte Ausnahme auslöst oder einfach unkontrolliert abstürzt.

2.5.1 Testfall Isolierung durch Mocking

Beim Unit-Testen können transitive Aufrufe weiterer Methoden und externe Abhängigkeiten zu Schwierigkeiten führen. Ruft eine getestete Methode eine andere Methode auf, kann bei einem fehlgeschlagenen Testfall nicht unmittelbar festgestellt werden in welcher Methode die Ursache des Fehlers liegt. Besonders problematisch sind dabei Aufrufe externer Module, auf die der Entwickler keinen unmittelbaren Einfluss hat. Dazu zählen beispielsweise Aufrufe des Betriebssystems, Anbindungen an Datenbanksysteme und Netzwerkdienste oder die Kommunikation mit der später verwendeten Hardware. Ein Beispiel für eine solche Abhängigkeit ist in Abbildung 2.7 illustriert [76]. Die getestete Methode ruft einen WebService auf und soll im Fehlerfall eine E-Mail Benachrichtigung an den Systemadministrator versenden. In einem Testfall soll geprüft werden, ob im Fehlerfall eine korrekte Nachricht an den E-Mail Client gesendet wird. Damit ein entsprechender Testfall erstellt werden kann, muss erst einmal eine Möglichkeit geschaffen werden diesen Fehler des WebService zu simulieren.

Damit einzelne Methoden unabhängig von aufgerufenen Methoden und externen Abhängigkeiten getestet werden können, müssen diese mit Hilfe von Mocking-Techniken isoliert werden. Beim Mocking werden die Aufrufe auf externe Methoden durch neu hinzugefügte Methoden ersetzt. Diese neuen Methoden sind entweder manuell programmiert oder automatisch generiert. Übergeordnet werden diese modifizierten Klassen **Fakes** genannt. Je nachdem, welche Funktion ein Fake-Objekt ausübt, handelt es sich um **Stub-** oder um ein **Mock-Objekt** [76].

Stub-Objekte ersetzen externe Funktionen durch kontrollierbare, interne Methoden, deren Aufgabe es ist, die Funktionsfähigkeit der eigentlichen Testmethode aufrecht zu erhalten.

Im einfachsten Fall haben Stub-Methoden nur die Aufgabe aufgerufen zu werden, damit die Testmethode ausgeführt werden kann. Im Regelfall haben Stub-Methoden jedoch die Aufgabe vordefinierte Rückgabewerte in die Testmethode zu injizieren. Diese Werte können auf zwei unterschiedlichen Wegen injiziert werden: (1) Die vordefinierten Werte werden direkt als Rückgabewert der Stub-Methode verwendet. (2) Die Werte werden in der Stub-Methode einem Attribut der Testklasse zugewiesen. Diese meist extern im Testfall definierten Werte dienen dazu, spezielle Programmpfade innerhalb der Testmethode auszuführen. Die auf diesem Wege definierten Werte dürfen nicht direkt in den Assert-Abfragen verwendet werden, da sie keine berechneten Werte des zu testenden Programms darstellen.

Muss die Interaktion zwischen Test- und Fake-Objekt getestet werden, müssen Mock-Objekte verwendet werden. Das Ziel von Mock-Objekten ist es, Bedingungen an die Parameter zu überprüfen, die an eine Methode übergeben werden. Auch hier ist das Ziel, Tests möglichst feingranular zu gestalten. Aufgrund dessen sollten Testfälle i.d.R. nicht mehr als ein Mock-Objekt enthalten.

In Abbildung 2.7 wird eine externe Abhängigkeit dadurch aufgelöst, dass der WebService durch ein entsprechendes Stub-Objekt ersetzt wird. Die aufgerufene Methode des Stub-Objekts gibt eine vorher definierte Fehlermeldung zurück, um einen Fehler des ursprünglichen WebServices zu simulieren. Dadurch wird in der getesteten Methode der Code ausgeführt, der die E-Mail für den Administrator erstellt. Die Methode zum Versenden der E-Mail wird durch ein Mock-Objekt ersetzt. Die Aufgabe dieses Mock-Objekts ist es zu prüfen, ob die Methode zum E-Mail-Versand korrekt aufgerufen wird und ob die übergebenen Parameter wie z.B. die E-Mail-Adresse und der Text korrekt sind.
Stub- und Mock-Objekte werden i.d.R. nicht manuell vom Entwickler programmiert, sondern mit Hilfe entsprechender Isolationsframeworks generiert. Je nach Programmiersprache kann der Entwickler zwischen unterschiedlichen Frameworks wählen: Microsoft Fakes[5], NMock[6] oder Rhino Mocks[7] (C#), Hippomocks[8] (C++), Mockito[9] (Java) usw.

2.6 Testüberdeckungsmetriken

Testüberdeckungsmetriken berechnen Kennzahlen, die Aufschluss darüber geben, welche Bereiche der Software durch Testfälle ausgeführt werden und welche ungetestet bleiben. Diese Metriken zählen zu den Whitebox-Verfahren, da sie auf einer Quelltextanalyse basieren. Zur Berechnung der Überdeckungskennzahlen wird während der Testausführung protokolliert, welche Code-Sequenzen ausgeführt wurden. Die ausgeführten Sequenzen werden mit der Gesamtanzahl aller Sequenzen verglichen. Das Ergebnis entspricht der Überdeckung.

[5] https://msdn.microsoft.com/de-de/library/hh549175.aspx
[6] http://nmock.sourceforge.net/
[7] https://hibernatingrhinos.com/oss/rhino-mocks
[8] http://hippomocks.com/
[9] https://site.mockito.org/

Testüberdeckungsmetriken sind Teil eines Testframeworks. Die Idee der Metriken ist, dass hohe Überdeckungsmaße eine gute bzw. ausreichende Abdeckung des Quellcodes durch Testfälle anzeigen. Durch die Integration in Testframeworks bzw. Entwicklungsumgebungen werden Testüberdeckungsmetriken dafür eingesetzt explizit anzuzeigen, welche Bereiche der Software durch Testfälle ausgeführt werden. Der Entwickler hat dadurch die Möglichkeit gezielt fehlende Testfälle zu implementieren, um ungetestete Code-Sequenzen abzudecken. Der Entwickler kann diese Anzeige auch dafür nutzen um festzustellen, ob unterschiedliche Testfälle den selben Code ausführen. Dies dient beispielsweise zum Optimieren und Beschleunigen des Testens.

Bei der Messung der Testüberdeckung wird zwischen drei verschiedenen Kategorien unterschieden. Kontrollflussorientierte Metriken protokollieren ausgeführte Anweisungen und Zweige des Kontrollflussdiagramms [60]. Bedingungsorientierte Metriken analysieren die Auswertung boolescher Bedingungen von Kontrollstrukturen [60]. Metriken zur Messung der Datenüberdeckung (engl. *Parameter Value Coverage*) protokollieren den abgedeckten Eingaberaum der Testparameter. Diese Metriken können z.B. dafür verwendet werden spezielle Grenzbereiche des Eingaberaums abzudecken [53].

2.6.1 Kontrollflussorientierte Überdeckungstests

2.6.1.1 Anweisungsüberdeckung

Die Anweisungsüberdeckung (Statement-Coverage) protokolliert die ausgeführten Programmzeilen bzw. Anweisungen und vergleicht diese mit der Gesamtanzahl aller Anweisungen [26]. Diese Metrik wird auch Zeilenabdeckung (engl. Line-Coverage) genannt. Das Verhältnis beider Werte entspricht der Anweisungsabdeckung. Diese Metrik ist sehr einfach anzuwenden. Eine vollständige Zeilenüberdeckung signalisiert, dass jede Programmzeile während des Testens mindestens einmal ausgeführt wurde. Zusätzlich kann diese Metrik dafür verwendet werden, unerreichbare Bereiche im Quelltext zu finden oder Stellen zu identifizieren, die besonders häufig durchlaufen werden.

Ein Nachteil dieser Metrik ist, dass Kontrollstrukturen wie z.B. `if`-Bedingungen nicht gesondert analysiert werden. Eine `if`-Bedingung ohne Else-Alternative gilt als vollständig getestet, wenn die `if`-Bedingung erfüllt wurde. Es wird nicht geprüft, ob auch die Alternative getestet wurde. Dies kann leicht dazu führen, dass beim Testen Fehler übersehen werden.

```
0 public int ParseArgs(string[] args){
1   string serviceName = null;
2   if (args.Length >= 2)
3   { serviceName = args[1]; }
4   if (serviceName.Equals("Help"))
5   { return 1; }
6   return -1;
7 }
8
9 [TestMethod]
10 public void TestParseArgs() {
11   // string[] args = {"Service"};
12   string[] args = {"Service","Help"};
13   MyApp.ParseArgs(args);
14 }
```

Listing 2.10: Methode mit Fehler und vollständiger Anweisungsüberdeckung

Das Beispiel in Listing 2.10 zeigt eine einfache Methode zum Parsen von Eingabeparameter und einen entsprechenden Testfall. Der Testfall erzielt eine vollständige Anweisungsüberdeckung, ohne einen Fehler zu finden. Wird diese Methode jedoch mit dem in Zeile 11 auskommentierten Parameter aufgerufen, wird die *if*-Bedingung nicht erfüllt. Der Variable `serviceName` wird kein gültiges Objekt zugewiesen und das Programm stürzt in Zeile 4 auf Grund einer ungültigen Dereferenzierung ab.

```
class Buffer {
  List<int> buffer;
  int size;

  public Buffer() {
    buffer = null;
    size = 0;
  }

  public int Add(int v,bool append) {
    if (!append) {
      buffer = null;
      //size = 0;   Bug: Line is
      missing
    }
    if (this.size == 0)
    { buffer = new List<int>(); }
      buffer.Add(v);
      size++;
      return size;
  }
}
[TestMethod]
public void TestAdd1() {
  Buffer b = new Buffer();
  b.Add(5,false);

}
[TestMethod]
public void TestAdd1() {
  Buffer b = new Buffer();
  b.Add(4,true);
  b.Add(2,true);
}
```

Listing 2.11: Beispiel eines fehlerhaften Programmpfades

2.6.1.2 Zweigüberdeckung

Die Zweigüberdeckung (engl. Branch-Coverage oder Decision-Coverage) analysiert die Testausführung basierend auf dem Kontrollflussgraphen der Anwendung [26]. Protokolliert werden alle ausgeführten Kanten des Graphen. Zur Berechnung der Überdeckung wird die Anzahl der ausgeführten Kanten mit der Anzahl aller Kanten ins Verhältnis gesetzt. Im Vergleich zur Anwendungsüberdeckung wird bei der Zweigüberdeckung auf diese Weise auch überprüft, ob die Alternativen einer *if*-Anwendung ausgeführt wurden.

Eine vollständige Zweigüberdeckung inkludiert eine vollständige Anweisungsüberdeckung. Sie wird in der Praxis häufig als Mindestanforderung für eine Testsuite verwendet. Auch Sicherheitsstandards, wie beispielsweise DO-178B aus dem Bereich der Avionik oder ISO 26262 aus der Automobilindustrie, empfehlen diese Metrik bereits für Software einer geringeren Sicherheitsstufe.

Bei der Zweigüberdeckung ist es egal, in welcher Reihenfolge oder Kombination die Zweige innerhalb der Testsuite ausgeführt werden. Dies kann auch durch unterschiedliche Testfälle erfolgen. Eine vollständige Zweigüberdeckung für die `Add`-Methode in Listing 2.11 kann durch die Kombination der beiden aufgeführten Testfälle erreicht werden. Der erste Testfall ab Zeile 21 führt beide Alternativen aus. Der zweite Testfall ab Zeile 27 analysiert die beiden Konsequenten. Keiner der beiden Tests zeigt ein Fehlverhalten der Methode. Die Kombination aus Konsequente der ersten *if*-Bedingung und Alternative der zweiten *if*-Bedingung muss nicht getestet werden, um eine vollständige Zweigüberdeckung zu erreichen. Bei dieser Kombination wird jedoch in Zeile 16 auf ein nicht initialisiertes Objekt zugegriffen, was einen Absturz des Programms zufolge hat.

```
bool StartsWith(string s1, string s2)
 {
  int i=0, j=0;
  for (; i < s1.Length && j < s2.Length; i++) {
    if (s1.ElementAt(i) != s2.ElementAt(j))
    { return false; }
  }
  return true;
}
int Loop(int i) {
  while (i > 0) {
    if (i > 10)
    {
      // Do something
      break;
    }
    if (i < 7)
    {
      // Do something different
      i--;
    }
  }
  return i;
}
```

Listing 2.12: Schleifen mit Fehler

2.6.1.3 Schleifenüberdeckung

Eine besondere Kontrollstruktur sind Schleifen, da diese potentiell eine unbegrenzte Anzahl von möglichen Pfaden im Programm repräsentieren [26]. Dadurch können keine Überdeckungsmaße verwendet werden, die zur Berechnung die Gesamtanzahl von Anweisungen oder Kanten verwenden. Aufgrund dessen dient die Schleifenüberdeckung als Ergänzung zu anderen Metriken. Die Schleifenüberdeckung überwacht die Ausführung von Schleifen und unterscheidet zwischen drei verschiedenen Szenarien:

1. Die Schleife wird nicht ausgeführt
2. Der Schleifenrumpf wird genau einmal ausgeführt
3. Der Schleifenrumpf wird öfters als einmal ausgeführt

Schleifen gelten als vollständig getestet, wenn aus jeder Kategorie mindestens ein Pfad ausgeführt wurde. Dadurch werden Schleifen umfassender getestet als mit der reinen Anwendungs- und Zweigüberdeckung.

Die Methode `StartsWith` in Listing 2.12 enthält einen Fehler. Der Zähler `j` wird in der Schleife nicht erhöht. Dieser Fehler kann nur beobachtet werden, wenn die Schleife mindestens zweimal wiederholt wird, was durch die Schleifenüberdeckung gefordert wird. Jedoch berücksichtigt die Schleifenüberdeckung keine Pfade innerhalb des Schleifenrumpfs. Folgende Werte erzielen in der Loop-Methode in Beispiel 2.12 ab Zeile 8 eine vollständige Schleifenüberdeckung: `i = -1` (Keine Ausführung des Rumpfs), `i = 1` (Genau eine Wiederholung) und `i = 2` (Zwei Wiederholungen). Die potentielle Endlosschleife, die auftritt wenn die Schleife mit `i = 8` ausgeführt wird, wird durch diese Metrik nicht zwingend geprüft.

2.6.1.4 Pfadüberdeckung

Die Pfadüberdeckung (engl. Path-Coverage) ist einer der umfangreichsten und ausführlichsten Überdeckungsmetriken [26]. Die Pfadüberdeckung betrachtet alle möglichen Pfade zwischen dem Eintrittspunkt einer Methode und allen möglichen Austrittspunkten. Die Anzahl der ausgeführten Pfade wird bei dieser Metrik mit der Anzahl aller möglichen Pfade ins Verhältnis gesetzt. Diese Form der Pfadüberdeckung wird vollständige Pfadüberdeckung genannt.

Für Schleifen ist dieses Vorgehen nicht möglich, da diese potentiell eine unbegrenzte Anzahl von Pfaden repräsentieren. Aufgrund dessen wird die Pfad-Coverage für Schleifen mit der Schleifenüberdeckung kombiniert. Dabei wird zwischen zwei verschiedenen Kombinationsformen unterschieden: Der strukturierten und der boundary-interior Pfadüberdeckung. Bei der strukturierten Pfadüberdeckung werden alle Pfade getestet, die eine Schleife maximal k-mal wiederholen. Bei der boundary-interior Pfadüberdeckung werden Schleifen auf zwei Arten getestet. Bei den boundary-Tests werden Schleifen ausgeführt, jedoch nicht wiederholt. Bei den interior-Tests gilt eine Schleife als vollständig getestet, wenn alle Pfade des Schleifenrumpfs bei zweifachem Ausrollen der Schleife ausgeführt wurden. Eine strukturierte Pfadüberdeckung mit $k = 2$ entspricht der boundary-interior-Testabdeckung [60].

Der Vorteil von Pfadüberdeckungstests ist, dass diese Metrik ein sehr gründliches Testen der Software erfordert. Fehler, die durch eine falsche Kombination von einzelnen Zweigen entstehen, werden durch die Pfadüberdeckung aufgedeckt. Der Fehler aus Beispiel 2.11, der bei einer vollständigen Zweigüberdeckung noch unerkannt bleiben konnte, wird durch die Pfadüberdeckung zwingend aufgedeckt.

Der größte Nachteil dieser Metrik ist die Anzahl der notwendigen Testfälle. Diese steigt exponentiell mit der Anzahl der Kontrollstrukturen. Für das Beispiel 2.11 mit zwei if-Bedingungen werden mindestens vier Testfälle benötigt. Ein weiteres Problem der Pfadüberdeckungsmetrik ist, dass nicht geprüft wird, ob Pfade überhaupt ausgeführt werden können. In der Loop-Methode in Beispiel 2.12 können nicht beide Konsequenten in einem

Pfad ausgeführt werden, da sich die Bedingungen gegenseitig ausschließen. In diesen Fällen kann keine 100% Überdeckung erreicht werden, was beim Entwickler die Frage bzgl. der Qualität der aktuellen Testfälle offen lässt.

2.6.2 Bedingungsüberdeckungstest

Metriken zur Messung der Bedingungsüberdeckung analysieren die Auswertung von Bedingungen der Kontrollstrukturen wie beispielsweise die einer *if*-Anweisung [60]. Ein Nachteil dieser Metriken zeigt sich in Verbindung mit Programmiersprachen, die eine short circuit Evaluierung verwenden. Bei dieser Form der Evaluierung boolescher Bedingungen wird die Auswertung einer Formel abgebrochen, sobald deren Ausgangswert eindeutig bestimmt werden kann. Beispielsweise wird bei der Bedingung $a \wedge b$ die Auswertung abgebrochen, sobald a zu $false$ evaluiert wird, da dadurch das Ergebnis des Gesamtausdrucks bereits feststeht. Je nach Implementierung des Frameworks zur Bedingungsüberwachung wird in diesem Fall kein Wert für b evaluiert. Dadurch kann keine vollständige Bedingungsüberdeckung erzielt werden.

2.6.2.1 Einfachbedingungsüberdeckungstest

Die Einfachbedingungsüberdeckungstests protokollieren die Werte aller atomaren Prädikatsterme [60]. Ein atomarer Prädikatsterm besteht aus einem booleschen Operator z.B. $a > b$ oder $a == b$. Eine vollständige Überdeckung wird erzielt, wenn jede atomare boolesche Bedingung bei der Ausführung der Testfälle einmal zu $true$ und einmal zu $false$ evaluiert wird. Diese impliziert jedoch keine vollständige Zweigüberdeckung. Dies wird im Listing 2.13 verdeutlicht. Die Methode `g()` gibt unabhängig von den übergebenen Parametern `a` und `b` immer `false` zurück. Für einen vollständigen Einfachbedingungsüberdeckungstest muss die Methode `f1()` mit folgenden Werten getestet werden: `a=true`, `a=false`, `b=true` und `b=false`. Ausgeführt wird stets die Konsequente, die Alternative bleibt ungetestet. Aber auch unabhängig von tautologischen Ausdrücken, kann eine vollständige Einfachbedingungsüberdeckung erreicht werden, ohne alle Zweige einer `if`-Anweisung auszuführen, da diese Metrik keine Kombinationen der atomaren Ausdrücke überprüft. Die zwei Testfälle (`a=true`, `b=false`) und (`a=false`, `b=true`) erzielen bei der Methode `f2()` eine vollständige Einfachbedingungsüberdeckung. Beide Testfällen führen jedoch nur die Konsequente aus.

```
bool g(bool p){ return false);
bool f1(bool a, bool b) {
 if(!g(a && b)) {
  return true;
 } else {
   return false;
 }
}
```

```
bool f2(bool a, bool b) {
 if(a && b) {
  return true;
 } else {
   return false;
 }
}
```

Listing 2.13: Beispiel für einen Bedingungsüberdeckungstest

2.6.2.2 Mehrfachbedingungsüberdeckungstest

Der Mehrfachbedingungsüberdeckungstest betrachtet alle möglichen Kombinationen der atomaren Bedingungen [60]. Die Anzahl der zu testenden Kombinationen wächst dadurch exponentiell mit der Anzahl der atomaren Bedingungen. Für die beiden Funktionen `f1` und `f2` im Beispiel 2.13 werden jeweils $2^2 = 4$ Testfälle benötigt. In der Funktion `f2` werden damit beide Zweige der *if*-Anweisung ausgeführt. Dies eliminiert die Schwachstellen des Einfachbedingungsüberdeckungstests.

2.6.2.3 Minimaler Mehrfachbedingungsüberdeckungstest

Der minimale Mehrfachbedingungsüberdeckungstest ist ein Kompromiss zwischen dem Einfach- und Mehrfachbedingungsüberdeckungstest [60]. Für eine vollständige Überdeckung erfordert diese Metrik, dass jede atomare und jede zusammengesetzte Bedingung während der Testausführung einmal zu *true* und einmal zu *false* auswertet. Damit werden für diese Metrik mehr Testfälle benötigt als für den Einfachbedingungsüberdeckungstest, jedoch weniger als für den Mehrfachbedingungsüberdeckungstest. Die Methode `f2` im Beispiel 2.13 kann dadurch mit zwei Testfällen vollständig getestet werden: (`a = true, b = true`) und (`a = false, b = false`). Anders als bei dem Einfachbedingungsüberdeckungstest wird mit den Werten (`a = true, b = false`) und (`a = false, b = true`) keine vollständige Abdeckung mehr erzielt. Ein vollständiger minimaler Mehrfachbedingungsüberdeckungstest fordert die Ausführung beider Zweige einer *if*-Bedingung.

2.6.2.4 Condition/Decision Übderdeckungstest

Bei der Modified Condition Decision Coverage (MC/DC) muss wie beim minimalen Mehrfachbedingungsüberdeckungstest jede atomare und zusammengesetzte Bedingung zu *true* und *false* ausgewertet werden [60, 26]. Zudem muss nachgewiesen werden, dass jede atomare Bedingung den Wert der Gesamtentscheidung beeinflussen kann. Für diesen Nachweis darf nur der Wert einer atomaren Bedingung geändert werden, während der Wert aller anderen atomaren Bedingungen gleich bleiben muss. Für einen erfolgreichen Nachweis muss der Wert der Gesamtentscheidung durch die isolierte Änderung beeinflusst werden können. Die MC/DC wurde speziell zum Testen von Software aus der Luft- und Raumfahrt entwickelt und wird u.a. im Standard DO-178B vorgeschrieben.
Die Bedingung $((A \vee B) \wedge C)$ kann mit einer vollständigen MC/DC mit den Werten aus Tabelle 2.1 getestet werden.

A	B	C	$((A \vee B) \wedge C)$
false	false	true	false
false	true	true	true
false	true	false	false
true	false	true	true

Tabelle 2.1: Werte für eine vollständige MC/DC Abdeckung

2.6.3 Bewertung Testmetriken

Es existiert kein formaler Zusammenhang zwischen einer hohen Testüberdeckung und der Korrektheit der getesteten Software. Es kann daher nicht formal bewiesen werden, dass eine vollständige Testabdeckung die Fehlerfreiheit einer Software garantiert. Für jede Metrik wurden Beispiele gezeigt, bei denen trotz einer vollständigen Testüberdeckung nicht alle Codestellen ausgeführt wurden oder Fehler unbeobachtet blieben.
Dennoch sind Überdeckungsmetriken ein wichtiges Hilfsmittel für die Gestaltung guter Testfälle. In der Praxis zeigt sich, dass durch die Verwendung von Testüberdeckungsmetriken mehr Testfälle geschrieben werden und der Tester ein besseres Verständnis für den Kontrollfluss des Programms erhält [33, 26, 27]. Durch das bessere Verständnis des Programmcodes ist es dem Tester möglich, kritische Programmabschnitte zielgerichtet durch Testfälle abzudecken. Auch bei späteren Änderungen des Programms helfen zuvor erstellte Testfälle dabei sicherzustellen, dass Änderungen im Quellcode keine neuen Fehler bzgl. der bestehenden Funktionalität verursachen können [79].

2.7 Static Single Assignment-Form

Die Static Single Assignment-Form (SSA-Form) ist eine besondere Form des Quellcodes, in der jeder Variable nur ein einziges Mal ein Wert zugewiesen werden darf [60]. Ursprünglich wurde diese als Zwischenrepräsentation für Compiler entwickelt. Inzwischen dient sie auch als Grundlage für viele statische Analyseverfahren. Dort wird die SSA-Form dafür verwendet, die sequentiell ausgeführten Modifikationen einer Variable eindeutig innerhalb der Pfadbedingungen referenzieren zu können.

```
0 x=a;
1 y=b;
2 if(x<y) {
3   y=0;
4   x=x+1;
5 }
6 else {
7   x=y;
8 }
9 x = y*x;
10 Print(x);
```

```
0 x1=a;
1 y1=b;
2 if(x1<y1) {
3   y2=0;
4   x2=x1+1;
5 }
6 else {
7   x2=y1;
8 }
9 y3= ϕ(y2,y1);
10 x3 = y3*x2;
11 Print(x3);
```

Listing 2.14: Beispiel für die SSA-Form

Für die Umformung des Quellcodes in die SSA-Form wird bei jeder Zuweisung eines neuen Werts zu einer Variablen eine neue Variable eingeführt und im restlichen Code alle Referenzen entsprechend ersetzt. Dieses Vorgehen ist in Beispiel 2.14 dargestellt. In der zweiten Zuweisung in Zeile 4 wird aus `x1` die neue Variable `x2`. In Zeile 10 wird die Referenz auf der rechten Seite der Zuweisung entsprechend angepasst und auf der linken Seite eine neue Variable `x2` eingeführt.

Gesonderte Maßnahmen müssen für Umformung von Zuweisungen in unterschiedlichen Pfaden des Kontrollflussgraphen getroffen werden. In der Konsequente wird der Variablen y ein neuer Wert zugewiesen, in der Alternativen nicht. In der Konsequente wird dadurch eine neue Variable eingefügt, die im Zweig der Alternative nicht vorhanden ist. Für den folgenden Quellcode muss entschieden werden, welche Variable referenziert wird, die neu hinzugefügte Variable y2 oder die Variable y1. Für diese Unterscheidung wird die ϕ-Funktion eingeführt:

$$a = \phi(b,c); \tag{2.1}$$

Diese Funktion prüft, ob die Variable b existiert. Ist dies der Fall, wird b zurückgegeben ansonsten c. Im Beispiel 2.14 wird diese Funktion in Zeile 9 verwendet, um die unterschiedliche Anzahl an Zuweisungen der Variable y umzuformen. Dies dient beispielsweise zum Optimieren und Beschleunigen des Testens. D

2.8 Symbolisches Testen

Das symbolische Testen ist ein statisches Analyseverfahren. In der Literatur wird dieses Verfahren auch häufig als symbolische Programmausführung (SPA) bezeichnet [60]. Bei dieser Methode wird der Quellcode interpretiert und in ein abstraktes Modell überführt. Symbolische Testfälle führen daher nicht das kompilierte Programm mit konkreten Werten aus, sondern analysieren mögliche Pfade in einem abstrahierten Modell.

Bei der Analyse von möglichen Ausführungspfaden werden Pfadbedingungen und die Wertebereiche der Variablen mit Hilfe von mathematischen Symbolen und Formeln abstrahiert. Dafür werden die Werte der Variablen im Programm durch Symbole ersetzt. Jedes Symbol repräsentiert den vollständigen möglichen Wertebereich der repräsentierten Variable. Verschiedene Programmpfade werden jeweils durch eine Pfadbedingung (PC) repräsentiert. Dafür beschreibt diese formal die Bedingungen an die Wertebereiche der symbolischen Variablen, die erfüllt sein müssen, um den repräsentierten Pfad während eines dynamischen Tests auszuführen. Für die Abbildung von Variablenzuweisungen und Modifikationen innerhalb einer Pfadbedingung wird der analysierte Quellcode i.d.R. in die SSA-Form überführt (vgl. 2.7). Dadurch können die Wertebereiche der Variablen zu jedem Ausführungszeitpunkt eindeutig definiert werden. Auf diesem Weg können Kontrollstrukturen und Variablenmanipulationen ausgedrückt werden. Die symbolische Programmausführung ermöglicht es große Wertebereiche abzudecken. Dadurch kann dieses Verfahren auch zur Verifikation und zur Testfallgenerierung genutzt werden.

Am besten lässt sich das Vorgehen der symbolischen Ausführung an Hand eines kleinen Beispiels [60, S.328ff] erörtern.

Listing 2.15 auf Seite 41 zeigt den Quellcode der Methode MinMax. Diese Methode akzeptiert die Referenz auf zwei numerische Variablen min und max. Nach der Ausführung der Methode soll der kleinere Wert in der Variable min und der größere Wert in der Variable max gespeichert werde. Die übergebenen Werte dürfen dafür lediglich vertauscht, jedoch nicht modifiziert werden.

Zeile	min	max	tmp	PC
1	MIN	MAX	?	true
2	MIN	MAX	?	true
3	MIN	MAX	?	MIN > MAX
4	MIN	MAX	MIN	MIN > MAX
5	MAX	MAX	MIN	MIN > MAX
6	MAX	MIN	MIN	MIN > MAX
7	MAX	MIN	MIN	MIN > MAX
7	MIN	MAX	?	MIN <= MAX

Tabelle 2.2: Werte der SPA

```
0 void MinMax(ref int min,ref int max) {
1   int tmp;
2   if(min > max) {
3     tmp = min;
4     min = max;
5     max = tmp;
6   }
7 }
```

Listing 2.15: Beispiel für SPA

Zur syntaktischen Unterscheidung werden in diesem Beispiel Variablen im Programm kleingeschrieben (z.B. *min*) und die entsprechenden mathematischen Symbole groß (z.B. *MIN*). In diesem Beispiel werden für die zwei Parameter und die Hilfsvariable `tmp` die drei Symbole *MIN*, *MAX* und *TMP* eingeführt. Das gewünschte Verhalten der Methode kann auf dieser Grundlage durch folgende Nachbedingung definiert werden:

$$Min \leq Max \wedge ((min = MIN \wedge max = MAX) \vee (min = MAX \wedge max = MIN)) \qquad (2.2)$$

Die Zuordnung zwischen Variable und Symbol wird in Abhängigkeit zur Programmzeile in Tabelle 2.2 dargestellt. Die fünfte Spalte zeigt die schrittweise Konstruktion der Pfadbedingung (PC). Die Zeilen 1 und 2 des Beispiels werden unabhängig der Parameterwerte immer ausgeführt. Aus diesem Grund ist die Pfadbedingung in den ersten beiden Zeilen *true*. Der Wertebereich der symbolischen Variablen *MIN* und *MAX* wird demnach nicht eingeschränkt. Die Variable *tmp* wurde noch nicht initialisiert und hat demnach auch noch keinen symbolischen Wert. Dies wird durch das Fragezeichen in der vierten Spalte ausgedrückt.

Die dritte Zeile enthält eine `if`-Bedingung. Soll die Konsequente der `if`-Bedingung ausgeführt werden, muss der Wert von *min* größer sein als der Wert von *max*. Dies gilt dann auch für die symbolischen Werte beider Variablen. Die Pfadbedingung wird dadurch um die entsprechende Bedingung $MIN > MAX$ ergänzt. Die Initialisierung der Variable *tmp* in Zeile 3 wird in der Tabelle dadurch ausgedrückt, dass der Variable der symbolische Wert *MIN* zugewiesen wird. Die Modifikation der Variablen *min* und *max* in den Zeilen 4 und 5 werden in der Tabelle dadurch repräsentiert, dass die symbolischen Variablen jeweils vertauscht werden. So hat die Variable *min* in Zeile 4 der Tabelle noch den symbolischen Wert

MIN und der darauf folgenden Zeile den symbolischen Wert *MAX*.
Wird in der dritten Programmzeile die Alternative der `if`-Bedingung ausgeführt, muss der Wert von *min* kleiner oder gleich sein als der Wert von *max*. Diese Alternative wird in der Tabelle in der letzten Reihe dargestellt. Aus den unterschiedlichen Programmpfade können jeweils eigenständiger symbolischer Testfälle abgeleitet werden. In diesem Beispiel gibt es demnach zwei symbolische Testfälle:

$$(1)(min = MAX \wedge max = MIN \wedge MIN > MAX) \tag{2.3}$$

$$(2)(min = MIN \wedge max = MAX \wedge MIN \leq MAX) \tag{2.4}$$

Ein symbolischer Testfall ist korrekt, wenn die generierten Pfadbedingungen die Spezifikationen implizieren. Bezogen auf das Beispiel muss gezeigt werden, dass die finalen Pfadbedingungen die Nachbedingung 2.2 impliziert. Dies kann beispielsweise mit Hilfe automatischer Beweisverfahren oder durch manuelle Termumformung gezeigt werden. Wird die symbolische Programmausführung zur Verifikation verwendet, muss jeder mögliche Programmpfad als symbolischer Testfall repräsentiert werden. Ein Programm gilt dann als formal verifiziert, wenn jeder symbolische Testfall korrekt ist [60].

2.8.0.1 Bewertung symbolische Programmausführung

Durch die Interpretation des Quellcodes auf Basis von Symbolen und Pfadbedingungen können mit Hilfe der symbolischen Programmausführungen vollständige Wertebereiche von Variablen abgedeckt werden. Dies ist ein großer Vorteil gegenüber dem stichprobenartigen Testen dynamischer Verfahren. Werden bei der symbolischen Ausführung alle möglichen Programmpfade analysiert, entspricht das Verfahren einem formalen Korrektheitsbeweis.

Durch die Interpretation des Quellcodes arbeitet die symbolische Ausführung auf einem abstrakten und idealisierten Modell. Dies bedeutet, dass physikalische Limitierungen eines Computerprogramms nicht automatisch berücksichtigt werden. Die mathematische Darstellung von Zahlen entspricht beispielsweise nicht der Codierung innerhalb eines Programms. Dadurch werden systembezogene Fehlerquellen wie beispielsweise numerische Überläufe, Ungenauigkeiten bei Fließkommaoperationen oder hardwarebedingte Fehler nicht gefunden, sofern diese nicht explizit im abstrakten Modell modelliert wurden.

Die Notwendigkeit alle Programmpfade analysieren zu müssen, ermöglicht den Einsatz der symbolischen Ausführung als formale Verifikationsmethode nur für einfache Programme. Bei komplexeren Programmen oder beim Einsatz von Schleifen bzw. von Rekursionen ist es nahezu unmöglich alle Programmpfade zu analysieren (vl. Abschnitt 2.6.1.4). Wird die symbolische Ausführung als Testmethode eingesetzt, kann die Anzahl der betrachteten Pfade im Zusammenhang mit Schleifen begrenzt werden. Dazu werden dieselben Methoden angewandt wie bei der Analyse der Pfadüberdeckung (vgl. Abschnitt 2.6).

2.8.1 Testfallgenerierung

In Verbindung mit dynamischen Testfällen kann die symbolische Ausführung dafür verwendet werden konkrete Testwerte zu generieren. Dafür werden die generierten Pfadbedingungen als Eingabe in einen Modelchecker verwendet. Dieser berechnet für alle freien Variablen eine erfüllende Belegung der Pfadbedingung. Diese Werte entsprechen den konkreten Parameterwerten der analysierten Methode und können in dynamischen Testfällen dafür verwendet werden, die entsprechenden Pfade abzudecken.

Dieses Vorgehen wird unter anderem von automatischen Testfallgeneratoren wie beispielsweise IntelliTest[10] angewandt [81]. Eine generelle Kritik an diesem Verfahren [55] ist, dass die auf diesem Wege erzeugten Testfälle meist trivial sind und nicht den Werten der späteren Programmausführung während der praktischen Nutzung entsprechen. Andererseits haben dynamische Testfälle stets den Vorteil, das reale System zu testen anstelle ein abstraktes Modell zu analysieren [60].

2.9 Formale Verifikationsmethoden

Formale Verifikationsverfahren versuchen automatisch die Konsistenz zwischen dem Programmcode und der formalen Spezifikation zu beweisen [60]. Entsprechend des zu verifizierenden Systems und der zu beweisenden Eigenschaften existieren spezialisierte formale Verifikationsverfahren. Alle möglichen Verfahren an dieser Stelle zu beschreiben würde den Rahmen dieser Arbeit deutlich übersteigen. Bei der Verifikation objektorientierter Programme kann u.a. zwischen modellbasierten [5] und deduktiven Zusicherungsverfahren [1] unterschieden werden:

2.9.1 Modellbasierte Verifikationsverfahren

Bei modellbasierten Verfahren wird das zu verifizierende System als abstraktes Modell modelliert. Die zu verifizierenden Eigenschaften des Systems werden auf Eigenschaften dieses Modells abgebildet [60]. Ein Korrektheitsbeweis weist nach, dass das Modell die definierte Eigenschaft erfüllt. Eine weit verbreitete Form der Modellierung ist die als Zustandsautomat (engl. *finite state machine, FSM*). Diese Repräsentation eignet sich für endliche, zustandsbasierte Systeme. Der Begriff *endlich* bezieht sich in diesem Zusammenhang auf die Menge der möglichen Systemzustände. Ein deterministischer, endlicher Automat M kann als 5-Tupel dargestellt werden $M = (Q, s, \Sigma, F, \sigma)$. Q ist die endliche Zustandsmenge. s ist ein Zustand der Menge Q und definiert den Startzustand. Σ ist das Eingabealphabet. F ist eine Teilmenge von Q und enthält die Menge an Endzuständen. σ ist die Übergangsfunktion und beschreibt damit die Transitionen zwischen den Zuständen.

[10] `https://docs.microsoft.com/de-de/visualstudio/test/intellitest-manual/?view=vs-2017`

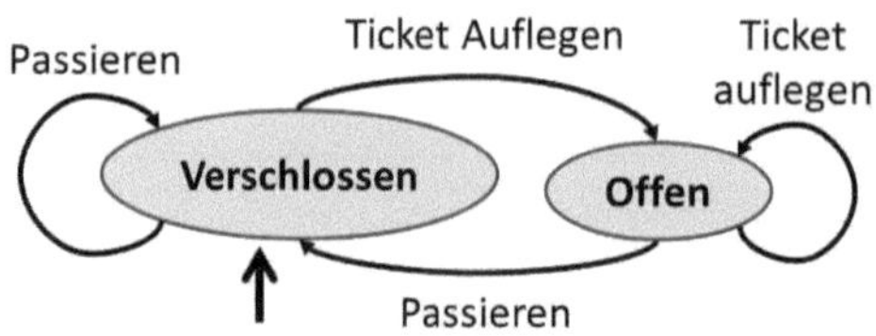

(a) Darstellung als Zustandsautomat

(b) Abbildung eines Drehkreuzes

Abbildung 2.8: Beispiel eines endlichen Automaten

Die Abbildung 2.8 zeigt als Beispiel die Modellierung eines Drehkreuzes als Zustandsautomaten. Repräsentiert wird das Drehkreuz über die beiden Zustände $Q = \{\mathsf{Verschlossen}, \mathsf{Offen}\}$. Zu Beginn ist das Drehkreuz verschlossen: $s = \mathsf{Verschlossen}$. Ein Drehkreuz unterstützt zwei Interaktionen: $\Sigma = \{\mathsf{Ticket\ auflegen}, \mathsf{Passieren}\}$. Das geschlossenen Drehkreuz öffnet sich sobald ein Ticket mit Funksender aufgelegt wird. Das Drehkreuz schließt sich wieder, sobald eine Person im offenen Zustand das Drehkreuz passiert hat. Die jeweiligen Übergange in σ werden im Graphen auf der linken Seite als Pfeile dargestellt.

Je nach gewähltem Modellierungsverfahren und gewählter Verifikationsmethode werden zu verifizierenden Eigenschaften des Modells unterschiedlich dargestellt. Bei der Verwendung von Model Checking Algorithmen [21] werden die Eigenschaften des Zustandsautomaten meist in linearer temporaler Logik (LTL) oder in Computation Tree Logic (CTL) formuliert. Temporale Logiken erlauben es zeitliche Abläufe innerhalb des Automaten zu spezifizieren. *Ein verschlossenes Drehkreuz wird geöffnet wenn ein Ticket aufgelegt wird.* Für die Verifikation einer solchen temporalen Aussage gibt es unterschiedliche Ansätze. Beispielsweise werden die Zustände und Übergänge als SAT-Problem oder als binäres Entscheidungsdiagramm codiert. Für deren Details sei an dieser Stelle auf das Buch "Model Checking" [21] verwiesen. Vereinfacht formuliert prüfen diese Verfahren alle möglichen Zustandsfolgen im Hinblick auf die zu verifizierenden Eigenschaften. Die möglichen Kombinationen aus Eingaben und Zuständen des Beispiels in Abbildung 2.8 wird in Abbildung 2.9 dargestellt. In dieser Darstellung wurde ein Zustand für jede mögliche Kombination aus Eingabe und Zustand eingeführt. Die Bezeichnung der Zustände bezieht sich auf den Anfangsbuchstaben des ursprünglichen Zustandes und der entsprechenden Eingabe. Der Zustand V, T repräsentiert beispielsweise ein verschlossenen Drehkreuz auf dem ein Ticket aufgelegt wird. Der Zustand O repräsentiert ein geöffnetes Drehkreuz ohne Eingabe. Die oben definierte Eigenschaft lässt sich in dieser Darstellung leicht validieren, da von dem Zustand V, T nur eine Kante zu dem Zustand O führt. Dadurch ist bewiesen, dass bei diesem Modell ein verschlossenes Drehkreuz immer geöffnet wird, sobald ein Ticket aufgelegt wurde.

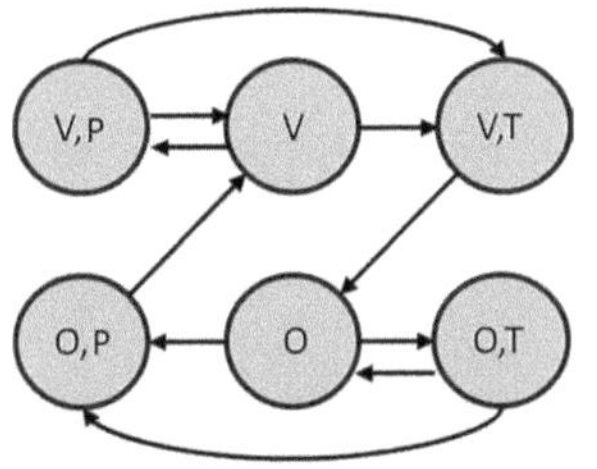

Abbildung 2.9: Aufgelöste Darstellung des Zustandsautomaten zur Repräsentation eines Drehkreuzes

Dieses kleine Beispiel zeigt jedoch auch ein Problem der Model Checking Algorithmen. Durch die Betrachtung aller Zustands- und Eingabekombinationen wird die zu betrachtende Menge an Zuständen schnell sehr groß, teilweise zu groß, um diese mit begrenztem Speicher und Rechenzeiten zu analysieren. Allein in diesem Beispiel verdreifacht sich die Anzahl der zu betrachteten Zustände. Dieses Phänomen wird auch als *state explosion problem* bezeichnet. Dies hat zur Folge, dass ab einer gewissen Komplexität diese Verifikationsverfahren keine Aussage mehr über die Korrektheit einer zu verifizierenden Eigenschaft treffen können. In diesen Fällen erhält der Anwender weder ein gültiges Gegenbeispiel, dass einen Fehler der Modellierung belegen würde, noch erhält er die Bestätigung der Korrektheit.

2.9.2 Deduktive Verifikationsverfahren

Zusicherungsverfahren verwenden für die Verifkation von Programmen Ein- und Ausgangszusicherungen [60][11]. Das Hoare-Kalkül[42] formuliert diese Idee wie folgt:

$$\{P\}S\{Q\} \tag{2.5}$$

Ein Korrektheitsbeweis verifiziert, dass bei der Einhaltung der Eingangszusicherungen P der Quellcode S immer die Ausgangszusicherung Q erfüllt.
Für die Verifikation werden die Zusicherung und der Quellcode als mathematisch logische Ausdrücke repräsentiert. Für die Definition der Ein- und Ausgangszusicherungen existieren in Abhängigkeit von der verwendeten Programmiersprache unterschiedliche Spezifikationssprachen (vgl. Abschnitt 2.4). Diese basieren häufig auf der Prädikatenlogik erster Stufe [59, 1]. Die Resolution dient bei den meisten Verfahren als Hauptbeweismethode.

Automatische Verifikationsprogramme wie beispielsweise JavaESC [49] oder Spec# [8] versuchen die Beweise ohne Interaktion mit dem Anwender herzuleiten. Hergeleitete Beweise sind in diesen Fällen für den Anwender auch meist nicht mehr nachvollziehbar. Auch Informationen über die Gründe für das Scheitern eines Beweises liegen i.d.R. bei diesem System nicht oder nur sehr beschränkt vor. Ein Beispiel hierfür zeigt die Abbildung 1.3 auf Seite 7. Hier wird dem Anwender lediglich angezeigt, dass eine Invariante nicht verifiziert

[11] Seite 335, Abschnitt 10.3.1

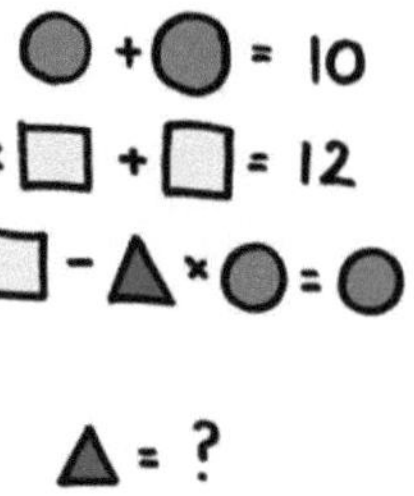

Abbildung 2.10: Beispiel eines abstrakten Gleichungssystems

```
0 circle, square, triangle = Ints('circle
  square triangle')
1 s = Solver()
2 s.add(circle+circle==10)
3 s.add(circle*square+square==12)
4 s.add(circle*square-triangle*circle==circle)
5 print s.check();
6 print s.model();
7
8 sat
9 [triangle = 1, square = 2, circle = 5]
```

Listing 2.16: Formulierung und Lösung des Gleichungssystems als SMT-Instanz

werden konnte. Jedoch wird weder der Nachweis für einen Fehler noch weiterführende Informationen für die Gründe der gescheiterten Verifikation aufgeführt.

Viele der Programme zur automatischen, deduktiven Verifikation (u.a. alle oben aufgeführten) basieren auf SMT-Beweiser (*Satisfiability Modulo Theroies*). Vereinfacht ausgedrückt sind SMT-Beweiser Werkzeuge zur automatischen Lösung von Gleichungssystemen. Ein Beispiel[12] eines abstrakten Gleichungssystems zeigt Abbildung 2.10. Das dazugehörige Listing 2.16 zeigt die Formulierung des Gleichungssystems als SMT-Problem in der Syntax des Z3[13] SMT-Beweisers. Die Zeilen 8 und 9 zeigen die Ausgabe von Z3 und damit auch die Lösung für das Gleichungssystem. Wie die Ausgabe *sat* bereits vermuten lässt, übersetzen SMT-Solver die ursprüngliche Problemdefinition in ein SAT-Problem. Vergleicht man SMT mit einer Programmiersprache, wäre daher die Eingabe des SMT-Solvers die Hochsprache, der SMT-Beweiser der Compiler und das SAT-Problem das fertige Programm in Assembler. Ein weiteres Beispiel[14] für die Anwendung eines SMT-Beweiser zur Verifikation eines kleinen Programmabschnitts zeigen das Listing 2.17 und 2.18.
Das Programm Aha![15] generiert basierend auf einer gegeben Operation eine äquivalente Liste von RISC CPU Befehlen. Dabei wird auf die Verwendung von Sprungbefehlen oder Verzweigungen verzichtet. Das Listing 2.17 auf Seite 47 zeigt eine von Aha! generierte Version des XOR-Operators. Die Zeile 4 enthält die mathematische Darstellung des davor mit RISC CPU Befehlen implementierten Operators. Mit Hilfe formaler Methoden soll geprüft werden, ob das von Aha! generierte Programm wirklich äquivalent zu dem XOR-Operator ist.
In Listing 2.18 auf Seite 47 wird das Aha!-Programm zur Überprüfung als SMT-Instanz formuliert. Die Variablen rx und ry aus Listing 2.17 werden als 32-Bitvektor codiert. In Zeile 4 des Listings 2.18 wird das Ergebnis von $xXORy$ der Variable $output$ zugewiesen.

[12] Entommen aus `https://yurichev.com/writings/SAT_SMT_draft-EN.pdf`
[13] `https://github.com/Z3Prover/z3`
[14] Entommen aus `https://yurichev.com/writings/SAT_SMT_draft-EN.pdf`
[15] https://github.com/dpt/Aha

Die darauf folgende Zeile formuliert die Frage, ob es eine Belegung für x und y gibt, bei der das Ergebnis der Berechnung $(((y\&x)*-2)+(y+x))$ nicht dem Ergebnis von $xXORy$ entspricht. Das Ergebnis *unsat* des SMT-Beweiser steht in Zeile 8. Das bedeutet, dass keine entsprechende Belegung für x und y gefunden werden konnte und damit auch kein Gegenbeispiel. Damit wurde bewiesen, dass der Programmcode in Listing 2.17 äquivalent zu einem XOR-Operator ist.

```
add r1,ry,rx
and r2,ry,rx
mul r3,r2,-2
add r4,r3,r1
Expr: (((y & x)*-2)+(y+x))
```

Listing 2.17: Komplexe Implementierung von XOR

```
0 x = BitVec('x', 32)
1 y = BitVec('y', 32)
2 output = BitVec('output', 32)
3 s = Solver()
4 s.add(x^y==output)
5 s.add(((y & x)*0xFFFFFFFE) + (y+x)!=output)
6 print s.check()
7
8 unsat
```

Listing 2.18: Verifikation des XOR-Operators mit SMT

Zu den manuellen oder teilautomatischen Verifikationswerkzeugen gehören beispielsweise Key[1], Why[32] oder Isabelle[73]. Bei diesen Programmen hat der Anwender die Möglichkeit eigenständig die logischen Herleitungen des Beweises zu beeinflussen. Auf diese Weise konnte mit Hilfe von Isabelle bereits der Kernel eines Betriebssystems verifiziert werden[51]. Diese Form der Programmverifikation ist jedoch sehr komplex, aufwendig und erfordert Personal mit entsprechender Expertise. Das Ziel dieser Arbeit ist es eine automatisierbare Methodik zu entwickeln, weshalb diese Arbeit auch keinen weiteren Bezug zu diesen manuellen Verfahren hat. Für eine detaillierte Beschreibung der Nutzung dieser Werkzeuge wird daher auf die entsprechende Literatur verwiesen[1, 2, 73].

Für größere, objektorientierte Systeme wird typischerweise nicht der gesamte Quellcode auf einmal verifiziert. Stattdessen wird das Programm in einzelne Teilbeweise mit der Struktur des Hoare-Kalküls zerlegt und diese einzeln verifiziert. Dieses Vorgehen wird modulare Verifikation genannt [70, 7, 1]. Während der Verifikation eines Teilbeweises wird die Korrektheit aller anderen Teilbeweise postuliert. Dadurch werden immer nur kleine Bereiche der Software betrachtet, auf denen automatische Verifikationsmethoden deutlich besser operieren können, ohne an ihre Komplexitätsgrenzen zu stoßen.

Kapitel 3

Industrielle Anforderungen

Bei der Entwicklung der in dieser Arbeit vorgestellten Methodik und den Versuchen diese auf praxisnahen Beispielen anzuwenden, sind Limitierungen aktueller Standardverfahren deutlich geworden. In diesem Kapitel werden diese Limitierungen exemplarisch an Hand von Programmauszügen einer industriellen Software diskutiert. Die aus diesen Limitierungen ableitbaren Anforderungen dienen als Motivation der in dieser Arbeit vorgestellten Methodik. Das Kapitel 4 beschreibt den Stand der Technik bzgl. den hier definierten Anforderungen.

3.1 Objekt-Invarianten

Objekt-Invarianten beschreiben wann ein Objektzustand gültig ist und wann nicht und nehmen daher eine sehr wichtige Rolle bei der Spezifikation objektorientierter Software ein. Aktuelle Methoden zur Definition und Beweiszielgenerierung für Invarianten erfüllen nicht die Anforderung einer flexiblen, praxisnahen, objektorientierten Programmierung. Dies wird am Beispiel in Listing 3.1 auf Seite 51 ersichtlich.

Das Beispiel ist einer Industriesoftware zur Ansteuerung einer CNC-Maschine entnommen. Es zeigt einen vereinfachten Auszug des Quellcodes der Klasse `ClampSituation`, die eine Spannsituation einer CNC-Maschine repräsentiert. Ein Spanner hat die Aufgabe das Werkstück innerhalb der CNC-Maschine während der Bearbeitung zu fixieren. Die Abbildung 3.1 zeigt wie ein Spanner das Profil fixiert, während es von oben bearbeitet wird. Der gelbe Kreis in der Abbildung markiert einen der Spanner. Eine Spannsituation beschreibt die Position mehrerer Spanner.

Abbildung 3.1: Foto einer Spannsituation eines CNC-Stabbearbeitungszentrums. Ein Spanner ist mit einem Kreis hervorgehoben.
Quelle: elumatec AG

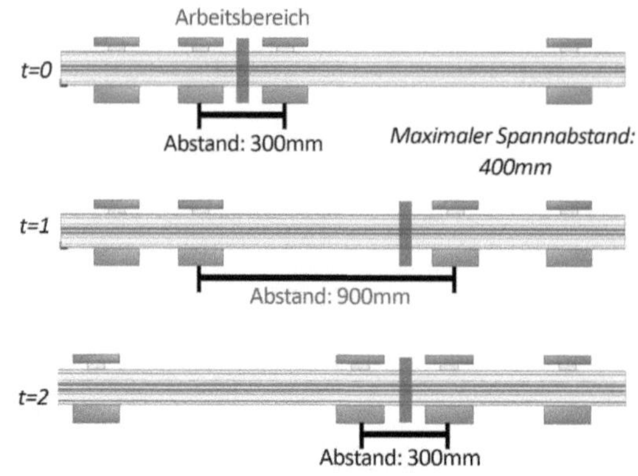

Abbildung 3.2: Illustration: Wechsel einer Spannsituation

Eine einzelne Position ist durch den X-Offset des Spanners auf der X-Achse der CNC-Maschine definiert. Dieser wird als Integer-Wert repräsentiert. Die Positionen aller Spanner werden in der Array `clampPositions` gespeichert. Eine Spannposition wird immer in Bezug auf einen Arbeitsbereich berechnet. Dieser definiert den Bereich der Stange, indem die CNC-Maschine arbeitet, also z.B. fräst oder sägt. Ein Arbeitsbereich wird durch den X-Offset für den Start (Variable `workingAreaStart`) und das Ende (Variable `workingAreaEnd`) beschrieben.

Eine gültige Spannsituation muss verschiedene Anforderungen erfüllen. Diese sind innerhalb der Klasse `ClampSituation` als Invariante formuliert. Die erste Invariante (Zeile 10) fordert, dass in der Array zu Speicherung der Spannerpositionen (`clampPositions`) mindestens zwei Positionen definiert sind.
Die zweite und dritte Invariante (Zeile 11 und 13) definiert die kleinste und maximale Position des ersten und letzten Spanners. Diese werden durch die Länge der X-Achse (`stationLength`) und der physikalischen Breite eines Spanners (`clampWidth`) definiert. Ein Spanner muss so positioniert werden, dass dessen linke und rechte Seite nicht über die X-Achse der Maschine hinausragt.
Die vierte Invariante (Zeile 14) fordert, dass der Arbeitsbereich immer durch eine positive Länge definiert ist. Dadurch wird sichergestellt, dass der Arbeitsbereich einen gültigen Abschnitt des Gutteils beschreibt.
Die fünfte Invariante (Zeile 15) fordert, dass der Arbeitsbereich mindestens durch zwei Spanner fixiert wird. Die Indizes der Spanner innerhalb des Arbeitsbereiches werden von der Methode `GetClampsInWorkingArea` (Zeile 19 ff.) ermittelt. Diese Menge enthält die Indizes aller Spanner deren Position innerhalb des definierten Arbeitsbereiches liegen oder nicht weiter als der maximal Spannabstand davon entfernt sind. Der maximale Spannabstand wird in der Variable `maxClampDist` definiert. Die sechste Invariante (Zeile 17) fordert, dass

```
public class ClampSituation {
  private int clampWidth;
  private int cutSize;
  private int stationLength;
  private int[] clampPositions;
  private int maxClampDist;
  private int workingAreaStart;
  private int workingAreaEnd;

  private void Invariants() {
 Contract.Invariant(clampPositions != null && clampPositions.Length >= 2);
 Contract.Invariant(clampPositions[0] >= (clampWidth / 2));
 Contract.Invariant(
     clampPositions[CountClamps()-1] >= stationLength - (clampWidth / 2));
 Contract.Invariant(workingAreaEnd > workingAreaStart);
 Contract.Invariant(GetClampsInWorkingArea().Length >= 2);
 Contract.Invariant(Contract.ForAll(0, GetClampsInWorkingArea().Length - 1,
  (i => clampPositions[i+1] - clampPositions[i] <= maxClampDist))));
  }
  public int[] GetClampsInWorkingArea() {
    List<int> indexClampsInWorkingArea = new List<int>();
    for (int i = 0; i < CountClamps(); i++) {
      if ((clampPositions[i] >= (workingAreaStart - maxClampDist) &&
       (clampPositions[i] <= (workingAreaEnd + maxClampDist))
      {
        indexClampsInWorkingArea.Add(i);
      }
    }
    return indexClampsInWorkingArea.ToArray();
  }
  /*...*/
  public CountClamps()
  { return  clampPositions.Length; }
  public bool SetWorkingArea(int waStart, int waEnd){
    workingAreaStart  = waStart;
    workingAreaEnd  = waEnd;
  }
  public bool SetClampPosition(int clampIndex, int clampPosition)
  { /* ... */ }
}
```

Listing 3.1: Beispiel einer Invariante

die Positionen der Spanner zur Fixierung des Arbeitsbereiches nicht weiter voneinander entfernt sind, als der maximale Spannabstand vorgibt. Dadurch soll garantiert werden, dass das Gutteil während der Bearbeitung fest fixiert ist und möglichst wenig Vibrationen entstehen. Die Softwarearchitektur des zugrundeliegenden Programms sieht vor, dass die Spannsituationen durch eine Methode der Klasse `CncMachine` generiert werden. Die Klasse `CncMachine` repräsentiert die physikalische CNC-Maschine. Sie enthält Informationen zur Beschreibung physikalischer Eigenschaften der Maschine und deren Bestandteile. Dazu zählen u.a. technische Parameter zu möglichen Verfahrwegen einzelner Spanner, möglichen Bearbeitungswinkel, Informationen zu Werkzeugen, Positionen und Maße unterschiedlicher Kollisionskörper. All diese Informationen sind maschinenabhängig und müssen bei der Berechnung von Spannsituationen berücksichtigt werden. Aus diesem Grund ist es sinnvoll, die Position einzelner Spanner nicht innerhalb der Klasse `ClampPosition` zu berechnen, sondern extern innerhalb einer Methode der `CncMachine`.

Sind Invarianten und Methoden in unterschiedlichen Klassen definiert, werden diese im Folgenden als externe Methoden bezeichnet. Damit externe Methoden Werte modifizieren können, deren Wertebereich durch Objekt-Invarianten spezifiziert sind, ist es notwendig Objekt-Invarianten als sichtbaren Teil eines Objekts zu definieren. Dadurch wird die Einhaltung der Invarianten auch innerhalb externer Methoden geprüft. Des Weiteren ist es notwendig, dass externe Methoden Objekt-Invarianten vorübergehend verletzen können.
Dies lässt sich sehr einfach an einem Beispiel illustrieren. Die Bearbeitungen eines Gutteils sind häufig auf unterschiedliche Arbeitsbereiche aufgeteilt. Dadurch ist es notwendig während der Fertigung zwischen verschiedenen Spannsituationen zu wechseln. Der Wechsel einer Spannsituation ist in Abbildung 3.2 auf Seite 50 illustriert. Für die Berechnung der neuen Spannsituation wird die Instanz der aktuellen `ClampPosition`-Klasse kopiert und die Werte der einzelnen Spanner iterativ modifiziert. In Abbildung 3.2 zeigt die oberste Zeile (*t=0*) die aktuelle und die letzte Zeile (*t=2*) die neue Spannsituation. In dieser Spannsituation wurde der Arbeitsbereich nach rechts verschoben. Nehmen wir an, der maximale Spannabstand beträgt in diesem Beispiel 400mm. In der aktuellen Spannsituation (*t=0*) werden alle Invarianten erfüllt. Die einzelnen Spanner sind nicht weiter als 300mm voneinander entfernt. Für den Wechsel der Spannsituation werden die Spanner einzeln auf die neue Position gesetzt. In der zweiten Zeile (*t=1*) wird der dritte Spanner nach rechts verschoben. Die neue Position wird durch einen Aufruf `SetClampPosition()`-Methode in einer externen Methode der `CncMachine`-Klasse gesetzt. Dieser Aufruf verletzt die fünfte und sechste Invariante vorübergehend, da zwischenzeitlich der Abstand der Spanner 900mm beträgt und der Arbeitsbereich nicht durch zwei Spanner fixiert wird. Erst durch das Neupositionieren des zweiten Spanners wird der Endzustand (*t=2*) erreicht und alle Objekt-Invarianten wieder erfüllt.
Bei einer strengen Auslegung von Objekt-Invarianten ist jeder Methodenaufruf auf einem Invaliden Objekt ein Fehler. Diese strenge Auslegung funktioniert für dieses Beispiel nicht, da der Objekt-Zustand iterativ modifiziert wird und erst nach der Neupositionierung aller Spanner die Gültigkeit des Objekts wiederhergestellt ist. Erschwerend kommt in diesem Beispiel jedoch hinzu, dass nur eine Teilmenge der Invarianten invalidiert werden, während andere Invarianten weiterhin gültig sein müssen. Invalidiert werden durch die Neupositionierung die Invarianten vier (Zeile 14) und fünf (Zeile 15). Die zweite (Zeile 11) Invariante muss jedoch weiterhin gültig sein, da ansonsten der Arbeitsbereich des Teils falsch definiert ist, auf dessen Basis die neuen Spannsituationen berechnet werden. Das bedeutet es muss während der formalen Verifikation zwischen gültigen und ungültigen Invarianten unterschieden werden.

Eine scheinbare Alternative zu der iterativen Neupositionierung der Spannpositionen ist es alle Positionen gleichzeitig als Argument zu übergeben. In diesem Fall müsste keine Objekt-Invariante vorübergehend verletzt werden. Aber auch in diesem Fall müsste sichergestellt werden, dass die übergebenen Positionen die internen Invarianten berücksichtigen. Dafür wäre es notwendig, die Invarianten als Vorbedingung der entsprechenden Methode zu kopieren, damit die notwendigen Eigenschaften der übergebenen Positionen beim Aufruf der Methode geprüft werden. Dies impliziert jedoch einen zusätzlichen Spezifikationsaufwand, der wiederum eine weitere Fehlerquelle darstellt.
Ein weiterer möglicher Lösungsansatz ist es, z.B. über ein Flag den zusätzlichen Zustand zu definieren, der speichert ob der Spanner bereits verschoben wurde. Innerhalb dieses Zustandes könnten bestimmte Invarianten außer Kraft gesetzt werde. Jedoch fordert auch dieser Ansatz einen erhöhten Spezifikationsaufwand. Der Entwickler müsste für jede gleichzeitig zu erfüllende Kombination von Invarianten einen Zustand definieren und diesen in der Spezifikation berücksichtigen. Dieses Vorgehen bietet zwar höchste Flexibilität, stellt aber auch wiederum eine weitere Fehlerquelle dar.
Aus beiden Lösungsansätzen lässt sich die Anforderung ableiten, dass Invarianten möglich ohne weiteren und größeren Spezifikationsaufwand zu definieren sein müssen, um keine weiteren und neuen Fehlerquellen einzuführen.

Folgende Anforderungen lassen sich an Hand dieses Beispiels an ein Verfahren zur Spezifikation und Verifikation von Objekt-Invarianten ableiten:

I1 Invarianten müssen auch von Methoden externer Klassen invalidiert werden können

I2 Die Verifikation muss zwischen validen und invaliden Invarianten unterscheiden können

I3 Invarianten müssen ohne großen Spezifikationsaufwand spezifiziert werden können

3.2 Programmschleifen

In vielen Programmen sind Schleifen eine sehr häufig verwendete Kontrollstruktur. Schleifen werden mit Hilfe von Induktion verifiziert. Dieses Beweisverfahren erfordert die Definition einer Induktionsverankerung und eines Induktionsschritts. Beides kann im Allgemeinen nicht automatisiert generiert werden. Für automatische Verifikationsmethoden, die keine interaktiven Induktionsbeweise unterstützen und für Anwender, die nicht über die entsprechende Expertise verfügen, hat dies zur Folge, dass Schleifen ein häufiger Grund für erfolglose Verifikationsversuche sind. Für eine Methodik, die formale und dynamische Verifikationsverfahren kombiniert, bedeutet dies, dass Schleifen durch Testfälle verifiziert werden müssen.

Für das Testen von Schleifen gibt es spezielle Überdeckungsmetriken (vgl. 2.6.1.3). Listing 2.12 auf Seite 35 hat gezeigt, dass auch bei der Verwendung dieser Überdeckungsmetriken Fehler übersehen werden können. Besonders groß ist das Risiko für Schleifen, die weitere

Kontrollstrukturen im Schleifenrumpf enthalten. Die Pfade innerhalb dieser Kontrollstrukturen im Schleifenrumpf werden bei jeder Schleifenwiederholung potenziert. Die Anzahl der zu testenden Programmpfade wird dadurch besonders deutlich erhöht.

Schleifen mit weiteren Kontrollstrukturen im Rumpf werden in der Praxis u.a. zum Parsen von Textdateien, zur Verarbeitung von Eingabesignalen oder zum Iterieren über Datenmengen mit Elementen unterschiedlicher Datentypen verwendet. Ein Beispiel ist in Listing 3.2 auf Seite 55 dargestellt. Die Schleife ist Teil einer Klasse zum zeilenweisen Einlesen einer Textdatei. Das zu lesende Format enthält verschiedene Blocktypen mit unterschiedlichen semantischen Bedeutungen. Jeder Block wird mit einer Zeile eingeleitet, welche nur ein jeweiliges Schlüsselwort enthält. Die `switch`-Anweisung ab Zeile 8 unterscheidet anhand dieses Schlüsselwortes zwischen zwei Blocktypen. Ein drittes Schlüsselwort wird in Zeile 23 geprüft. Der aktuell gelesene Blocktyp wird in der Variable `State` gespeichert. In gewisser Weise beschreibt diese Variable dadurch den aktuellen Zustand einer Schleife.

Der Wert dieser Zustandsvariable beeinflusst die Ausführung folgender Schleifendurchläufe. Dadurch können einzelne Schleifendurchläufe nicht mehr unabhängig voneinander getestet werden. Das in diesem Beispiel gelesene Datenformat unterstützt archivierte Blöcke. Diese Blöcke enthalten Information, aus denen bereits gelöschte Inhalte wiederhergestellt werden können. Beim Einlesen eines Datensatzes können diese jedoch ignoriert werden. In Zeile 15 wird geprüft, ob ein solcher Block beginnt. Ist dies der Fall wird der Zustand der Schleife in Zeile 16 auf `Skipping` gesetzt. Das bedeutet, dass die folgenden Zeilen dieses Blocks nicht eingelesen werden sollen. Damit dieser Zustandswechsel gezielt getestet wird, müssen in zwei Schleifendurchläufen zuerst Zeile 16 und in einem folgenden Durchlauf Zeile 21 ausgeführt werden. Diese Kombination kann zwar explizit getestet werden, wird jedoch weder von der Schleifen- noch von der Zweigüberdeckungsmetrik gefordert. Lediglich beim Erzielen einer vollständigen Pfadabdeckung auf der abgerollten Schleife würde diese Kombination mit Sicherheit getestet werden. Dies kann aber in der Praxis auf Grund der hohen Anzahl benötigter Testfälle nicht erreicht werden.
Dadurch ist ein Testverfahren erforderlich, welches relevante Kombinationen verschiedener Schleifendurchläufe identifiziert und testet, ohne dabei eine exponentielle Anzahl von Testfällen zu benötigen.

Aus diesem Beispiel lassen folgende Anforderung an eine Testmetrik für Schleifen ableiten:

L1 Sich beeinflussende Kombinationen von Schleifendurchläufe müssen strukturiert getestet werden

L2 Die Anzahl der notwendigen Testfälle muss möglichst gering gehalten werden

3.3 Testfallisolierung und Testvektorgenerierung

Ein Kernziel dieser Arbeit ist die Simulation von Fehlern bzgl. nicht verifizierbarer Programmeigenschaften (vgl. Abschnitt 1.2). Für das isolierte Testen nicht verifizierter Beweis-

```
while ((line = reader.ReadLine()) != null) {
  _currentLineNumber++;
  // Check and trim line
  var trimmedLine = line.Trim();
  if (trimmedLine.Length == 0)
  { continue; }
  switch (trimmedLine) {
    // Start Block
    case BLOCKMARKER_PROFILE:
   State = ParserState.ParseProfile;
      StoreCurrentProfile();
      StartNewProfile();
      continue;
    case BLOCKMARKER_DELETED_PROFILE:
      State = ParserState.Skipping;
      continue;
  }
  // Parse Line
  if (State != ParserState.Skipping) {
    if (trimmedLine == BLOCKMARKER_DATA) {
      State = ParserState.ParseGeometry;
      continue;
    }
    DispatcheLine(trimmedLine);
  }
}
```

Listing 3.2: Schleife zum Lesen eines textbasierten Datenformats

ziele und für die Simulation von Fehlern ist es notwendig, Testfälle und deren Parameter vollständig parametrisieren zu können. Dies erfordert, dass beliebige Zustände eines Objekts direkt instanziiert werden können. Dies setzt voraus, dass die Werte aller Klassenfelder einer Klasse bereits bei der Objektinitialisierung definiert werden können.

Dies kann am Beispiel in Listing 1.1 auf Seite 6 verdeutlicht werden. Für diese Klasse konnte die Invariante `UsedLength <= Length` nicht verifiziert werden. Ein Ziel dieser Arbeit ist es zu analysieren, welche Auswirkungen eine Verletzung dieser Invariante auf das restliche Programm hätte. Diese Analyse erfolgt auf Basis von Robustheitstests (vgl. 2.5).
In diesem Beispiel müsste für einen Robustheitstest eine ungültige Instanz der `Bar`-Klasse erstellt werden, bei der die betreffende Invariante verletzt ist. Diese Instanz kann nicht über den normalen Konstruktor und Aufrufe der `AddCut`-Methode konstruiert werden, da diese Methode bei korrektem Verhalten die Generierung einer solchen Instanz erst gar nicht zulassen würde. Stattdessen müsste für das Anlegen eines solchen `Bar`-Objekts die betroffenen Felder `Cuts`, `Length` und `UsedLength` direkt modifiziert werden. Solche Modifikationen sind aus Testprojekten heraus aber häufig nicht möglich, da die zu modifizierenden Variablen als private Klassenfelder definiert wurden.
Ähnliche Anforderungen entstehen auch beim isolierten Testen einzelner Programmpfade. Müsste beispielsweise in einer Methode der `Bar`-Klasse explizit die Alternative eines `if`-

Ausdrucks mit der Bedingung `Cuts.Length > 0` getestet werden, wäre es notwendig einen entsprechenden Wert für die Klassenvariable `Cuts` zu definieren. In machen Fällen lassen sich die Werte solcher Attribute über den Aufruf öffentlicher Methoden direkt oder indirekt definieren. Dieses Vorgehen ist jedoch nur schwer automatisierbar, da in diesem Fall die automatische Testvektorgenerierung wissen müsste, welche Methoden für das Erreichen des gewünschten Objektzustandes aufgerufen werden müssen. Aus diesem Grund ist es notwendig, dass bei der Generierung von Testparametern direkt auf alle Felder einer Klasse zugegriffen werden kann.

Bei der dynamischen Überprüfung nicht formal verifizierter Beweisziele entstehen zudem noch weitere Herausforderungen. Beweisziele müssen auch für abstrakte oder private Methoden verifiziert werden. Die Verifikation solcher Beweisziele ist schwierig, da das direkte Testen solcher Methoden mit Hilfe von Modultests häufig nicht möglich ist. Abstrakte Methoden können generell nicht direkt ausgeführt werden und auf private Methoden haben Testfälle i.d.R. keinen direkten Zugriff.

Sind alle Felder einer Klasse für einen Testfall frei parametrierbar, entsteht bei der automatischen Testvektorgenerierung sehr schnell ein weiteres Problem. Müssen für einen Testfall mehrere Objekte generiert werden, wird die Anzahl der freien Parameter bei komplexeren Klassen sehr schnell sehr hoch. Dies stellt ein Problem dar, wenn mit Hilfe automatisch generierter Testvektoren gezielt nur einzelne Programmpfade getestet werden sollen. In diesem Fall kann es vorkommen, dass keine gültigen Testvektoren gefunden werden, weil bereits die Auswahl der richtigen Parameter allein durch die Anzahl der freien Variablen eine zu hohe Komplexität darstellt. In solchen Fällen muss der Tester selbst gültige Werte für einen Testfall eintragen. Aber auch ein Tester möchte nicht aus mehreren dutzend oder hundert möglicher Parameter diejenigen heraussuchen, die für den zu testenden Programmpfad gerade relevant sind. In diesem Zusammenhang sind nur die Parameter relevant, die Einfluss auf den zu testenden Programmpfad haben. Ein einfaches Beispiel kann an Hand der `if`-Bedingung in Zeile 14 erörtert werden. Die Bedingung referenziert die Variablen `Length`, `UsedLength`, `usedSpace` und `cutLength`. Die Klassenvariable `Cuts` wird hingegen nicht referenziert. Soll ein Testfall die `return`-Anweisung in der Konsequente ausführen, wäre es daher nicht notwendig Parameterwerte für das `Cuts`-Klassenfled zu definieren. Diese Analyse sollte bereits bei der Erstellung eines parametrierbaren Testfalls automatisch erfolgen. Testfälle sollten daher nur über relevante Parameter parametrierbar sein sollten, die für den zu testenden Programmpfad erforderlich sind.

Daraus ergeben sich folgende Anforderungen an die Testisolierung sowie an die Test- und Testvektorgenerieung:

T1 Klassen müssen vollständig parametrierbar sein

T2 Alle Bereiche der zu testenden Software müssen direkt vom Modultest ausgeführt werden können

T3 Testfälle dürfen nur relevante Testparameter enthalten

Kapitel 4

Stand der Technik

Das Kernziel dieser Arbeit ist die Kombination formaler und dynamischer Verifikationsmethoden. Dieses wurde in Kapitel 1 motiviert und in Abschnitt 1.2 definiert.
In Abschnitt 4.1 werden aktuelle Arbeiten zur Kombination statischer und dynamischer Verfahren vorgestellt. Der Abschnitt spezialisiert sich auf Ansätze, die Programme zuerst formal verifizieren und gefundene Fehler durch Testen analysieren bzw. nicht formal verifizierte Eigenschaften dynamisch überprüfen. Ein besonderer Fokus liegt dabei auf deren Vorgehen zur Testfallisolierung und zur Testfallgenerierung.

Für die Erfüllung der Kernziele dieser Arbeit müssen Teilprobleme im Bereich der Spezifikation, der formaler Verifikation und im Testen gelöst werden. Im Kapitel 2 wurden die entsprechenden Grundlagen und aktuell in der Praxis verwendeten Techniken beschrieben. Die Anforderungen an diese Methoden und Werkzeuge wurden in Kapitel 3 exemplarisch an Programmauszügen einer industriellen Software erörtert. Die weiteren Absätze dieses Kapitels beschreiben den aktuellen akademischen Stand der Technik in Bezug auf diese spezifischen Anforderungen.
In Abschnitt 4.2 werden die unterschiedlichen Verfahren zur Spezifikation und Verifikation von Objekt-Invarianten betrachtet. Abschnitt 4.3 untersucht den Stand der Technik hinsichtlich aktueller Methoden zum Umgang mit Programmschleifen. Basierend auf den Bewertungen der drei Themengebiete wird in Abschnitt 4.4 der Beitrag dieser Arbeit zur Erweiterung des Stands der Technik beschrieben.

4.1 Kombination statischer und dynamischer Verfahren

Die Kombination statischer und dynamischer Verifikationsmethoden ist äußerst vielversprechend und wurde bereits in anderen Arbeiten adressiert. Verfahren zur formalen Verifikation und zum dynamischen Testen verfügen über unterschiedliche Stärken und Schwächen, auf die bereits in den Abschnitten 2.5 und 2.9 eingegangen wurde.

Arbeiten zur Kombination beider Verfahren fokussieren sehr unterschiedliche Schwerpunkte. Dazu zählen auch Schwerpunkte, die sich von dem Ziel dieser Arbeit deutlich abgrenzen. Ein unterschiedlichen Fokus verfolgen die Ansätze [40, 10, 77]. Diese Arbeiten versuchen mit Hilfe dynamischer Testfälle überapproximierte Modelle die Verifikation zu verfeinern. Dafür werden basierend auf dem jeweils aktuellen abstrakten Modell des Programms iterativ Testvektoren generiert, die bestimmte Abschnitte der zu testenden Software ausführen sollen. Fehlgeschlagen Tests bzw. Testvektoren, die nicht die erwarteten Programmabschnitte ausführen, werden dafür verwendet, das abstrakte Modell durch zusätzliche Bedingungen anzupassen. Die Arbeit [77] nutzt das verfeinerte Modell zur besseren Testfallgenerierung. In den Arbeiten [40, 10] wird zusätzlich versucht auf dem verfeinerten Modell formale Korrektheitsbeweise herzuleiten, die auf dem vorhergehenden, allgemeineren Modell nicht hergeleitet werden konnten.

Eine weitere Kombinationsmöglichkeit ist die Verwendung statischer Methoden zur Generierung von Monitoren für die Laufzeitverifikation [3]. Bei diesem Verfahren werden beispielsweise auf Basis einer formalen Spezifikation Assertions generiert, deren Einhaltung während der Ausführung von Testfällen oder während des Echtzeitbetriebes der Software überwacht werden.

Das Ziel dieser Arbeit ist hingegen die Verwendung von Testmethoden zur Überprüfung nicht formal verifizierter Beweisziele. Zudem soll mit Hilfe von Robustheitstests die Auswirkungen von potentiellen Fehlern in nicht formal verifizierten Programmabschnitten untersucht werden. Bei der Analyse dazu verwandter Arbeiten kann diese Nutzung dynamischer Methoden nochmals in zwei Kategorien unterteilt werden: Am relevantesten für diese Arbeit sind Ansätze, die ebenfalls formale Spezifikationen formal verifizieren und nicht formal verifizierte Beweisziele mit Tests überprüfen. Diese werden in Kapitel 4.1.1 vorgestellt.

Entfernter verwandt sind Methoden, die dynamische Testverfahren dazu nutzen, statisch gefundene Fehler zu analysieren. Diese Methoden werden in Abschnitt 4.1.2 erörtert. Entsprechende Ansätze verwenden statische Analyseverfahren um Parameter und Programmpfade zu identifizieren, die potentiell zu einem Fehler führen könnten. Dynamische Testfälle sollen diese theoretisch gefundenen Fehler auslösen und dem Entwickler direkt bei der Fehlersuche unterstützen. Diese Ansätze sind besonders im Hinblick auf die Testfallgenerierung und Teststeuerung interessant.

4.1.1 Überprüfung nicht formal verifizierter Beweisziele

Maria Christakis verwendet in ihrer Dissertation „Narrowing the gap between verification and systematic testing" [17] dynamisches Testen zur Absicherung gegenüber Risiken unvollständiger Verifikationsmethoden und zur Überprüfung nicht formal verifizierter Beweisziele. Formale Verifikationsmethoden arbeiten stets auf einem abstrahierten Modell der zu verifizierenden Software. Die Aufgabe des abstrakten Modells ist die Komplexität eines formalen Korrektheitsbeweises zu reduzieren. Dafür werden bei der Erstellung dieses Modells Annahmen getroffen, auf deren Basis die Beweisführung durchgeführt wird. Diese Annahmen gehen z.B. davon aus, dass es während der Programmausführung zu keinen numerischen Überläufen kommt oder alle Programmabschnitte sequentiell und nicht parallel ausgeführt werden.
Christakis et al. veröffentlichen als Teil ihrer Dissertatioin in "Collaborative verification and testing with explicit assumptions" [18] eine neue Methode, um die Annahmen eines Verifikationsverfahrens explizit zu spezifizieren. Basierend auf den explizit spezifizierten Annahmen werden für eine vollständige Verifikation unterschiedliche Verifikationsmethoden kombiniert. Annahmen, die von einem Verifikationsverfahren getroffen werden, müssen durch ein anderes Verfahren verifiziert werden. Annahmen und Beweisziele, die nicht formal verifiziert werden können, werden mit symbolischem Testen überprüft. Für das symbolische Testen wird das Microsoft Framework Pex [81] verwendet. Dieses exploriert iterativ das zu testende Programm und versucht eine vollständige Zweigüberdeckung zu erzielen.
Christakis et al. stellen in "Guiding Dynamic Symbolic Execution toward Unverified Program Executions" [19] eine Methodik vor, um symbolisches Testen auf die Pfade und Eigenschaften zu fokussieren, die zuvor nicht verifiziert werden konnten. Hierzu werden verifizierte Eigenschaften in Pfadbedingungen zusammengefasst. Diese Bedingungen werden negiert und als zusätzliche `assume`-Anweisung dem Code hinzugefügt. Durch die Negation wird sichergestellt, dass die symbolische Codeausführung Pfadbedingungen generiert, die mindestens eine getroffene Annahme verletzen. Auf diese Weise wird die symbolische Codeausführung auf die Programmpfade nicht verifizierter Beweisziele geführt.

Einen inhaltlich ähnlichen Ansatz wie Christakis verfolgen Johannes Kanig et al. in "Explicit Assumptions - A Prenup for Marrying Static and Dynamic Program Verification" [47]. In dem beschriebenen Fallbeispiel werden unterschiedliche Softwaremodule kombiniert, die untereinander über Methodenaufrufe kommunizieren. Die einzelnen Module haben eine unterschiedliche Sicherheitsrelevanz und wurden zudem in unterschiedlichen Programmiersprachen entwickelt. Kanig et al. argumentierten, dass eine vollständige formale Verifikation von Methoden sehr aufwendig ist und daher nur für ausgewählte sicherheitskritische Methoden nötig ist. In ihrem Beispiel sind sicherheitskritische Module in SPARK programmiert. Für weniger sicherheitskritische Bereiche werden ADA, C++ und Misra-C verwendet. Für die Verifikation werden unterschiedliche formale Verifikations- und dynamische Testmethoden kombiniert, jeweils angepasst an die zu verifizierende Programmiersprache. Die Annahmen der unterschiedlichen Verifikationsverfahren werden explizit formuliert und im Anschluss gegenseitig validiert. Statische Verifikationsmethoden werden speziell für die in SPARK programmierten Abschnitte eingesetzt. Weniger kritische Programmabschnitte werden mit Hilfe regulärer Unit Tests validiert. Methoden gelten als ausreichend getestet, wenn eine vollständige MC/DC-Testüberdeckungsmetrik erreicht wurde.

Mike Czech et al. veröffentlichen in "Just test what you cannot verify!" [25] eine Methodik zur Generierung von Testfällen für nicht verifizierte Programmabschnitte. Das Ziel der Arbeit ist die Kombination formaler Verifikations- und dynamischer Testmethoden zur Reduktion des generellen Testaufwandes. Der vorgestellte Ansatz basiert auf einem Verifikationsframework, welches während der Ausführung den untersuchten Zustandsraum in Form eines markierten Graphen protokolliert. Kann ein Beweis beispielsweise auf Grund eines überschrittenen Zeit- oder Speicherlimits nicht erbracht werden, beginnt die dynamische Analyse des verbleibenden Programms. Die verbliebenen Programmabschnitte werden in der Veröffentlichung als *residual program* zusammengefasst. Diese werden über zwei Wege erzeugt: Zum einen werden aus dem ursprünglichen Programm alle Pfade entfernt, die im Zustandsgraph protokolliert wurden und daher als vollständig verifiziert angesehen werden. Zum anderen werden Pfade generiert, die Anweisungen enthalten, die Einfluss auf die nicht verifizierten Eigenschaften haben. Die so extrahierten Programmpfade werden im Anschluss mit symbolischen Testmethoden validiert.

Julian Tschannen et. al. fokussieren in "Usable Verification of Object-Oriented Programs by Combining Static and Dynamic Techniques" [82] die nutzungsfreundliche Integration statischer und dynamischer Verfahren in einer Entwicklungsumgebung. Das vorgestellte Programm "Eve" kombiniert das Eifel [65], Verifikationsframework AutoProof [83] und das Testwerkzeug AutoTest [58]. Statisch gefundene Fehler werden mit AutoTest bestätigt und können über generierte Testfälle analysiert werden. Nicht verifizierte Eigenschaften werden vollständig getestet. Neu an diesem Ansatz ist besonders die Art und Weise, wie die Methodik in die Oberfläche der Entwicklungsumgebung integriert wurde. Basierend auf den Ergebnissen der unterschiedlichen Verifikationsmethoden wird ein Korrektheitswert ermittelt, der angibt mit welcher Sicherheit die Verifikation einen Fehler gefunden hat bzw. die Korrektheit des Beweisziels verifiziert werden konnte. Dieser Korrektheitswert basiert auf einer gewichteten Summe der jeweils erreichten Verifikations- bzw. Testabdeckung. Die Gewichtung kann unterschiedliche Kriterien berücksichtigen, wie beispielsweise die Komplexität der geprüften Methode oder die Zuverlässigkeit bzw. Sicherheit der verwendeten Verifikationsverfahren.

4.1.2 Statische Analyse gefundener Fehler

Omar Chebaro et al. beschreiben in "Combining Static Analysis and Test Generation for C Program Debugging" [16], wie statische Analyseverfahren und dynamisches Testen kombiniert werden können, um Laufzeitfehler in C-Programmen zu identifizieren. Das vorgestellte Framework "SANTE" basiert auf dem Frama-C [50] Framework und verwendet PathCrawler [85] für die Testfallgenerierung.
Frama-C ist ein Framework zur Implementierung statischer Codeanalyse- und Verifikationswerkzeuge für C. Über einen PlugIn-Mechanismus erlaubt es Frama-C unterschiedliche

Werkzeuge miteinander zu kombinieren. Zu den Grundfunktionalitäten gehören u.a. Datenflussanalyse, Programm Slicing und die Wertebereichsanalyse. Programm Slicing ist eine Technik die auch in dieser Arbeit verwendet wird. Das Ziel dieses Verfahrens ist es zu analysieren, wie Anweisungen und Variablen sich untereinander beeinflussen. PathCrawler hat das Ziel Testfälle zu generieren, die alle erreichbaren Programmpfade einer vorgegebenen Länge k vollständig abdecken. Dafür wird das Programm iterativ ausgeführt. Für jeden Durchlauf wird der ausgeführte Programmpfad und die damit verbundenen Pfadbedingungen gespeichert. Durch die Negation einzelner Pfadbedingungen werden bei folgenden Iterationen neue Programmpfade exploriert.
In der statischen Phase analysieren SANTE mit Frama-C die möglichen Wertebereiche einzelner Variablen. In dieser Phase können potentielle Überläufe, Zugriffe auf nicht initialisierte Variablen oder ungültige Array-Indexe gefunden werden. Wird in dieser Phase ein möglicher Fehler identifiziert, wird die entsprechende Stelle im Code instrumentalisiert. Dabei wird dem Code folgende zusätzliche `If`-Bedingung hinzugefügt, die prüft, ob der statisch identifizierte Fehlerzustand auftritt:

$$\textbf{if}(\Phi_i)\ StoreBugAndExit();\ \textbf{else}\ s_i;$$

Die Pfadbedingungen des statischen Fehlers werden in Φ_i kodiert. Werden diese Bedingungen erfüllt, speichert $StoreBugAndExit()$; die verwendeten Parameter für künftige Testfälle und beendet die Ausführung. Ansonsten wird der ursprüngliche Code s_i ausgeführt. In der dynamischen Testphase wird PathCrawler dafür verwendet Testpfade zu generieren, die alle erreichbaren Pfade abdecken. Durch die hinzugefügte `If`-Bedingung wird auf diesem Weg auch versucht, einen Eingabevektor zu finden, der Φ_i erfüllt und den statisch gefundenen Fehler dynamisch ausführt. Mit Hilfe der gespeicherten Parameter kann der Fehler im Anschluss in einem regulären Testfall analysiert werden.

Christoph Csallner et al. präsentieren in "Check 'n' Crash": Combining Static Checking and Testing" [24] eine Methode zur Kombination statischer Analyse und konkreter Testfallgenerierung für Java. Die vorgestellte Methodik basiert auf dem statischen Analyseframework ESC/Java [49] und dem Testfallgenerator JCrasher [23]. Das Framework ESC/Java analysiert statisch die Initialisierung verwendeter Variablen, prüft die Einhaltung definierter Vorbedingungen und prüft einfache Operationen wie beispielsweise Array-Zugriffe, Divisionen oder Dereferenzierungen. JCrasher ist ein dynamisches Testwerkzeug, welches Java-Anwendungen mit zufällig generierten Werten ausführt und hinsichtlich aufgetretener Laufzeitfehler und Abstürze überwacht.
Die Kombination beider Werkzeuge hat das Ziel, statisch ermittelte Fehler durch dynamische Testfälle zu prüfen. Die von ESC/Java ermittelten Fehlerbeispiele werden hierfür in Gleichungssysteme konvertiert, um Parameterbelegungen zu finden, die den statisch ermittelten Fehler auslösen sollen. Die gefundenen Parameter werden mit JCrasher in Testfälle überführt. Wird während der Testausführung ein Fehler gefunden, konnte der Fehler bestätigt werden. Ansonsten geht dieser Ansatz von einer falsch-positiven Meldung aus.

4.1.3 Bewertung

Keiner der Ansätze aus Abschnitt 4.1.1 fokussiert im Detail die selben Ziele **K1**- **K5** wie diese Arbeit:
Die Ansätze von Chebaro und Csallner verwenden statische Analyseverfahren zur Identifikation von Laufzeitfehlern wie beispielsweise den Zugriff auf nicht initialisierte Variablen, nicht vorhandene Array-Indizes oder Speicherüberläufe. Diese Methoden versuchen jedoch nicht die formale Spezifikation einer objektorientierten Sprache zu verifizieren und untersuchen daher keine funktionale Korrektheit, wie es in Ziel **K1** gefordert wird. Die generierten Testfälle sind auch Robustheitstests, werden abweichend von der Zielsetzung **K4**, unabhängig von formalen Verifikationsergebnissen erstellt. Das Ziel der dynamischen Testphase bei Chebaro und Csallner ist es stattdessen Fehler auszusortieren, die während der statischen Codeanalyse gefunden wurden, zu denen aber kein reales Beispiel erstellt werden konnte. Diese dynamische Testphase wird automatisch durchgeführt, weshalb für beide Verfahren das Ziel **K5** als erfüllt angesehen wird.
Die Ansätze von Christakis, Kanig, Czech und Tschannen fokussieren unterschiedliche Ziele bei der Kombination formaler und dynamischer Methoden. Alle drei Ansätze haben jedoch gemein, dass dynamische Verfahren zur Überprüfung von Eigenschaften eingesetzt werden, die statisch nicht formal verifiziert werden konnten. Dadurch erfüllen alle vier Ansätze die Ziele **K1** und **K2**.
Kanig et al. und Christakis et al. spezialisieren sich auf die Kombination verschiedener formaler Verifikationsverfahren. Dadurch sollen Abstraktionsungenauigkeiten der einzelnen Verfahren gegenseitig verifiziert bzw. am Ende dynamisch getestet werden. Diese Form der Risikobetrachtung formaler Verifikationsmethoden wird in dieser Arbeit nicht berücksichtigt. Diese Arbeit fokussiert die Risikoanalyse der dynamischen Testphase, welche von Christakis und Kanig nicht betrachtet wird. Beide Verfahren sind komplementär und ergänzen sich demnach sehr gut und könnten problemlos miteinander kombiniert werden.

Obwohl selbst die verwandten Arbeiten auf andere Ziele fokussieren, verwenden Sie ähnliche Ansätze zur Überprüfung nicht formal verifizierter Beweisziele. Aus diesem Grund erfüllen alle Ansätze, außer der von Kanig et al. die Ziele **K3** und **K5** zumindest teilweise.
Chebaro et al. gehen in ihrer Publikation nicht darauf ein, wie zu testender Fehler bzw. Eigenschaften möglichst effizient getestet werden können. Beschrieben wird lediglich die Anwendung von PathCrawler auf das gesamte Modul, indem potentielle Fehler identifiziert wurden. Dies bedeutet, dass PathCrawler einen unnötig großen Zustandsraum abdecken muss, um die markierten Stellen zu erreichen.
Der Ansatz von Csallner et al. verwendet die Pfadbedingung die während der statischen Analyse erstellt wurde, um den Eingabebereich von JCrasher effizient einzuschränken. Auch Christakis et al. verwendet Informationen der statischen Phase zur Testfallsteuerung und gezielten Instrumentalisierung des Testcodes. Beide Ansätze erlauben ein effizientes Testen der nicht verifizierten Programmpfade.
Das gleiche Ziel hat auch der Ansatz von Czech. Auf Grund dessen, dass die *residual programs* explizit nur die Pfade und Anweisungen enthalten, die Einfluss auf die nicht verifizierten Eigenschaften haben, kann die Anzahl der notwendigen Testfälle minimiert

werden. Diese Form des Program Slicings wird auch in dieser Arbeit verwendet und wurde in einer anderen technischen Umsetzungsform unabhängig von [25] bereits ein Jahr zuvor in „A Software Testing Framework to Integrate Formal Verification Results“ [45] publiziert.

Zusammenfassend kann festgestellt werden, dass die vorgestellten Arbeiten folgende Limitierungen aufweisen:
Keine der Arbeiten adressiert das Ziel **K4** bezüglich des Risikos nicht gefundener Fehler innerhalb getesteter Programmabschnitte. Stattdessen gelten getestete Programmabschnitte als ausreichend überprüft, wenn zuvor definierte Testmetriken erfüllt wurden. Tschannen et al. verweisen hierfür auf ein beliebiges Testüberdeckungsmaß, welches entsprechend den Anforderungen des Anwenders verwendet werden kann. Kanig et al. verwenden in ihrem Beispiel einen vollständigen k-Pfad und die MC/DC-Metrik. Christakis verwendet Pex zur symbolischen Testfallgenerierung, welche darauf abzielt eine vollständige Zweigüberdeckung zu erzielen. In Abschnitt 1.2 wurde gezeigt, dass trotz intensivem Testen immer ein Risiko besteht Fehler zu übersehen. Diese können auch negative Auswirkungen auf zuvor modular verifizierte Bereiche haben. Keiner der Arbeiten verwendet Robustheitstests zur Simulation von Fehlern bzgl. nicht verifizierter Beweisziele.
Lediglich Czech et al. beschreibt die Integration von Mocking-Verfahren, jedoch ohne Fokus auf das Testen nicht direkt ausführbarer Codestellen (**T2**). Diese Problematik wurde exemplarisch in Abschnitt 3.3 erörtert. Dies hat auch zur Folge, dass keiner der Arbeiten explizit die Integration eines Verfahren beschreibt, mit dem die Anzahl der notwendigen Testparameter reduziert wird. Dies wurde in Ziel **T3** definiert. Lediglich die Ansätze von Christakis et al. und Czech et al. erreichen dies indirekt, basierend auf deren Methodik zur Isolation der zu testenden Programmpfade.
Der Fokus der vorgestellten relevanten Arbeiten liegt daher auf den Zielen **K1**, **K2**, **K3** und **K5**. Keine dieser Ansätze adressiert das Ziel **K5**. Des weiteren wurde für keine dieser Methoden die Verwendung spezifischen Methoden zur Behandlung von Objekt-Invarianten und Schleifen beschrieben. Die definierten Problemstellungen **I1**-**I3** und **L1**-**L2** bleiben innerhalb dieser Ansätze somit unbehandelt.

4.2 Spezifikation von Objekt-Invarianten

In Abschnitt 3.2 wurden die Schwierigkeiten bei der Definition und Verifikiation von Objekt-Invarianten beschrieben. Im Folgenden werden die unterschiedlichen Ansätze zur Behandlung von Objekt-Invarianten erörtert und im Anschluss bewertet. Diese Auflistung basiert u.a. auf der Arbeit “A unified framework for verification techniques for object invariants“ von Drossopoulou et al. [30], aus der auch das Beispiel in 4.1 entnommen wurde.

4.2.1 Visible State Technique

Die klassische “Visible State Technique“ (VST) ist die restriktivste Betrachtungsweise von Objekt-Invarianten. Sie wird beispielsweise in Eifel [65] oder für “Java Extended Static

Checking“ [15, 49] verwendet. Diese Methodik schreibt vor, dass eine Invariante in jedem sichtbaren Objektzustand gültig sein muss. Das bedeutet, dass die Gültigkeit einer Invariante beim Aufruf einer sichtbaren Methode postuliert und beim Beenden geprüft wird. Invarianten dürfen bei dieser Methodik ausschließlich Felder der gleichen Objektinstanz referenzieren. Auf Grund dieser Einschränkung können mit der VST-Methode nur die Invariante *I*1 aus Beispiel 4.1 spezifiziert und verifiziert werden. Invarianten wie beispielsweise *I*2 können mit der VST-Methode nicht verifiziert werden, da diese Invarianten auf Klassenfelder anderer Objekte zugreifen.

```
class Account {
 Person holder;
 DebitCard card;
 int balance, interestRate;

 //invariant I1:
 //  balance < 0 => interestRate == 0;
 //invariant I2:
 //  card.acc == this;

 void widthdraw(int amount) {
  balance -= amount;
  if(blance < 0) {
   interestrate = 0;
   this.sendReport();
  }
 }

 void sendReport()
 { holder.notify(); }
}

class SavingsAccount extends Account {
 // invariant I3: balance >= 0;
}

class Person {
 Account account;
 int salary;

 // invariant I4:
 //  account.balance + salary > 0;

 void spend(int amount)
 { account.withdraw(amount); }

 void notify()
 {}
}

class DebitCard {
  Account acc;
  int dailyCharges;

  // invariant I5:
  //  dailyCharge <= acc.balance;
}
```

Listing 4.1: Objektstruktur mit komplexen Invarianten

4.2.2 Ownership Technique

Ein Problem bei der Definition von Objekt-Invarianten ist die Formulierung von Beziehungen zwischen verschiedenen Objekt-Instanzen. Solche Beziehungen werden beispielsweise von den Invarianten I2, I4 und I5 definiert. Das Problem bei der Definition solcher Beziehungen ist, dass sich die Objektreferenzen auf unterschiedliche Objektinstanzen beziehen können. Bei der Verifikation der Invariante I4 ist es daher notwendig zu verifizieren, dass die von `acc` referenzierte Instanz der `Account`-Klasse die Invariante dieser `Person`-Instanz berücksichtigt. Jede Referenz auf eine generierte Objekt-Instanz wird im Heap-Speicher einer Software gespeichert. Für die Unterscheidung zwischen verschiedenen Objekt-Instanzen muss daher für die Verifikation die Heap-Struktur der Software modelliert werden.

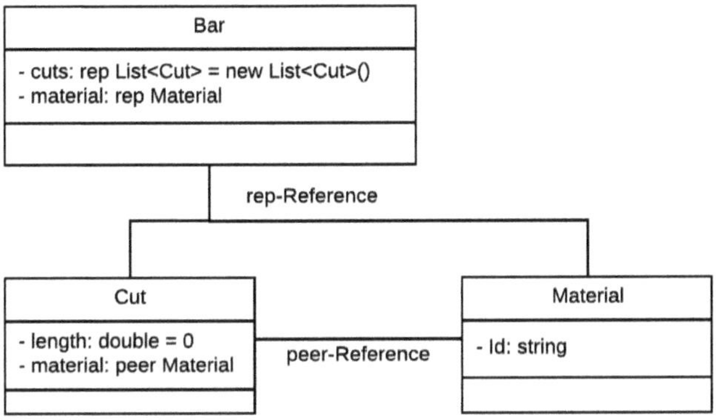

Abbildung 4.1: Objekthierarchie mit Ownership-Beziehungen

Die "Ownership Technique" (OST) [28] basiert auf dem Universe-Typesystem [72] und auf dem Ownership-Modell (OS-Modell) [70, 71]. Dieses wird dafür verwendet Objektreferenzen zu protokollieren und Aussagen bezüglich der Heap-Struktur zu verifizieren. Im Heap werden Referenzen zu allen erzeugten Objektinstanzen gespeichert. Dafür organisiert das OS-Modell Objekte in Hierarchieebenen, in denen Objekte einer höheren Klasse Objekte einer niedrigeren Klasse "besitzen". Jedes Objekt verfügt über maximal einen Eigentümer, der gleichzeitig den Kontext eines Objekts definiert. Objekte ohne Eigentümer sind Teil des globalen Kontextes. Die Art jeder Objektreferenz muss explizit durch spezielle **peer**- und **rep**-Notationen im Code ausgewiesen werden.

Ein Beispiel für eine Objekthierarchie entsprechend des Ownership-Modells ist in Abbildung 4.1 dargestellt. Objekte der `Bar`-Klasse sind im globalen Kontext. Sie ist Eigentümer der `Cut`- und `Material`-Klasse. Die `Cut`-Klasse verweist mit einer **peer**-Referenz auf dieselbe `Material`-Instanz, auf die auch die `Bar`-Instanz verweist.

Welcher Kategorie eine Objektinstanz angehört, muss zum Zeitpunkt der Initialisierung definiert werden und kann ohne weiteres während der Programmausführung nicht mehr geändert werden. Damit die Heap-Strukturen statisch analysiert werden können, definiert das OS-Modell einige Einschränkungen bei der Programmierung: (1) Methodenaufrufe sind nur noch auf **rep**- oder **peer**-referenzierten Objekteninstanzen erlaubt. (2) Eine Objektinstanz darf keine Methoden des Eigentümers aufrufen. (3) Einzelne Objektinstanzen dürfen nur noch durch Methoden ihres Eigentümers modifiziert werden. Basierend auf diesen strengen Regeln des OS-Modells können Invarianten in der OST-Methode auf Eigenschaften derselben Instanz und auf Felder transitiv rep-referenzierter Objekte verweisen. Die Invarianten eines Objekts dürfen dadurch von Methoden der eigenen Klasse und von Methoden aller untergeordneter Objektinstanzen verletzt werden.

Für die Verifikation von Invarianten muss gezeigt werden, dass jede exportierte Methode die

Invarianten des zugrundeliegenden Objekts respektiert. Dieses Verifikationsmodell erlaubt keine Verifikation rekursiver Methoden oder Invarianten von mehrfach referenzierten Objektinstanzen. Auch Invarianten auf nicht rep-referenzierte Objekte wie beispielsweise *I3* oder *I4* in Listing 4.1 auf Seite 64 werden von der OST-Methode nicht unterstützt. Dies ist vor allem auf die strikte Objekthierarchie zurückzuführen, welche die Interaktionsmöglichkeiten zwischen Objektinstanzen erheblich einschränkt.

Die OST wurde durch mehrere Arbeiten ergänzt und erweitert:
Eine Erweiterung ist die "Explicit State Technique" (EST) [6]. Diese Technik führt für jedes Objekt eine zusätzliche Eigenschaft ein, die angibt, ob sich eine Instanz gerade in einem gültigen oder ungültigen Zustand befindet. Diese Eigenschaft ist im regulären Programmcode nicht referenzierbar und kann nur durch spezielle Programmbefehle modifiziert werden. In der EST müssen Objektinstanzen explizit als ungültig markiert werden bevor eine Invariante verletzt werden darf. Dieser Vorgang wird auch als *Entpacken* bezeichnet. Hierfür führt die EST zwei neue Befehle ein: `unpack` und `pack`. Der Befehl `unpack` markiert eine Instanz als ungültig und erlaubt somit deren Modifikation. Der Befehl `pack` markiert den Zeitpunkt ab wann die Instanz wieder in einem gültigen Zustand sein soll.
Für die Verifikation wird versucht zu beweisen, dass der Programmabschnitt zwischen `pack` und `unpack` die Invariante des modifizierten Objekts erfüllt. Durch diese Erweiterungen werden u.a. sequentielle Änderungen eines Objekts möglich, wie sie im Listing 4.2 in Zeile 13 und 14 verwendet werden.

```
0 class Interval{
1  int min, max;
2  //invariant: min <= max;
3  Interval(int min, int max) {
4  this.min = min;
5  this.max = max;
6  }
7 }
8
9 class IntervalClient {
10  void useInterval() {
11   Interval i = new Interval(6,10);
12   unpack i;
13   i.min = 15;
14   i.max = 20;
15   pack i;
16  }
17 }
```

Listing 4.2: Sequentielles Update eines Objekts

Barnett et al. erweitert die OST- und EST-Methode um das "Friendship System" (FSS) [9]. Dieses System erlaubt die Definition von Invarianten für Objekte aus unterschiedlichen OS-Hierarchien. Dadurch können Invarianten auch auf Eigenschaften von peer-referenzierten Objekten und anderen Hierarchie-Bäumen verweisen. Das Listing 4.3 aus [9] zeigt eine entsprechende Objektbeziehung. In diesem Beispiel soll eine Invariante in `Clock` auf eine Eigenschaft in `Master` verweisen. In der üblichen OS-Struktur müsste die `Clock`-Instanz die `Master`-Instanz besitzen. Dadurch müsste für jede `Clock`-Instanz eine neue `Master`-Instanz angelegt werden. In diesem Beispiel soll ein `Master`-Objekt jedoch in mehreren `Clock`-Instanzen referenziert werden können. Damit die FSS-Methode diese Struktur verifizieren kann, werden mehrere neue Spezifikationen eingeführt. Mit dem Schlüsselword

friend (Zeile 3) wird definiert welches Objekt auf Eigenschaften dieser Instanz zugreifen darf. Das Schlüsselword **reads** (Zeile 3) definiert, welche Felder gelesen werden, und **modifies** (Zeile 9 und 27) markiert, welche Instanzen bei der Ausführung einer Methode ggf. modifiziert werden. Bei der Verifikation wird bei jeder Änderung eines der mit `reads` aufgelisteten Felder geprüft, ob die Invarianten aller entsprechenden, befreundeten Instanzen weiterhin eingehalten werden.

```
0  class Master {
1   time : int;
2   invariant 0 <= time;
3   friend c : Clock reads time;
4   Master()
5   ensures inv && !comm;
6   { time := 0; pack this; }
7   Tick(n : int)
8   requires inv && !comm && 0 <= n;
9   modifies time;
10  ensures time >= old(time) {
11   unpack this;
12   time := time + n;
13   pack this;
14  }
15 }
16
17 class Clock {
18  t : int;  m : Master;
19  invariant m != null
20    && 0 <= t <= m.time;
21  Clock(mast : Master)
22  requires mast != null && mast.inv;
23  ensures inv && !comm;
24  { m := mast; t := 0; pack this; }
25  Sync()
26  requires inv && !comm;
27  modifies t;
28  ensures t = m.time; {
29   unpack this;
30   t := m.time;
31   pack this;
32  }
33 }
```

Listing 4.3: Invarianten im FSS

Leino et al. [57] verwendet die EST zur Definition und Verifikation von Invarianten in dynamischen Kontexten. Das Verfahren berücksichtigt den Ownership-Transfer und erlaubt das teilweise Entpacken von Objekten. Im EST-Verfahren werden mit dem **unpack**-Befehl Objektehierarchien stets vollständig entpackt und auch die Invarianten aller Subobjekte als ungültig markiert. Leino et al. erweitert diese Syntax. Mit **unpack** i **as** T wird definiert, dass die Instanz i als Type T invalidiert wird. Dies bedeutet, dass alle Invarianten des Typs T und alle Invarianten der Subtypen von T als ungültig markiert werden. Der **pack**-Befehl wurde analog erweitert. Zusätzlich wurden die Schlüsselworte **dependent** und **ownerdependent** eingeführt. Mit ihnen ist es möglich Invarianten mit Referenzen zwischen einzelnen `peer`-Objekten und rekursive Abhängigkeiten zu spezifizieren. Durch die Definition von rekursiven Abhängigkeiten und das teilweise Entpacken von Objekten können mit diesen Erweiterungen auch Callbacks innerhalb einer Objekthierarchie und rekursive Methoden verifiziert werden.

4.2.3 Visibility Technique

Müller et. al. entwickelten, basierend auf OST, die "Visibility Technique" (VIST) Technik [69]. Die Invariante eines Objekts ist in diesem Ansatz für alle Objekte sichtbar, die den Objekttyp importieren. Invarianten können Eigenschaften des eigenen Objekts und Eigenschaften aller Objekte, in denen die Invariante sichtbar ist, referenzieren. Verletzt werden dürfen Invarianten nur durch Methoden in denen die Invariante auch sichtbar ist. Für die Verifikation muss geprüft werden, ob eine Methode die Invarianten aller referenzierten Objekte berücksichtigt. Die VIST-Methode ist dadurch in der Lage die Spezifikation rekursiver Datenstrukturen zu verifizieren. Sie erlaubt die Spezifikation und Verifikation der Invarianten *I*4 und *I*5 in Listing 4.1 auf Seite 64. Auf Grund dessen, dass auch die VIST-Methode auf der Ownership-Hierarchie basiert, sind die Kommunikationsmöglichkeiten zwischen verschiedenen Objektinstanzen weiterhin deutlich eingeschränkt. Beispielsweise dürfen Methoden weiterhin nur auf `rep`- und `peer`-Referenzen erfolgen. Der Aufruf `holder.notify()` in Zeile 19 in Beispiel 4.1 bleibt verboten, da im OS-Modell ein Objekt keine Methode seines Eigentümers aufrufen darf.

4.2.4 OVAL

Die OVAL-Methode (OVAL) [63] kombiniert die Techniken der OST mit einer verhaltensbasierten Spezifikation. Das Verhalten einer Methode wird über zwei zusätzliche Listen spezifiziert. Die erste Liste enthält Objekte die vor und nach der Ausführung der spezifizierten Methode gültig sein müssen. Die zweite Liste enthält Objekte deren Invarianten u.U. während der Ausführung der Methode verletzt werden. Beide Listen werden von der OVAL-Methode dafür verwendet zu bestimmen welche Invarianten zu Beginn einer Methode postuliert werden dürfen und für welche Invarianten die Gültigkeit beim Beenden der Methode verifiziert werden muss. Ein Beispiel zeigt Listing 4.4. Beide Listen werden in spitzen Klammern (<,>) (Zeile 7 und 13) hinter der Parameterliste einer Methode definiert. Die m-Methode (Zeile 7) erfordert die Gültigkeit der Invariante der aktuellen Instanz (this) und verletzt diese auch zwischenzeitlich. Die n-Methode (Zeile 13) erfordert nur die Gültigkeit der Invariante, verletzt selbst jedoch keine. Dadurch, dass explizit für jede Methode definiert werden muss, von welchen Invarianten sie abhängt und welche ggf. verletzt werden, können mit der Oval-Methode auch die Invarianten *I*1,*I*3 und *I*4 aus Listing 4.1 auf Seite 64 verifiziert werden. Die Invarianten *I*2 und *I*5 werden von Oval nicht unterstützt, da diese eine rekursive Abhängigkeit definieren, die nicht durch die verhaltensbasierten Spezifikationen der Methoden beschrieben werden kann. Die Oval-Methode erfordert einen erheblichen Mehraufwand in der Spezifikation. Die Auflistung aller Objekte mit benötigten und verletzten Invarianten ist sehr fehleranfällig, besonders wenn diese Listen bei Änderungen im Code nachgepflegt werden müssen.

```
0  class C {
1   int a, b;
2   invariant: 0 <= a < b;
3   C() {
4     a = 0;
5     b = 3;
6   }
7   void m() <this, this> {
8     int k = 100/(b-a);
9     a = a+3;
10    P(...);
11    b = (k+4)*b;
12  }
13  void n() <this, top> {
14    int k = 100/(b-a);
15    Q(...);
16  }
17 }
```

Listing 4.4: Invariante mit OVAL

4.2.5 Bewertung

Verfahren die auf dem Ownership-Modell basieren sind am ausdrucksstärksten hinsichtlich der Spezifikation von Objekt-Invarianten. Sie erlauben die Definition von Invarianten über die Grenzen einer Klasse hinweg. Dadurch können Verfahren die auf dem Ownership-Modell basieren das Ziel **I1** erfüllen. Jedoch erfordert diese Technik auch ein hohes Maß an zusätzlichem Spezifikationsaufwand. Alle Objektreferenzen müssen explizit als `peer`- oder `rep`-Referenz gekennzeichnet werden. Auch die vorübergehende Invalidierung von Objekt-Invarianten erfordert die Verwendung zusätzlicher Programmbefehle, wie sie beispielsweise bei einem sequentiellen Update notwendig sind und in Listing 4.2 auf Seite 66 gezeigt wurden. Dieser zusätzliche Spezifikationsaufwand und die damit einhergehenden Einschränkungen bei der Programmierung (vgl. Abschnitt 4.2.2) ist jedoch nicht praxistauglich. Dadurch kann das Ziel **I3** nicht erfüllt werden.
Verfahren wie die VST, die nicht auf dem Ownership-Modell basieren, benötigen keinen zusätzlichen Spezifikationsaufwand und erfüllen das Ziel **I3**. Dafür sind sie in ihrer Ausdrucksstärke eingeschränkt und erfüllen die Anforderung **I1** nicht. Die VST-Methode erlaubt keine Invalidierung von Invarianten durch Methoden, die nicht Teil der eigenen Klasse sind. Auch die Unterscheidung zwischen gültigen und ungültigen Invarianten wird nicht unterstützt und damit die Anforderung **I2** nicht erfüllt.

Zusammenfassend kann festgestellt werden, dass keiner der bisherigen Methoden zur Spezifikation und Verifikation alle Anforderungen **I1**-**I3** aus Abschnitt 3.1 erfüllt.

4.3 Testen von Schleifen

In Abschnitt 3.2 wurde beschrieben, warum Schleifen schwierig zu verifizieren und zu testen sind. Eine detaillierte Zusammenfassung bestehender Ansätze zum Testen von Schleifen publizierte Xiao et al. [86]. Sie klassifizierten vier verschiedene Gruppen von Methoden:

4.3.1 Bounded Techniques

Bounded Techniques (BT) [61, 38, 31, 49, 11, 34] betrachten nur einen Teilbereich aller möglichen Schleifenpfade, in denen sie entweder die Anzahl der betrachteten Iterationen oder den Eingabebereich der Schleifenvariablen beschränken. Eine sehr häufig eingesetzte Technik in dieser Klasse ist das Abrollen von Schleifen. Diese Technik kann sehr einfach und für jede Schleife eingesetzt werden. Beim Abrollen einer Schleife wird der Schleifenrumpf mit einer fest definierten Häufigkeit hintereinander kopiert und als regulärer Programmcode betrachtet. Zum Testen der abgerollten Schleife können übliche Testüberdeckungsmetriken wie Zweig- oder Pfadüberdeckung genutzt werden. Dieses Vorgehen wird von vielen Test- und Verifikationsframeworks angewendet, dazu zählen u.a. PathCrawler [85], PEX [81] und ESC/Java [49]. In Kombination mit symbolischen Testmethoden [37] können BT-Methoden auch dazu genutzt werden verschiedene Schleifenpfade zu testen.

4.3.2 Search-guiding Heuristics

Search-guiding Heuristics (SGH) [87, 74] verwenden Techniken der symbolischen Programmausführung, um gezielt bestimmte Pfade oder Abschnitte einer Schleife zu testen. Diese Methodik ist dann von besonderem Nutzen, wenn spezielle Bedingungen, wie beispielsweise eine Mindestanzahl von Iterationen, erfüllt sein müssen, damit ein Teilbereich der Schleife ausgeführt wird. Diese Methoden verwenden Heuristiken um zu entscheiden, welche Pfade innerhalb einer Schleife ausgeführt werden müssen und um das endlose Abrollen einer Schleife zu verhindern. Dafür müssen die Bedingungen eines angestrebten Pfads oder Abschnitts als mathematische Zielfunktion definiert werden. Wird die Anzahl der ausgeführten Iterationen in der Variablen `i` gespeichert, kann z.B. die Bedingung an eine Mindestanzahl von Iterationen als `(i > n)` formuliert werden. Darauf basierend kann statisch analysiert werden, welche Schleifendurchläufe die Variable `i` erhöhen. Diese Läufe werden im Anschluss gezielt hintereinander ausgeführt bis die Zielfunktion erfüllt wird. Der Ansatz der gezielten Suche wird daher besonders häufig für die Testfallgenerierung verwendet, wenn es darum geht Schleifenpfade zu extrahieren, die alle Bereiche des Schleifenrumpfs mindestens einmal ausführen.

4.3.3 Loop Summarisation und Abstraction

Methoden der "Loop Summarisation" Klasse [39, 29, 84, 62] vereinheitlichen verschiedene Pfade über Invarianten und allgemein gültige Ein- und Ausgabebedingungen. Diese basieren auf Induktionsvariablen der Schleife und haben eine enge Abhängigkeit zu der aktuell ausgeführten Anzahl von Iterationen. Diese Verfahren werden meistens von formalen Verifikationsmethoden verwendet. Diese versuchen zu beweisen, dass die Einhaltung aller Eingabebedingungen die Gültigkeit der Ausgabebedingungen impliziert. In der Regel müssen die Schleifen-Invarianten oder Bedingungen vom Entwickler explizit spezifiziert werden. Es existieren auch Ansätze, Invarianten mit Hilfe statischer Code-Analyse automatisch zu identifizieren [35, 44]. Bisher erkennen diese Methoden jedoch nur Invarianten, die auf einer arithmetischen Manipulation einer Schleifenvariable basieren. Invarianten mit nicht linearen Eigenschaften und Schleifen mit verschachtelten Kontrollstrukturen können nicht automatisch identifiziert werden.

Auch die Methoden der Klasse "Loop Abstraction" [20, 52] werden primär von formalen Verifikationsframeworks und im Model-Checking verwendet. Diese Methoden verwenden ein abstrahiertes Modell zur Repräsentation des Programmzustandes wie beispielsweise einen Zustandsautomaten. Diese abstrahierte Betrachtungsweise verfügt meist über eine geringere Komplexität und kann leichter mit formalen Methoden analysiert werden.

4.3.4 Bewertung

Die Behandlung von Schleifen während der Testphase ist besonders wichtig, da Schleifen eine besondere Herausforderung an formale Verifikationsmethoden stellen und häufig die Ursache von nicht verifizierten Eigenschaften sind. Aus diesem Grund müssen Schleifen in

```
0 //Input: String [] signals;
1 bool msgForA = false, msgForB = false;
2 for (int i = 0; i < signals.Length; i++)
3 {
4   if(signals[i].StartsWith("-")) {
5     if(signals[i].Length < 2) { throw new Exception("Invalid Signal"); }
6     String receiverId = signals[i];
7     // Error: Use wrong toggle
8     if (receiverId.Contains("A")) { msgForA = !msgForB; }
9     if (receiverId.Contains("B"))  { msgForB = !msgForB; }
10  }
11  else {
12    if (msgForA) { messagesA.Add(signals[i]); }
13    if (msgForB) { messagesB.Add(signals[i]); }
14
15  }
16 }
```

Listing 4.5: Schleife mit komplexen inneren Kontrollstrukturen (C#)

der dynamischen Testphase ausführlich analysiert werden.

Das Listing 4.5 enthält ein Beispiel für eine komplexe Schleife, wie sie beispielsweise beim Parsen von Kommandozeilenparametern vorkommt. Die Schleife durchläuft eine Liste mit Signalen. Die Liste enthält Signale für zwei unterschiedliche Empfänger `A` und `B`. Welcher Empfänger die Nachrichten erhalten soll, kann mit den Signalen "–A" bzw. "–B" bestimmt werden. Beide Signale aktivieren bzw. deaktivieren jeweils den Empfang für den betreffenden Empfänger (Zeile 8 und 9). Die Aufteilung der Signale erfolgt entsprechend den aktivierten Empfängern in Zeile 12 und 13. Die Implementierung der Schleife enthält einen Fehler in Zeile 8. An dieser Stelle wird die falsche Variable `msgForB` für die Berechnung von `msgForA` verwendet. Damit dieser Fehler auftritt muss die Schleife mit einer bestimmten Signalfolge getestet werden, z.B. "–B" "–A" "Messsag2A". Bei dieser Folge wird zuerst `msgForB` auf true gesetzt. Die Variable `msgForA` erhält dann im zweiten Durchlauf den Wert `!msgForB` (false) anstelle von `!msgForB` (true). Die Nachricht "Messsag2A" wird daher in der dritten Iteration nicht der Liste `messagesA` hinzugefügt.
Die zu prüfende Bedingung dieser Schleife ist entsprechend komplex. Damit die Nachrichtenübertragung für einen Empfänger aktiviert wird, muss der Nachrichtenstrom eine ungerade Anzahl an Signalen mit der Empfänger-ID "-B" enthalten. In C# oder Java kann diese Bedingung nur mit Hilfe von Lambda-Funktionen und `ForAll`-Klauseln formuliert werden. Allein aus diesem Grund kann diese Bedingung z.B. nicht mit dem Verifikationsframework CodedContracts für C# verifiziert werden, da dieses für solche Ausdrücke keine Unterstützung bereitstellt.

Formale Methoden der Kategorien Loop Summarisation oder Abstraction sind nicht dafür geeignet, komplexere Schleifenrümpfe wie in Listing 4.5 zu verifizieren. Diese Schleife enthält keine Variablen, die mit Hilfe einer linearen Funktion den Zustand der aktuellen

Iteration beschreiben. Dies ist jedoch eine Voraussetzung für die Anwendung von Loop Summarisation.

BT-Methoden testen in diesem Beispiel eine maximale Anzahl k an Iterationen. Die abgerollte Schleife wird dann mit üblichen Methoden wie Zweig- oder Pfadüberdeckung getestet. Dies birgt zwei Risiken:

1. Die Schleife wird nicht häufig genug abgerollt, um einen internen Zustandswechsel ausreichend zu testen
2. Die Anzahl der möglichen Schleifenpfade ist so hoch, dass ein Testen nicht mehr möglich ist

Das Testen von abgerollten Schleifen auf Basis der Zweigüberdeckung ist generell unzureichend. Die Zweigüberdeckung schreibt nicht vor, in welcher Kombination die verschiedenen `if`-Blöcke ausgeführt werden müssen. Damit der Fehler in diesem Beispiel auftritt, muss der Code mit einer bestimmten Signalfolge getestet werden. Es ist notwendig, dass zuerst der Empfänger B und dann der Empfänger A aktiviert wird. Dadurch wird erkennbar, dass der Variablen `msgForA` der falsche Wert zugewiesen wird. Andernfalls könnte die Schleife beispielsweise mit folgender Signalfolge getestet werden: "-A", "-B","Nachricht". Dieser Testfall führt alle mit dem Fehler verbundenen Codestellen aus. Der Fehler bleibt jedoch unsichtbar, da die Nachricht wie erwartet für den Empfänger A und B gespeichert wird. Sichtbar wird der Fehler nur, wenn zuerst "-B" und dann "-A" gesendet wird. Damit spezielle Signalfolgen getestet werden reicht es nicht, die Ausführungen einzelner Codeblöcke zu protokollieren. Stattdessen muss die Ausführung möglicher Programmpfade überwacht werden, wie es durch die Pfadüberdeckungsmetrik gefordert wird. Diese benötigt jedoch eine exponentiell wachsende Anzahl von Testfällen und kann daher nicht für jede Schleife angewandt werden.

Auch die zielgerichteten Suchverfahren helfen bei diesem Problem nicht weiter, da die Schleife über keine lineare Zielfunktion verfügt, die zur Steuerung der Exploration verwendet werden kann. Die Beschränkung auf erfüllbare Pfadkombinationen wie sie beispielsweise von PathCrawler angewandt wird, reduziert die Anzahl der zu betrachteten Pfade. Diese Algorithmen erkennen jedoch nicht wie lang ein getesteter Pfad mindestens sein muss, damit der Einfluss bestimmter Iterationsfolgen getestet wird.

Zusammenfassend kann festgestellt werden, dass keine der aktuellen Methoden dafür geeignet ist, komplexe Schleifen strukturiert zu testen oder zu verifizieren. Keiner der Ansätze erfüllt daher die Anforderungen **L1** und **L2**, die in Abschnitt 3.2 definiert wurden. Zielgerichtete Suchfunktionen können auf komplexe Schleifen nicht angewandt werden, da diese nicht als mathematische Zielfunktion dargestellt werden können. Einfachere Methoden und Testüberdeckungsmetriken, die problemlos auf komplexe Schleifen angewandt werden können, sind nicht dafür ausgelegt, zielgerichtet bestimmte Iterationsfolgen zu testen. Aufwendige Überdeckungsmetriken wie beispielsweise die Pfadüberdeckung benötigen eine exponentiell wachsende Anzahl von Testfällen. Aus diesem Grund können sie nur für eine

Tabelle 4.1: Vergleich der Ansätze zur Kombination formaler und dynamischer Validierungsverfahren

#	**Eigenschaften**	**Christakis et al.**	**Kanig et al.**	**Czech et al.**	**Chebaro et al.**	**Csallner et al.**	**Tschannen et al.**
K1	Modulare Verifikation funktionaler Korrektheit objektorientierter Software	•	•	•	-	-	•
K2	Automatische Verifikation von Beweisziele	•	•	•	-	-	•
K3(T1-T2)[101]	Isoliertes Testen nicht verifizierbarer Beweisziele	○	-	•	○	○	○
K4	Analyse von Auswirkungen möglicher Fehler bzgl. nicht verifizierbarer Beweisziele	-	-	-	-	-	-
K5	Automatische Generierung von Testvektoren für Testfälle	•	-	•	•	•	•
I1-I3	Flexible Behandlung von Objekt-Invarianten	-	-	-	-	-	-
L1-L2	Strukturiertes Testen von Schleifen mit inneren Kontrollstrukturen	-	-	-	-	-	-
T3	Minimierung freier Testparameter	•	-	•	-	-	-

Legende: •: Wird unterstützt, ○: Wird teilweise unterstützt bzw. beschrieben,
-: Wird nicht unterstützt bzw. beschrieben

geringe Abrolltiefe und für Schleifen mit einer geringen Anzahl verschiedener Pfade im Rumpf eingesetzt werden.

4.4 Erweiterungen des Stands der Technik

Die Kernziele dieser Arbeit wurden in Abschnitt 1.2 definiert. Während der Entwicklung der Methodik sind Anforderungen bzgl. notwendiger Teilschritte der Methodik deutlich geworden. Diese wurden in Kapitel 3 erörtert. Die Tabelle 4.1 listet in der zweiten Spalte die in beiden Kapitel erarbeiteten Anforderungen an die Gesamtmethodik auf. Die folgenden Spalten 3-8 zeigen welche dieser Anforderungen von den verwanden Arbeiten aus Abschnitt 4.1 erfüllt werden. Die Tabelle zeigt, dass kein Ansatz alle gestellten Anforderungen erfüllt. Die in dieser Arbeit vorgestellte Methodik soll die einzelnen Ziele in einem gesamtheitlichen

[101] Die Ziele T1 und T2 sind Teilprobleme des Ziels K3

Prozess zur Kombination formaler und dynamischer Validierungsmethoden zusammenfassen.

4.4.1 Publikationen

Der in Abschnitt 1.3 beschriebene Lösungsansatz zur Erfüllung der Kernziele **K1**-**K5** wurde schrittweise in den folgenden Arbeiten publiziert:

> *S. Huster, P. Heckeler, J. Ruf, S. Burg, T. Kropf, W. Rosenstiel. A Software Testing Framework to Integrate Formal Verification Results. MBMV 2013: 183-192*
>
> *S. Huster, M. Macic, S. Burg, H. Eichelberger, P. Heckeler, J. Ruf, T. Kropf, W. Rosenstiel. Increasing Software Reliability by Integrating Formal Verification and Robustness Testing. MBMV 2014: 125-136*
>
> *S. Huster, J. Ströbele, J. Ruf, T. Kropf and W. Rosenstiel. Using Robustness Testing to Handle Incomplete Verification Results when Combining Verification and Testing Techniques. In: Yevtushenko N., A. R. Cavalli, Yenigün H. (eds) Testing Software and Systems. ICTSS 2017. Lecture Notes in Computer Science, vol 10533. Springer*

Die in Kapitel 3 definierten Anforderungen wurden in einer Weise gelöst, die auch außerhalb der Gesamtmethodik Vorteile gegenüber dem Stand der Technik bieten. Dies Teilschritte wurde in verschiedenen Publikationen veröffentlicht:

Im Abschnitt 3.1 wurden die Anforderungen an Verfahren zur Definition von Objekt-Invarienten beschrieben. Im Rahmen dieser Arbeit wurde ein neues Verfahren zur Behandlung von Objekt-Invarienten entwickelt, dass die Anforderungen **I1** - **I3** erfüllt. Das neue Verfahren wurde in folgender Publikation veröffentlicht:

> *S. Huster, P. Heckeler, H. Eichelberger, J. Ruf, S. Burg, T. Kropf, W. Rosenstiel More Flexible Object Invariants with Less Specification Overhead. In: Giannakopoulou D., Salaün G. (eds) Software Engineering and Formal Methods. SEFM 2014. Lecture Notes in Computer Science, vol 8702. Springer*

Im Abschnitt 3.2 wurden die Anforderungen an Verfahren zum Testen von Schleifen mit internen Kontrollstrukturen beschrieben. Im Rahmen dieser Arbeit wurde eine Methodik speziell zur Validierung von Schleifen mit internen Kontrollstrukturen entwickelt. Diese erfüllt die gestellten Anforderungen **L1** und **L2**. Das Verfahren wurde in folgender Publikation veröffentlicht:

> *S. Huster, S. Burg, H. Eichelberger, J. Laufenberg, J. Ruf, T. Kropf, W. Rosenstiel. Efficient Testing of Different Loop Paths. In: Calinescu R., Rumpe B. (eds) Software Engineering and Formal Methods. SEFM 2015. Lecture Notes in Computer Science, vol 9276. Springer*

Des weiteren wurde im Rahmen dieser Arbeit eine erweiterte Methodik zur Isolierung und Generierung von Testfällen entwickelt. Diese erfüllt die Anforderungen **T1** - **T3** aus Abschnitt 3.3 und wurde in folgender Arbeit publiziert.

J. Ströbele, S. Huster, J. Ruf, T. Kropf, O. Bringmann. Specification-Based Generation of Isolated Parameterized Unit Tests. MBMV 2018

Kapitel 5

Kombination formaler und dynamischer Verfahren

In diesem Kapitel wird die im Rahmen dieser Arbeit neu entwickelte Methodik zur Kombination statischer und dynamischer Verfahren vorgestellt. Das Kapitel beginnt mit der Beschreibung verwendeter Notationen. Im Anschluss wird in Abschnitt 5.2 die Eingabe der Methodik definiert. Abschnitt 5.3 definiert generelle statische Analyseverfahren. Die weiteren Abschnitte dieses Kapitels folgen dem Verlauf der in Abbildung 1.4 auf Seite 10 dargestellten Schritte. Die Beweiszielgenerierung (Schritt (1)), wird in den Abschnitten 5.4 und 5.5 beschrieben. Der Abschnitt 5.4 geht auf die generelle Beweiszielgenerierung ein. In Abschnitt 5.5 wird speziell die neue Methodik zur Behandlung von Objekt-Invarianten vorgestellt. Die Verifikation der generierten Beweisziele (Schritte (2) und (4)) wird im Abschnitt 5.6 diskutiert. Die Generierung von Testfällen und Robustheitstests (Schritte (3) und (5)) wird in Abschnitt 5.7 erörtert. Der Abschnitt 5.9 befasst sich mit der automatischen Generierung der Testvektoren (Schritt 6). Eine Zusammenfassung der vorgestellten Methodik erfolgt in Abschnitt 5.10. Eine Übersicht der in diesem Kapitel definierten Symbole und Funktionen ist im Anhang dieser Arbeit aufgeführt.

5.1 Notation

Bei der formellen Beschreibung der vorgestellten Methodik werden folgende Regeln zur Notation verwendet:

5.1.1 Darstellung von Programmelementen als Mengen

Programmelemente wie beispielsweise Klassen, Methoden und Anweisungen werden als Menge repräsentiert. Mengen, die Programmstrukturen repräsentieren, verwenden Großbuchstaben mit einer mathematischen Schriftart. Deren Elemente werden über Kleinbuchstaben referenziert.
Beispiel: $\mathbb{c} \in \mathbb{C}, \mathbb{m} \in \mathbb{M}, \mathbb{f} \in \mathbb{F}$

Zwischen den Programmelementen bestehen Beziehungen. So werden Methoden beispielsweise innerhalb einer Klasse definiert. Diese Beziehungen werden als Indizes der Mengen angegeben.
Beispiel: Sei $\mathbb{c}$ die Referenz auf eine Klasse. Die Menge der Methoden dieser Klassen werden in diesem Beispiel über die Syntax $\mathbb{M}_{\mathbb{c}}$ referenziert.

Für die Unterscheidung zweier unterschiedlicher Elemente werden kleine lateinische Buchstaben verwendet.
Beispiel: $\mathbb{c}_v$,$\mathbb{c}_w$

Mengen von Mengen einzelner Programmelemente werden entweder als Potenzmenge oder als Kurzform in Skript geschrieben.
Beispiel: Die Menge $\mathcal{P}(\mathbb{S})$ bzw. $\mathcal{S}$ enthält einzelne Mengen $\mathbb{S}$: $\mathcal{P}(\mathbb{S}) = \mathcal{S} = \{\mathbb{S}_0, \ldots, \mathbb{S}_n\}$.

Spezifikationen und boolesche Ausdrücke und Beweisziele werden als griechische Buchstaben symbolisiert.
Beispiel: γ, φ, π

Geordnete Mengen werden in spitzem Klammern eingefasst. Die Elemente geordneter Mengen können über Indizes von 0 bis $(n-1)$ referenziert werden. Die Notation für den Zugriff verwendet eckige Klammern hinter der Mengennotation.
Beispiel: $\langle \mathbb{S} \rangle$ und $\langle \mathbb{S} \rangle[1]$

Parameterlisten werden mit einem Vektorpfeil gekennzeichnet.
Beispiel: $\vec{m}$

5.1.2 Funktionen, Prädikate und Auswertungen

Funktionen und Prädikate werden mit fettgedrucktem Namen in Großbuchstaben dargestellt. Funktionen und Prädikate auf logischen Ausdrücken und Beweiszielen werden mit großgeschriebenen griechischen Buchstaben dargestellt.
Beispiel: $\mathbf{CM}()$, $\Pi()$

Funktionen und Prädikate, die Teilausdrücke einer Gleichung darstellen und nur innerhalb einer Gleichung verwendet werden, werden mit fettgedrucktem Namen in Kleinbuchstaben dargestellt.

Beispiel: $\mathbf{rp}()$

Zuweisungen verwenden mit einen nach links zeigenden Pfeil dargestellt.
Beispiel: $a \leftarrow b$

Funktionen zur Analyse transitiver Beziehungen werden mit einem hochgestellten Stern ($*$) gekennzeichnet.
Beispiel: $\mathbf{M}^*()$, $<^*$

5.2 Eingabe

Die vorzustellende Methodik verarbeitet als Eingabe den Quellcode und die Spezifikation eines objektorientierten Programms. Die Bestandteile objektorientierter Programmierung wurden in Abschnitt 2.1 beschrieben. Dieses Kapitel beschreibt die Methodik so weit wie möglich unabhängig von einer konkreten Programmiersprache. Dafür ist es notwendig die zu analysierenden Bestandteile des Programms zu abstrahieren. Aus Platzgründen wird an dieser Stelle auf die formale Definition einer Programmiersprache und eines vollständigen Ausführungsmodells verzichtet. Stattdessen werden die relevanten Bestandteile einer objektorientierten Software als Mengen deklariert. Die Definition folgt dem Top-Down Prinzip. Sie beginnt beim Programm und wird schrittweise detaillierter und endet bei der Definition spezieller Anweisungen.

5.2.1 Programm

Die Methodik verarbeitet als Eingabe den Quellcode und die Spezifikation eines objektorientierten Programms:

Definition 5.1 (Programm) *Ein objektorientiertes Programm* $\mathbb{Prog}$ *besteht aus der Definition verschiedener Klassen.*

Die Definition von Klassen und deren Bestandteile wurden in Abschnitt 2.1.1 beschrieben. Das Listing 5.1 auf Seite 80 dient als Beispiel für die Definition einer Klasse und deren relevanten Subelemente, die in den folgenden Absätzen definiert werden.

5.2.2 Klassen und Klassenelemente

Der Quellcode objektorientierter Programmen wird in Klassen organisiert:

Definition 5.2 (Klasse) *Die Menge* $\mathbb{c} \in \mathbb{C}$ *repräsentiert Klassen. Die Menge* $\mathbb{C}_{\mathbb{Prog}}$ *enthält alle Klassen des Programms* $\mathbb{Prog}$*. Als verkürzte Schreibweise kann auch* $\mathbb{C}$ *anstelle von* $\mathbb{C}_{\mathbb{Prog}}$ *verwendet werden, wenn der Kontext des analysierten Programms eindeutig ist. Jede Klasse* $\mathbb{c} \in \mathbb{C}$ *kann eine Definitionen für Attribute, Konstruktoren, Methoden und Invarianten enthalten.*

In Abschnitt 2.1.2 wurde das Prinzip von Vererbung und Polymorphie beschrieben. Die vererbende Klasse wird auch Basisklasse genannt.

```
namespace List
{
 public class List
 {
  private ListItem head;
  private ListItem tail;
  private int size;

  public List() {
   head = null;
   tail = null;
   size = 0;
  }

  [ContractInvariantMethod]
  private void Invariant() {
   Contract.Invariant(this.size >= 0);
  }

  public int Size() {
   Contract.Ensures(Contract.Result<int>() >= 0);
   return this.size;
  }

  public void Add(double value) {
   ListItem newItem = new ListItem(value);
   this.size++;
   if (head == null) {
    this.head = newItem;
    this.tail = newItem;
    return;
   }
   newItem.Prev = this.tail;
   this.tail.Next = newItem;
   this.tail = newItem;
  }

  public double ValueAt(int index) {
   Contract.Requires(index < Size());

   ListItem iter = this.head;
   for (int i = 0; i < index; i++) {
    if(iter.Next == null) {
     throw new Exception();
    }
    iter = iter.Next;
   }
   return iter.value;
  }
 }
 class ListItem
 {
  public double value;
  public ListItem Prev;
  public ListItem Next;

  public ListItem(double value) {
   this.value = value;
   this.Prev = null;
   this.Next = null;
  }
 }
}
```

Listing 5.1: Beispiel für die Definition eines Programms

Definition 5.3 (Basisklassen) *Eine Klasse $\mathbb{c}_v$ erweitert eine andere Klasse $\mathbb{c}_w$ direkt, geschrieben als $\mathbb{c}_v < \mathbb{c}_w$, wenn im Programmcode die Klasse $\mathbb{c}_w$ als Basisklasse von $\mathbb{c}_v$ deklariert ist. Eine Klasse $\mathbb{c}_v$ erweitert eine andere Klasse $\mathbb{c}_w$ indirekt, geschrieben als $\mathbb{c}_v <^* \mathbb{c}_w$, wenn folgende Bedingung erfüllt ist.*

$$\mathbb{c}_v <^* \mathbb{c}_w \Rightarrow \exists\{\mathbb{c}_1,\dots,\mathbb{c}_n\} =: \mathbb{C}_y \subset \mathbb{C} \mid \mathbb{c}_1 = c_v \wedge \mathbb{c}_n = \mathbb{c}_w \wedge \forall_{0<i\leq|\mathbb{C}_y|}\left(\mathbb{c}_i < \mathbb{c}_{i+1}\right) \tag{5.1}$$

5.2.2.1 Methoden

Der ausführbare Programmcode eines objektorientierten Programms wird in Form von Methoden einer Klasse implementiert:

Definition 5.4 (Methode) *Die Menge $\mathbb{m} \in \mathbb{M}$ repräsentiert Methoden. Die Menge $\mathbb{m} \in \mathbb{M}_{\mathbb{c}}$ repräsentiert die Methoden der Klasse $\mathbb{c}$. Die Menge $\mathbb{m} \in \mathbb{M}_{\mathbb{Prog}}$ enthält alle Methoden des Programms $\mathbb{Prog}$. Als verkürzte Schreibweise kann auch $\mathbb{M}$ anstelle von $\mathbb{M}_{\mathbb{Prog}}$ verwendet werden, wenn der Kontext des analysierten Programms eindeutig ist. Die Parameterliste einer Methode $\mathbb{m}$ wird mit der Notation $\vec{\mathbb{m}}$ referenziert.*

Definition 5.5 (Rückgabewert) *Der Rückgabewert einer Methode $\mathbb{m}$ wird mit der Notation $[\![\mathbb{m}]\!]$ referenziert.*

Die Spezifikation einer Methode erfolgt durch Vor- und Nachbedingungen. Diese wurden in Abschnitt 2.4.1 und 2.4.2 beschrieben:

5.2.2.2 Attribute

Die Werte einer Klasse werden als Attribute gespeichert:

Definition 5.6 (Attribut (Klassenvariable)) *Die Menge $\mathbb{f} \in \mathbb{F}$ repräsentiert Klassenattribute. Die Menge $\mathbb{f} \in \mathbb{F}_{\mathbb{c}}$ repräsentiert die Attribute der Klasse $\mathbb{c}$. Ein Attribut wird auch als Klassenvariable bezeichnet.*

Definition 5.7 (Vorbedingungen) *Die Menge $\gamma^{pre} \in \Gamma^{pre}$ repräsentiert Vorbedingungen. Die Menge $\gamma^{pre} \in \Gamma^{pre}_{\mathbb{m}}$ repräsentiert die Vorbedingungen der Methode $\mathbb{m}$. Die Menge $\gamma^{pre} \in \Gamma^{pre}_{\mathbb{Prog}}$ enthält alle Vorbedingungen des Programms $\mathbb{Prog}$. Als verkürzte Schreibweise kann auch Γ^{pre} anstelle von $\Gamma^{pre}_{\mathbb{Prog}}$ verwendet werden, wenn der Kontext des analysierten Programms eindeutig ist.*

Definition 5.8 (Nachbedingung) *Die Menge $\gamma^{post} \in \Gamma^{post}$ repräsentiert Nachbedingungen. Die Menge $\gamma^{post} \in \Gamma^{post}_{\mathbb{m}}$ repräsentiert die Nachbedingungen der Methode $\mathbb{m}$. Die Menge $\gamma^{post} \in \Gamma^{post}_{\mathbb{Prog}}$ enthält alle Nachbedingungen des Programms $\mathbb{Prog}$. Als verkürzte Schreibweise kann auch Γ^{post} anstelle von $\Gamma^{post}_{\mathbb{Prog}}$ verwendet werden, wenn der Kontext des analysierten Programms eindeutig ist.*

Bezogen auf das Listing 5.1 auf Seite 80 enthält die Menge der Methodendefinition $\mathbb{M}_{\mathbb{c}_1} = \{\mathbb{m}_1, \mathbb{m}_2, \mathbb{m}_3, \mathbb{m}_4\}$ der Klasse `List` vier Definitionen: $\mathbb{m}_1 =$ `List::List()`, $\mathbb{m}_2 =$ `List::Size()`, $\mathbb{m}_3 =$ `List::Add(double value)`, $\mathbb{m}_4 =$ `List::ValueAt(int index)`. Methoden zur Definition von Objekt-Invarianten werden nicht in der Menge $\mathbb{M}_{\mathbb{c}}$ aufgeführt. Die Bezeichnung $\gamma^{pre}_1 \in \Gamma^{pre}_{\mathbb{m}_4}$ bezieht sich auf die Vorbedingung in Zeile 38.

5.2.2.3 Konstruktoren

Die Beziehung zwischen Klassen und Objekten wurde in Abschnitt 2.1.1 beschrieben. Konstruktoren sind spezielle Methoden einer Klasse, mit denen Objekt-Instanzen einer Klasse erstellt werden:

Definition 5.9 (Konstruktor) *Die Menge* $\mathbb{ctor} \in \mathbb{Ctor}$ *repräsentiert Konstruktoren. Die Menge* $\mathbb{ctor} \in \mathbb{Ctor}_{\mathbb{c}}$ *repräsentiert die Konstruktoren der Klasse* $\mathbb{c}$. *Die Menge* $\mathbb{ctor} \in \mathbb{Ctor}_{\mathbb{Prog}}$ *enthält alle Konstruktoren des Programms* $\mathbb{Prog}$. *Als verkürzte Schreibweise kann auch* $\mathbb{Ctor}$ *anstelle von* $\mathbb{Ctor}_{\mathbb{Prog}}$ *verwendet werden, wenn der Kontext des analysierten Programms eindeutig ist. Die Parameterliste eines Konstruktors* $\mathbb{ctor}$ *wird mit der Notation* $\overrightarrow{\mathbb{ctor}}$ *referenziert.*

Definition 5.10 (Standardkonstruktor) *Ein Konstruktor mit einer leeren Parameterliste wird Standardkonstruktor genannt.*

5.2.2.4 Objekte

Der Rückgabewert eines Konstruktors $\mathbb{ctor} \in \mathbb{Ctor}_{\mathbb{c}}$ ist ein Objekt der Klasse $\mathbb{c}$:

Definition 5.11 (Objekt) *Die Menge* $\mathbb{o} \in \mathbb{O}_{\mathbb{c}}$ *enthält Objekte bzw. Instanzen der Klasse* $\mathbb{c}$.

5.2.2.5 Objekt-Invarianten

Objekte können mit Hilfe von Objekt-Invarianten spezifiziert werden. Dies wurde in Abschnitt 2.4.3 beschrieben.

Definition 5.12 (Objekt-Invariante) *Die Menge* $\gamma^{inv} \in \Gamma^{inv}$ *repräsentiert Objekt-Invarianten: Die Menge* $\gamma^{inv} \in \Gamma^{inv}_{\mathbb{c}}$ *repräsentiert die Objekt-Invarianten der Klasse* $\mathbb{c}$. *Die Menge* $\gamma^{inv} \in \Gamma^{inv}_{\mathbb{Prog}}$ *repräsentiert alle Objekt-Invarianten des Programms: Als verkürzte Schreibweise kann auch* Γ^{inv} *anstelle von* $\Gamma^{inv}_{\mathbb{Prog}}$ *verwendet werden, wenn der Kontext des analysierten Programms eindeutig ist.*

Bezogen auf das Listing 5.1 enthält die Menge $\mathbb{C}_{\mathbb{Prog}} = \{\mathbb{c}_1, \mathbb{c}_2\}$ die beiden Klassendefinitionen $\mathbb{c}_1 =$ `List` und $\mathbb{c}_2 =$ `ListItem`. Die Attributmenge $\mathbb{F}_{\mathbb{c}_1} = \{\mathbb{f}_1, \mathbb{f}_2, \mathbb{f}_3\}$ der Klasse `List` enthält die Klassenfelder $\mathbb{f}_1 =$ `head`, $\mathbb{f}_2 =$ `tail` und $\mathbb{f}_3 =$ `size`. Die Bezeichnung $\gamma_1^{inv} \in \Gamma^{inv}_{\mathbb{c}_1}$ bezieht sich auf die Objekt-Invariante in Zeile 20.

5.2.2.6 Zugriff auf Klassenelemente

An manchen Stellen dieser Arbeit ist es notwendig über alle Elemente einer Klasse zu abstrahieren. Aus diesem Grund werden alle Klassenelemente in einer Menge zusammengefasst:

Definition 5.13 (Klassenelemente) *Die Menge* $\mathbb{x} \in \mathbb{X}_{\mathbb{c}}$ *repräsentiert Klassenelemente. Ein Klassenelement ist entweder eine Methode, ein Konstruktor oder ein Klassenfeld:*

$$\mathbb{X}_{\mathbb{c}} := \mathbb{M}_{\mathbb{c}} \cup \mathbb{Ctor}_{\mathbb{c}} \cup \mathbb{F}_{\mathbb{c}} \tag{5.2}$$

Der Zugriff auf Klassenelement wurde in Abschnitt 2.1.4 beschrieben.

Definition 5.14 (Zugriff auf Klassenelemente) *Auf ein statisches Klassenelement kann über die Klassendefinition* $\mathbb{c}$ *zugegriffen werden:* $\mathbb{c}.\mathbb{x}$. *Auf ein nicht statisches Klassenelement kann nur über ein Objekt* $\mathbb{o}_{\mathbb{c}}$ *der Klasse* $\mathbb{c}$ *zugegriffen werden:* $\mathbb{o}_{\mathbb{c}}.\mathbb{x}$.

5.2.3 Anweisungen und Ausführungspfade

Die Anwendungslogik eines Programms wird mit Hilfe von Anweisungen definiert:

Definition 5.15 (Anweisung) *Die Menge* $\mathbb{s} \in \mathbb{S}$ *repräsentiert Anweisungen. Die Menge* $\mathbb{s} \in \mathbb{S}_{\mathbb{Prog}}$ *enthält alle Anweisungen des Programms* $\mathbb{Prog}$. *Als verkürzte Schreibweise kann auch* $\mathbb{S}$ *anstelle von* $\mathbb{S}_{\mathbb{Prog}}$ *verwendet werden, wenn der Kontext des analysierten Programms eindeutig ist. Eine Anweisung* $\mathbb{s} \in \mathbb{S}$ *repräsentiert eine minimale Anweisung im Quellcode. Eine minimale Anweisung im Quellcode ist eine Anweisung, die im Quelltext syntaktisch nicht weiter unterteilt werden kann und die bei der Programmausführung zusammenhängend ohne Verzweigung ausgeführt wird.*

Die Programmiersprache C# unterstützt verschiedene Arten von Anweisungen[1]. Es werden u.a. Deklarationsanweisungen, Ausdrucksanweisungen oder Auswahlanweisungen unterstützt. Deklarationsanweisungen oder Ausdrucksanweisungen werden Semikolon abgeschlossen werden, z.B. `this.Prev = null;`. Auswahlanweisungen verwenden spezielle Befehle z.B. `if` oder `switch`.

Während der Programmausführung werden programmierte Anweisungen der Reihe nach ausgeführt. Dadurch entstehen Anwendungsfolgen:

Definition 5.16 (Ausführungsfolge) *Eine Anweisung* $\mathbb{s}_v$ *folgt direkt auf eine Anweisung* $\mathbb{s}_w$, *geschrieben als* $\mathbb{s}_v \rightarrow \mathbb{s}_w$, *wenn keine andere Anweisung* $\mathbb{s}_x$ *mit* $\mathbb{s}_v \neq \mathbb{s}_x$ *und* $\mathbb{s}_w \neq \mathbb{s}_x$ *zwischen* $\mathbb{s}_v$ *und* $\mathbb{s}_w$ *ausgeführt wird. Die Notation* $\mathbb{s}_v \rightarrow^* \mathbb{s}_w$ *wird verwendet, wenn zwischen der Ausführung der Anweisung* $\mathbb{s}_v$ *und* $\mathbb{s}_w$ *eine unbestimmte Menge weiterer Anweisungen ausgeführt werden.*

Die Ausführung zweier Anweisungen hintereinander kann an eine Bedingung gebunden sein:

Definition 5.17 (Ausführungsbedingung) *Die Menge* $\phi \in \Phi$ *repräsentiert boolesche Ausdrücke. Eine Ausführungsfolge* $\mathbb{s}_v \rightarrow \mathbb{s}_w$ *kann an eine Bedingung* $\phi \in \Phi$ *gebunden sein, geschrieben als* $\mathbb{s}_v \rightarrow_\phi \mathbb{s}_w$. *Die Bedingung* ϕ *muss nach der Ausführung der Anweisung* $\mathbb{s}_v$ *erfüllt sein, damit die Anweisung* $\mathbb{s}_w$ *ausgeführt wird. In diesem Fall wird* φ *Ausführungsbedingung genannt.*

Der Rumpf einer Methode ist eine geordnete Anweisungsmenge:

Definition 5.18 (Geordnete Anweisungsmenge) *Eine Anweisungsmenge* $\mathbb{S} \subset \mathbb{S}_{\mathbb{Prog}}$ *ist geordnet, geschrieben als* $\langle \mathbb{S} \rangle = \langle \mathbb{s}_1, \ldots, \mathbb{s}_n \rangle$, *wenn für alle Anweisungen gilt:*

$$\forall \mathbb{s}_v \in \langle \mathbb{S} \rangle, v > 0 \; : \; \exists \mathbb{s}_w \in \langle \mathbb{S} \rangle \mid (0 < w < v \wedge \mathbb{s}_w \rightarrow \mathbb{s}_v) \tag{5.3}$$

Für den Zugriff auf einzelne Elemente einer geordneten Anweisungsmenge wird folgende Syntax verwendet:

$$\langle \mathbb{S} \rangle [i], 0 < i \leq |\mathbb{S}| \tag{5.4}$$

[1] `https://docs.microsoft.com/de-de/dotnet/csharp/tour-of-csharp/statements`

Definition 5.19 (Methodenrumpf) *Der Rumpf einer Methode* $\mathbb{m}$ *ist die geordnete Anweisungsmenge* $\langle S \rangle_{\mathbb{m}}$.

Eine geordnete Anweisungsmenge kann als Folge verschiedener Anweisungen ausgeführt werden. Diese Folge wird als zusammenhängende Anweisungsmenge bezeichnet:

Definition 5.20 (Zusammenhängende Anweisungsmenge) *Eine geordnete Anweisungsmenge* $\langle \mathbb{S} \rangle$ *ist zusammenhängend, geschrieben als* $\tilde{\mathbb{S}}$, *wenn gilt:*

$$\forall_{\mathbb{s}_i \in \tilde{\mathbb{S}} | 0 < i < |\tilde{\mathbb{S}}|} \mathbb{s}_i \rightarrow \mathbb{s}_{i+1}$$

Eine zusammenhängende Anweisungsmenge hat genau einen Start- $\hat{\mathbb{s}}_{\tilde{\mathbb{S}}}$ *und einen Endpunkt* $\check{\mathbb{s}}_{\tilde{\mathbb{S}}}$. *Diese Menge wird auch als* ***Ausführungspfad*** *oder* ***Programmpfad*** *bezeichnet.*

Definition 5.21 (Vorgänger- und Nachfolgeranweisung) *Innerhalb einer geordneten Anweisungsmenge* $\tilde{\mathbb{S}}$ *kann der Plus- (+) und Minusoperator (−) dafür verwendet werden Vorgänger- und Nachfolgeranweisungen zu referenzieren.*

Beispiel: Sei $\tilde{\mathbb{S}} = \langle \mathbb{s}_1, \mathbb{s}_1, \mathbb{s}_2, \mathbb{s}_3 \rangle$. Es gilt $\mathbb{s}_1 + 2 = \mathbb{s}_3$ und $\mathbb{s}_2 - 1 = \mathbb{s}_1$.

Eine zusammenhängende Anweisungsmenge ist maximal, wenn dieser keine weitere Anweisung im Programm hinzugefügt werden kann:

Definition 5.22 (Maximal zusammenhängende Anweisungsmenge) *Sei* $\tilde{\mathbb{S}}^k := \langle \mathbb{s}_1^k, \ldots, \mathbb{s}_n^k \rangle$ *mit*
$\tilde{\mathbb{S}}^k \subset \langle \mathbb{S} \rangle^l$ *eine zusammenhängende Anweisungsmenge und eine Teilmenge einer geordneten Anwendungsmenge* $\langle \mathbb{S} \rangle^l$. *Das Prädikat* $\boldsymbol{SMAX}(\tilde{\mathbb{S}}^k, \langle \mathbb{S} \rangle^l) : \mathcal{P}(\mathbb{S}) \times \mathcal{P}(\mathbb{S}) \rightarrow \{\top, \bot\}$ *ist genau dann wahr, wenn* $\tilde{\mathbb{S}}^k$ *bzgl.* $\langle \mathbb{S} \rangle^l$ *maximal ist:*

$$\boldsymbol{SMAX}(\tilde{\mathbb{S}}^k, \langle \mathbb{S} \rangle^l) := |\{\mathbb{s}_i \in \{\langle \mathbb{S} \rangle^l \setminus \tilde{\mathbb{S}}^k\} \mid \mathbb{s}_i \rightarrow \mathbb{s}_1^k\}| \neq 1 \bigwedge \{\mathbb{s}_i \in \{\langle \mathbb{S} \rangle^l \setminus \tilde{\mathbb{S}}^k\} \mid \mathbb{s}_n^k \rightarrow \mathbb{s}_i\}| \neq 1 \quad (5.5)$$

Eine maximale zusammenhängende Anweisungsmenge wird auch ***Basisblock*** *genannt.*

Maximal zusammenhängende Anweisungsmengen werden bei der statischen Codeanalyse bei der Generierung von Kontrollflussgraphen verwendet. Sie repräsentieren jeweils die Anweisungsmenge zwischen zwei Verzweigungen und werden bei der Generierung von Kontrollflussgraphen (vgl. Definition 5.40) durch Knoten repräsentiert. Ausführungspfade haben genau einen Start und einen Endpunkt. In Bezug auf Methodenrümpfe bedeutet dies, dass jeder Methodenrumpf einen eindeutigen Einstiegspunkt enthält und über mehrere Endpunkte verfügen kann.

Definition 5.23 (Einstiegspunkt) *Jede geordnete Anweisungsmenge* $\langle \mathbb{S} \rangle$ *hat genau einen Einstiegspunkt. Der Einstiegspunkt entspricht der ersten Anweisung der geordneten Anweisungsmenge:* $\hat{\mathbb{s}}_{\langle \mathbb{S} \rangle} := \langle \mathbb{S} \rangle[1]$. *Für einen Einstiegspunkt* $\hat{\mathbb{s}}_{\langle \mathbb{S} \rangle}$ *gilt* $\forall \mathbb{s}_i \in \langle \mathbb{S} \rangle \mid \hat{\mathbb{s}}_{\langle \mathbb{S} \rangle} \rightarrow^* \mathbb{s}_i$. *Die Ausführung der geordneten Anweisungsmenge* $\langle \mathbb{S} \rangle$ *beginnt immer mit dem Einstiegspunkt* $\hat{\mathbb{s}}_{\langle \mathbb{S} \rangle}$. *Der Einstiegspunkt einer Methode* $\mathbb{m}$ *entspricht dem Einstiegspunkt des Methodenrumpfes* $\langle \mathbb{S} \rangle_{\mathbb{m}}$ *und wird über die Notation* $\hat{\mathbb{s}}_{\mathbb{m}}$ *referenziert.*

Definition 5.24 (Endpunkt) *Für einen Endpunkt* $\check{s} \in \check{S}_{\langle S \rangle}$ *gilt* $\neg \exists s_i \in \langle S \rangle | \check{s} \rightarrow^* s_i$. *Ein Endpunkt repräsentiert die letzte Anweisung, die bei der Ausführung einer geordneten Anweisungsmenge ausgeführt wird. Beispielsweise ist eine* `return`*-Anweisung ein Endpunkt in einem Methodenrumpf.*

Bezogen auf das Listing 5.1 auf Seite 80 enthält der Rumpf $\langle S \rangle_{m_1}$ der Methode m_1 = `List()` genau drei Anweisungen: s_1 := `head = null;`, s_2 := `tail = null;`, s_3 := `size = 0;`. Die Anweisung s_1 entspricht dem Einstiegspunkt $\hat{s}_{m_1}$. Die Anweisung s_3 entspricht dem Endpunkt $\check{s}_1 \in \check{S}_{m_1}$. Es gilt $s_1 \rightarrow s_2$ und $s_2 \rightarrow s_3$. Des weiteren gilt $s_1 \rightarrow^* s_3$.

Innerhalb von Anweisungsmengen können Anforderungen an aktuelle Variablenwerte als Laufzeitbedingung definiert werden. Dieses Konzept wurde in Abschnitt 2.4.4 beschrieben:

Definition 5.25 (Laufzeitbedingung) *Die Menge* $\gamma^{ass} \in \Gamma^{ass}$ *repräsentiert Laufzeitbedingungen. Die Menge* $\gamma^{ass} \in \Gamma^{ass}_{\langle S \rangle}$ *enthält alle Laufzeitbedingungen der geordneten Anweisungsmenge* $\langle S \rangle$. *Die Funktion* $S(\gamma^{ass}) : \Gamma^{ass} \rightarrow S, \gamma^{ass} \mapsto s$ *gibt die Anweisung* s *zurück, welche die Laufzeitbedingung* γ^{ass} *definiert.*

5.2.3.1 Spezielle Anweisungen

Ein spezielles Programmierkonstrukt sind Schleifen:

Definition 5.26 (Schleife) *Die Menge* $w := (\varphi, \langle S \rangle) \in W$ *repräsentiert alle Programmschleifen. Eine Schleife ist ein spezielles Programmierkonstrukt. Dieses besteht aus einer Schleifenbedingung* φ_w *und einem Schleifenrumpf* $\langle S \rangle_w$. *Der Schleifenrumpf ist eine geordnete Anweisungsmenge.*

Das Verhalten einer Schleife kann mit Hilfe einer Schleifen-Invariante definiert werde. Dieses Vorgehen wurde in Abschnitt 2.4.4 beschrieben.

Definition 5.27 (Schleifeninvariante) *Die Menge* $\gamma^{li} \in \Gamma^{li}$ *repräsentiert Schleifen-Invarianten. Die Menge* $\gamma^{li} \in \Gamma^{li}_{w}$ *enthält alle Schleifen-Invarianten der Schleife* $\langle w \rangle$.

5.2.4 Symbole und Typen

Die Werte eines Programms werden während der Ausführung in Variablen gespeichert. Die verschiedenen Arten von Variablen werden in dieser Arbeit unter dem Begriff Symbol zusammengefasst:

Definition 5.28 (Symbol) *Die Menge* $y \in Y$ *repräsentiert Symbole. Ein Symbol* $y \in Y$ *repräsentiert eine Programmvariable. Eine Programmvariable kann eine Klassenvariable, ein Parameter oder eine lokale Variable sein.*

Jedes Symbol hat einen eigenen Datentyp.

Definition 5.29 (Datentypen) *Die Menge* $t \in T$ *repräsentiert Datentypen.*

Es gibt primitive und komplexe, statische und dynamische Datentypen:

Definition 5.30 (Primitive Datentypen) *Die Menge* $\mathbb{t} \in \mathbb{T}^{prim}$ *repräsentiert primitive Datentypen. Primitive Datentypen sind atomar und können nicht weiter zerteilt werden. Beispiele für primitive Datentypen sind z.B.* `bool`, `int`, `double` *oder* `char`

Definition 5.31 (Komplexe Datentypen) *Die Menge* $\mathbb{t} \in \mathbb{T}^{cmlx}$ *repräsentiert komplexe Datentypen. Komplexe Datentypen kombinieren primitive Datentypen. Klassen sind komplexe Datentypen, da diese über die Definition unterschiedlicher Klassenfelder verschiedene Datentypen kombinieren.*

In Abschnitt 2.1.2 wurde das Konzept der Polymorphie beschrieben. Auf Grund polymorpher Programmstrukturen können Symbole über einen statischen und einen dynamischen Datentyp verfügen.

Definition 5.32 (Statische Datentypen) *Statische Typen sind die im Quellcode definierten Typen. Statische Typen können zum Zeitpunkt der statischen Analyse identifiziert werden.*

Klassen repräsentieren komplexe Type. Diese sind durch Vererbung und Polymorphie in Hierarchien strukturiert. Durch diese Hierarchien können zwischen den Typen transitive Relationen entstehen.

Definition 5.33 (Transitive Typrelationen) *Sei* $\mathbb{t}_{\mathbb{c}_v} \in \mathbb{T}^{cmlx}$ *der Typ der Klasse* $\mathbb{c}_v$ *und* $\mathbb{t}_{\mathbb{c}_w} \in \mathbb{T}^{cmlx}$ *der Typ der Klasse* $\mathbb{c}_w$. *Der Typ* $\mathbb{t}_{\mathbb{c}_v}$ *ist transitiv zu* $\mathbb{t}_{\mathbb{c}_w}$, *geschrieben als* $\mathbb{t}_{\mathbb{c}_v} \leq \mathbb{t}_{\mathbb{c}_w}$, *wenn gilt:*

$$\mathbb{t}_{\mathbb{c}_v} \leq \mathbb{t}_{\mathbb{c}_w} \Leftrightarrow \mathbb{c}_v = \mathbb{c}_w \vee \mathbb{c}_v <^* \mathbb{c}_w \tag{5.6}$$

Definition 5.34 (Dynamische Datentypen) *Dynamische Typen können auf Grund der Polymorphie erst zur Laufzeit eines Programms bestimmt werden.*

Symbolen mit dem statischen Type $\mathbb{t}_{\mathbb{c}_v}$ können auch Symbole vom Type $\mathbb{t}_{\mathbb{c}_w}$ zugewiesen werden, wenn $\mathbb{t}_{\mathbb{c}_v} \leq \mathbb{t}_{\mathbb{c}_w}$ gilt. Dadurch kann der Typ eines Symbols z.T. erst zur Laufzeit des Programms bestimmt werden. Diese Typen werden als dynamische Typen bezeichnet.

5.2.5 Auswertung von Programmcode

Der analysierte Programmcode wird zur Laufzeit des Programms ausgeführt und ausgewertet. Wie Programmcode ausgewertet wird hängt von der verwendeten Programmiersprache ab. Die in dieser Arbeit beschriebene Methodik ist unabhängig von der verwendeten Programmiersprache. Die Definition eines generischen und formalen Ausführungsmodells würde jedoch den Rahmen dieser Arbeit sprengen. Aus diesem Grund werden an dieser Stelle informelle Beschreibungen der Programmauswertung verwendet. Die verwendeten Notationen repräsentieren die Ausführung des Programmcodes in der jeweiligen verwendeten Programmiersprache.

Die vorgestellte Methodik wurde im Rahmen dieser Arbeit prototypisch in C# implementiert. Die Funktionsweise der einzelnen Notationen werden daher anhand von kleinen Beispielen der Programmiersprache C# erörtert.

Definition 5.35 (Programmauswertung) *Die Auswertung einer Anweisungsmenge $\mathbb{S}$ wird mit folgender Syntax notiert:*

$$[\![\mathbb{S}]\!] \tag{5.7}$$

Beispiel: Sei $\mathbb{S} := \{\texttt{int a = 5; if(a<10) a++; b = 10-a;}\}$. *Die Notation* $[\![\mathbb{S}]\!]$ *beschreibt die Auswertung des Programmcodes* $\mathbb{S}$. *Nach der Ausführung dieses Beispiels gilt* $\mathtt{a} = 6$ *und* $\mathtt{b} = 4$.

Die Auswertung einer Anweisungsmenge $\mathbb{S}$ *unter Verwendung einer vorgegebenen Symbolmenge* $\mathbb{Y}$ *wird mit folgender Syntax notiert:*

$$[\![\mathbb{S}]\!][\mathbb{Y}] \tag{5.8}$$

Beispiel: Sei $\mathbb{S} := \{\texttt{int a = c; if(a<10) a++; b-= a;}\}$ *und* $\mathbb{Y} := \{\mathtt{c} \leftarrow 5, \mathtt{b} \leftarrow 10\}$. *Die Notation* $[\![\mathbb{S}]\!][\mathbb{Y}]$ *beschreibt die Auswertung des Programmcodes* $\mathbb{S}$ *mit den Werten der Symbolmenge* $\mathbb{Y}$. *Nach der Ausführung dieses Beispiels gilt wie bereits zuvor* $\mathtt{a} = 6$ *und* $\mathtt{b} = 4$.

Die Erfüllung einer Spezifikation γ *durch Auswertung einer Anweisungsmenge* $\mathbb{S}$ *wird mit folgender Syntax notiert:*

$$[\![\mathbb{S}]\!] \rightarrow \gamma \tag{5.9}$$

Beispiel: Sei $\mathbb{S} := \{\texttt{int a = 5; if(a<10) a++; b = 10-a;}\}$ *und* $\gamma := \{\mathtt{a} > 4\}$, *dann gilt* $[\![\mathbb{S}]\!] \vdash \gamma$.

Die Regeln der Programmauswertung entsprechen denen der jeweils repräsentierten Programmiersprache. Dies bedeutet, dass die Notation $[\![\mathbb{S}]\!]$ die tatsächliche Ausführung der Anweisungen $\mathbb{S}$ repräsentiert. Die Notation $[\![\mathbb{S}]\!][\mathbb{Y}]$ bedeutet, dass für die Ausführung von $[\![\mathbb{S}]\!]$ alle freien Variablen in $[\![\mathbb{S}]\!]$ die Werte aus der Symbolmenge $\mathbb{Y}$ zugewiesen werden.
Die Notation zur Auswertung kann auch für einzelne Anweisungen verwendet werden: $[\![\mathbb{s}]\!] \vdash \gamma$. Dies bedeutet, dass nach der Ausführung der Anweisung $\mathbb{s}$ die Spezifikation γ erfüllt ist.

Neben Anweisungsmengen können auch Spezifikationen und Symbole ausgewertet werden. Hierfür wird dieselbe Syntax wie für Anweisungsmengen verwendet.

Definition 5.36 (Auswertung Spezifikation) *Die Auswertung einer Spezifikation* γ *wird mit folgender Syntax notiert:*

$$[\![\gamma]\!] \tag{5.10}$$

Definition 5.37 (Auswertung Symbol) *Die Auswertung eines Symbols* $\mathbb{y}$ *bzw. einer Symbolmenge wird mit folgender Syntax notiert:*

$$[\![\mathbb{y}]\!], \quad [\![\mathbb{Y}]\!] \tag{5.11}$$

Ein ausgewertet Symbol referenziert den Wert des Symbols zur Laufzeit. Diese Syntax kann auch auf die Parameterliste einer Methode angewandt werden, da diese ebenfalls eine Menge an Symbolen darstellen:

$$[\![\vec{\mathbb{m}}]\!]$$

Diese Syntax beschreibt die Parameterwerte mit denen die Methode $\mathbb{m}$ zur Laufzeit aufgerufen wird.

Eine Spezifikation ist eine boolesche Bedingung an einen bestimmten Programmzustand. Die Belegung der freien Variablen einer Spezifikation bestimmen, ob diese nach *Wahr* oder *Falsch* ausgewertet wird.

Definition 5.38 (Erfüllende Belegung) *Sei $\mathbb{Y}$ die Menge der freien Variablen einer Spezifikation γ. Eine erfüllende Belegung ist eine Menge von Werten der Variablen in $\mathbb{Y}$, mit denen die Spezifikation γ nach wahr ausgewertet wird. Die folgende Syntax beschreibt eine erfüllende Belegung:*

$$[\![\gamma]\!][[\![\mathbb{Y}]\!]] \rightarrow \top \tag{5.12}$$

Die Notation bedeutet, dass für die Symbolmenge $\mathbb{Y}$ eine Wertebelegung gesucht wird, mit der die Spezifikation γ nach wahr ($\top$) ausgewertet wird. Analog kann die Syntax auch zur Definition einer verletzten Belegung verwendet werden. Bei dieser wird die Spezifikation nach falsch ($\bot$) ausgewertet.
Beispiel: Sei $\gamma := \{b > 5\}$. Die Notation $[\![\gamma]\!][[\![\mathbb{Y}]\!]] \rightarrow \top$ fordert das die Bedingung γ erfüllt wird. Für die freie Variable $\mathbb{b}$ in γ muss daher in $\mathbb{Y}$ ein Wert für $\mathbb{b}$ größer fünft gewählt werden.

5.3 Statische Codeanalyse

Die vorgestellte Methodik verwendet statische Codeanalyse für die Analyse des zu verifizierenden Programms. In diesem Abschnitt werden die grundlegenden Operatoren zur statischen Codeanalyse definiert.

5.3.1 Analyse des Kontrollflussgraphen

Die Grundlage vieler statischer Analyseoperatoren ist der Kontrollflussgraph (vgl. Abschnitt 2.2). Dieser wird u.a. dafür verwendet mögliche Ausführungspfade zu analysieren.

Die Knoten des Kontrollflussgraphen repräsentieren die Basisblöcke des untersuchten Programmabschnitts.

Definition 5.39 (Analyse von Basisblöcken) *Die Funktion $\boldsymbol{BB}(\langle\mathbb{S}\rangle) : \mathcal{P}(\mathbb{S}) \rightarrow \mathcal{P}(\mathbb{S})$ gibt die Menge aller maximal zusammenhängender Anweisungsmengen $\tilde{\mathbb{S}}$ in $\langle\mathbb{S}\rangle$ zurück:*

$$\boldsymbol{BB}(\langle\mathbb{S}\rangle) := \{\tilde{\mathbb{S}}^k \in \mathcal{P}(\langle\mathbb{S}\rangle) | \boldsymbol{SMAX}(\tilde{\mathbb{S}}^k, \langle\mathbb{S}\rangle)\} \tag{5.13}$$

Ein Kontrollflussgraph wird auf Basis einer geordneten Anweisungsmenge erstellt.

Definition 5.40 (Kontrollflussgraph) *Ein Kontrollflussgraph* $\mathbb{g} := (\mathbb{V}, \mathbb{E})$ *ist ein zusammenhängender, gerichteter Graph mit der Knotenmenge* $\mathbb{V}$ *und der Kantenmenge* $\mathbb{E}$.

Die Funktion $\boldsymbol{G}(\langle\mathbb{S}\rangle) : \mathcal{P}(\mathbb{S}) \to \mathbb{g}$ *erzeugt den Kontrollflussgraphen* $\mathbb{g}$, *basierend auf der geordneten Anweisungsmenge* $\langle\mathbb{S}\rangle$. *Jeder Knoten* $\mathbb{v} \in \mathbb{V}$ *repräsentiert eine maximal zusammenhängende Anweisungsmenge* $\tilde{\mathbb{S}}_i$ *in* $\langle\mathbb{S}\rangle$. *Die Notation* $\tilde{\mathbb{S}}_{\mathbb{v}_i}$ *verweist auf die von dem Knoten* $\mathbb{v}_i$ *repräsentierte Anweisungsmenge. Jede Kante repräsentiert die Ausführungsfolge zwischen der letzten Anweisung in* $\tilde{\mathbb{S}}_{\mathbb{v}_i}$ *und der ersten Anweisung in* $\tilde{\mathbb{S}}_{\mathbb{v}_j}$.

$$\boldsymbol{G}(\langle\mathbb{S}\rangle) := (\mathbb{V}, \mathbb{E}) \text{ mit } \begin{cases} \mathbb{V} := \{\mathbb{v}_i \mid \tilde{\mathbb{S}}_{\mathbb{v}_i} \in \boldsymbol{BB}(\langle\mathbb{S}\rangle)\} \\ \mathbb{E} := \{\mathbb{e} = (\mathbb{v}_i, \mathbb{v}_j) \mid \check{\mathbb{s}}_{\tilde{\mathbb{S}}_{\mathbb{v}_i}} \to \hat{\mathbb{s}}_{\tilde{\mathbb{S}}_{\mathbb{v}_j}}\} \end{cases} \tag{5.14}$$

Jeder Kontrollflussgraph hat genau einen Wurzelknoten $\hat{\mathbb{v}} \in \mathbb{V}$ *und ein oder mehrere Blätter* $\check{\mathbb{V}} \subset \mathbb{V}$. *Die Notation* $\mathbb{v}_i \to \mathbb{v}_j$ *gibt an, dass eine Kante* $\mathbb{e} = (\mathbb{v}_i, \mathbb{v}_j)$ *existiert:* $\mathbb{v}_i \to \mathbb{v}_j \Leftrightarrow \exists \mathbb{e} \in \mathbb{E} | \mathbb{e} = (\mathbb{v}_i, \mathbb{v}_j)$.

Definition 5.41 (Pfad im Kontrollflussgraph) *Ein Pfad* $\mathbb{p} := (\mathbb{e}_1, \ldots, \mathbb{e}_n)$ *mit den Kanten* $\mathbb{e}_i \in \mathbb{E}_{\mathbb{g}}$ *der Kantenmenge* $\mathbb{E}_{\mathbb{g}}$ *innerhalb des Kontrollflussgraphen* $\mathbb{g}$ *ist eine geordnete, zusammenhängende Menge an Kanten. Für jedes Kantenpaar* $\mathbb{e}_i, \mathbb{e}_{i+1} \in \mathbb{p}$ *mit* $\mathbb{e}_i := (\mathbb{v}_k^{\mathbb{e}_i}, \mathbb{v}_l^{\mathbb{e}_i})$ *und* $0 < i \leq |\mathbb{p}|$ *gilt* $\mathbb{v}_l^{\mathbb{e}_i} \to \mathbb{v}_k^{\mathbb{e}_{i+1}}$. *Die Notation* $\mathbb{v}_i \to^* \mathbb{v}_j, \mathbb{v}_i, \mathbb{v}_j \in \mathbb{V}_{\mathbb{g}}$ *verweist auf die Menge aller Pfade zwischen den Knoten* $\mathbb{v}_i$ *und* $\mathbb{v}_j$ *aus der Knotenmenge* $\mathbb{V}$ *des Kontrollflussgraphen* $\mathbb{g}$.

Definition 5.42 (Pfadbedingungen) *Die Funktion* $\phi(\mathbb{e} = (\mathbb{v}_i, \mathbb{v}_j)) : \mathbb{E} \to \Phi$ *beschreibt die Ausführungsbedingung, die nach der Ausführung der letzten Anweisung in* $\tilde{\mathbb{S}}_{\mathbb{v}_i}$ *erfüllt sein muss, damit als nächstes die erste Anweisung in* $\tilde{\mathbb{S}}_{\mathbb{v}_j}$ *ausgeführt wird.*

$$\phi(\mathbb{e} = (\mathbb{v}_i, \mathbb{v}_j)) := \phi \mid \check{\mathbb{s}}_{\tilde{\mathbb{S}}_{\mathbb{v}_i}} \to_\phi \hat{\mathbb{s}}_{\tilde{\mathbb{S}}_{\mathbb{v}_j}} \tag{5.15}$$

Die Funktion $\Phi(\mathbb{p}) : \mathcal{P}(\mathbb{E}) \to \Phi$ *beschreibt die kombinierte Ausführungsbedingung der Kanten* $\mathbb{e} \in \mathbb{p}$*:*

$$\Phi(\mathbb{p}) := \bigwedge_{\mathbb{e} \in \mathbb{p}} \phi(\mathbb{e}) \tag{5.16}$$

Die Pfadbedingung $\Phi(\mathbb{p})$ *muss erfüllt werden, damit der Pfad* $\mathbb{p}$ *ausgeführt wird.*

Eine Kante im Kontrollflussgraph verbindet zwei Knoten, von denen jeder eine maximale zusammenhängende Anweisungsmenge repräsentiert. Bei der Generierung von Beweiszielen ist es auch notwendig, zusammenhängende Anweisungsfolgen zwischen zwei Anweisungen $\mathbb{s}_v$ und $\mathbb{s}_w$ zu extrahieren. Diese Suche basiert auf dem Kontrollflussgraphen und verwendet folgende Operatoren:

Definition 5.43 (Suche nach Ausführungspfaden) *Die Funktion* $\bar{\boldsymbol{P}}(\mathbb{s}_v, \mathbb{s}_w, \langle\mathbb{S}\rangle) : \mathbb{S} \times \mathbb{S} \times \mathcal{P}(\mathbb{S}) \to \mathcal{P}(\mathbb{S})$ *ermittelt alle Ausführungspfade in* $\langle\mathbb{S}\rangle$ *zwischen der Anweisung* $\mathbb{s}_v$ *und* $\mathbb{s}_w$*:*

$$\bar{\boldsymbol{P}}(\mathbb{s}_v, \mathbb{s}_w, \langle\mathbb{S}\rangle) := \{\tilde{\mathbb{S}}_i \subseteq \langle\mathbb{S}\rangle \mid \mathbb{s}_v = \tilde{\mathbb{S}}[1] \wedge \mathbb{s}_w = \tilde{\mathbb{S}}[|\tilde{\mathbb{S}}_i|]\} \tag{5.17}$$

Die Funktion $\boldsymbol{P}(\mathbb{s}_v, \mathbb{S}_w, \langle\mathbb{S}\rangle) : \mathbb{S} \times \mathbb{S} \times \mathcal{P}(\mathbb{S}) \to \mathcal{P}(\mathbb{S})$ *ist wie folgt definiert:*

$$\boldsymbol{P}(\mathbb{s}_v, \mathbb{S}_w, \langle\mathbb{S}\rangle) := \bigcup_{\mathbb{s}_w \in \mathbb{S}_w} \bar{\boldsymbol{P}}(\mathbb{s}_v, \mathbb{s}_w, \langle\mathbb{S}\rangle) \tag{5.18}$$

5.3.2 Analyse von Methoden

Die Operatoren zur statischen Analyse von Methoden werden u.a. dafür genutzt die Beziehung zwischen Anweisungen und Methoden zu untersuchen.

Definition 5.44 (Ursprungsmethode) *Die Funktion $\boldsymbol{M}(\mathbb{s}) : \mathbb{S} \rightarrow \mathbb{M}$ gibt die Methode zurück, in deren Rumpf die Anweisung $\mathbb{s}$ enthalten ist:*

$$\boldsymbol{M}(\mathbb{s}) := \mathbb{m} \in \mathbb{M} \mid \mathbb{s} \in \langle\mathbb{S}\rangle_{\mathbb{m}} \tag{5.19}$$

Die Funktion $\boldsymbol{M}(\langle\mathbb{S}\rangle) : \mathcal{P}(\mathbb{S}) \rightarrow \mathbb{M}$ gibt die Methode zurück, aus welcher die geordnete Anweisungsmenge $\langle\mathbb{S}\rangle$ extrahiert wurde.

$$\boldsymbol{M}(\langle\mathbb{S}\rangle) := \mathbb{m} \in \mathbb{M} | \langle\mathbb{S}\rangle \subseteq \langle\mathbb{S}\rangle_{\mathbb{m}} \tag{5.20}$$

Die zurückgegebene Methode $\mathbb{m}$ wird in beiden Fällen Ursprungsmethode genannt.

Bei der Analyse des Kontrollflusses ist es wichtig Methodenaufrufe zu extrahieren und die Stellen zu finden, an denen eine Methode aufgerufen wird.

5.3.3 Analyse von Methodenaufrufen

Für die statische Analyse von Aufrufhierarchien ist es wichtig Methodenaufrufe aus Anweisungen extrahieren zu können. Bei der Analyse aufgerufener Methoden muss der dynamische Dispatch berücksichtigt werden. Dieser wurde in Abschnitt 2.1.1 anhand des Listing 2.1 auf Seite 16 erörtert. Die transitive Hülle einer Methode beschreibt die Menge an Methoden, die zur Laufzeit im Rahmen des dynamischen Dispatch aufgerufen werden können.

Definition 5.45 (Transitive Hülle einer Methode) *Eine Methode $\mathbb{m}_w$ der Klasse $\mathbb{c}_w$ ist zu einer Methode $\mathbb{m}_v$ der Klasse $\mathbb{c}_v$ transitiv, geschrieben als $\mathbb{m}_v \geq \mathbb{m}_w$, wenn $\mathbb{c}_v <^* \mathbb{c}_w \wedge \vec{\mathbb{m}}_v = \vec{\mathbb{m}}_w$ gilt. In diesem Fall kann im Rahmen der dynamischen Bindung anstelle der Methode $\mathbb{m}_w$ auch die Methode $\mathbb{m}_v$ aufgerufen werden. Die Funktion $\boldsymbol{M}^+(\mathbb{m}) : \mathbb{M} \rightarrow \mathcal{P}(\mathbb{M})$ gibt die transitive Hülle der Methode $\mathbb{m}$ zurück. Diese enthält alle Methoden in $\mathbb{M}$, die im Rahmen der dynamischen Bindung anstelle von $\mathbb{m}$ aufgerufen werden könnten:*

$$\boldsymbol{M}^+(\mathbb{m}) := \{\mathbb{m}_i \in \mathbb{M} \mid \mathbb{m}_i \geq \mathbb{m}\} \tag{5.21}$$

Für die Analyse aufgerufener Methoden werden folgende Funktionen definiert:

Definition 5.46 (Direkte aufgerufene Methoden) *Die Funktion $\boldsymbol{CM}(\mathbb{s}) : \mathbb{S} \rightarrow \mathcal{P}(\mathbb{M})$ gibt alle in der Anweisung $\mathbb{s}$ direkt aufgerufenen Methoden zurück.*

Beispiel: Sei m_1 = `sqrt()` und m_2 = `abs()`.
Für s_1 = `double a = sqrt(abs(-4));` gilt $\mathbf{CM}(\mathbb{s}_1) = \{m_1, m_2\}$.
Für s_2 = `double a = abs(-4);` gilt $\mathbf{CM}(\mathbb{s}_2) = \{m_2\}$.

Auf Grund der dynamischen Bindung kann während der statischen Analyse nicht immer festgestellt werden, welche Methode zur Laufzeit aufgerufen wird.

Definition 5.47 (Transtiv aufgerufene Methoden) *Die Funktion $\bar{CM}^{+}(\mathtt{s}) : \mathbb{S} \rightarrow \mathcal{P}(\mathbb{M})$ gibt für jede in* s *direkt aufgerufene Methode die transitive Hülle der aufgerufenen Methode zurück:*

$$\bar{CM}^{+}(\mathtt{s}) := \bigcup_{\mathtt{m} \in CM(\mathtt{s})} M^{+}(\mathtt{m}) \tag{5.22}$$

Für eine Anwendungsmenge $\mathbb{S}$ ist die Funktion $CM^{+}(\mathbb{S}) : \mathbb{S} \rightarrow \mathcal{P}(\mathbb{M})$ wie folgt definiert:

$$CM^{+}(\mathbb{S}) := \bigcup_{\mathtt{s} \in \mathbb{S}} \bigcup_{\mathtt{m} \in \bar{CM}(\mathtt{s})} M^{+}(\mathtt{m}) \tag{5.23}$$

Bezogen auf Listing 2.1 auf Seite 16 und den Methodenaufruf in der Anweisung
$\mathbb{S}$:= `bool b5 = i3.Within(2)` in Zeile 29 liefern die $\bar{\mathbf{CM}}^{+}(\mathtt{s})$-Funktion folgende Ergebnisse:
$\mathtt{m}_1$:= `OInterval::Within(int n)` und $\mathtt{m}_2$:= `CInterval::Within(int n)`. Dies ist der Fall, da die Klasse `CInterval` die Klasse `OInterval` erweitert und erst zur Laufzeit festgestellt werden kann, welche der beiden Implementierungen der `Within`-Methode in $\mathbb{S}$ aufgerufen wird.
Für die Analyse vollständiger Aufrufhierarchien ist es notwendig rekursiv die Methodenaufrufe einer Anweisung zu extrahieren.

Definition 5.48 (Rekursive Analyse aufgerufener Methoden) *Die Funktion $CM^{*}(\mathbb{S}) : \mathcal{P}(\mathbb{S}) \rightarrow \mathcal{P}(\mathbb{M})$ ermittelt für jede Anweisung in $\mathbb{S}$ die direkt aufgerufenen Methoden und die Liste aller transitiv aufgerufener Methoden:*

$$CM^{*}(\mathbb{S}) := \bigcup_{\mathtt{s} \in \mathbb{S}} \left(\{CM^{+}(\mathbb{S})\} \cup \bigcup_{\mathtt{m} \in CM^{+}(\mathtt{s})} CM^{*}(\langle \mathbb{S} \rangle_{\mathtt{m}}) \right) \tag{5.24}$$

Zusätzlich ist es auch wichtig die Anweisungen zu extrahieren, die den Aufruf zu einer Methode enthalten.

Definition 5.49 (Methodenaufrufe) *Die Funktion $MC(\mathtt{m}, \mathbb{S}) : \mathbb{M} \times \mathcal{P}(\mathbb{S}) \rightarrow \mathcal{P}(\mathbb{S})$ ermittelt die Menge aller Anweisungen in $\mathbb{S}$, die einen Aufruf der Methode* m *enthalten:*

$$MC(\mathtt{m}, \mathbb{S}) := \{\mathtt{s}_i \in \mathbb{S} \mid \mathtt{m} \in CM(\mathtt{s}_i)\} \tag{5.25}$$

Die Funktion $MC^{*}(\mathtt{m}, \mathbb{S}) : \mathbb{M} \times \mathcal{P}(\mathbb{S}) \rightarrow \mathcal{P}(\mathbb{S})$ gibt die Menge aller Anweisungen in $\mathbb{S}$ zurück, die im Rahmen des dynamischen Dispatch einen möglichen Aufruf der Methode m *enthalten:*

$$MC^{*}(\mathtt{m}, \mathbb{S}) := \bigcup_{\mathtt{m}_i \in M^{+}(\mathtt{m})} MC(\mathtt{m}_i, \mathbb{S}) \tag{5.26}$$

5.3.4 Analyse von Zugriffsberechtigungen

Bei der Analyse von Zugriffsberechtigungen wird geprüft, ob eine Anweisung auf ein Klassenelement zugreifen kann. Die folgende Funktion repräsentiert hierbei die Zugriffsregeln (vgl: Abschnitt 2.1.4) der jeweiligen Programmiersprache.

Definition 5.50 (Analyse von Zugriffsberechtigungen) *Das Prädikat* $\boldsymbol{IAC}(\mathbb{c},\mathbb{s}) : \mathbb{C} \times \mathbb{S} \rightarrow \{\top,\bot\}$ *ist genau dann wahr, wenn innerhalb der Anweisung* $\mathbb{s}$ *auf die Klasse* $\mathbb{c}$ *zugegriffen werden kann. Das Prädikat* $\mathbf{IAX}(\mathbb{x},\mathbb{s}) : \mathbb{X}_{\mathbb{c}} \times \mathbb{S} \rightarrow \{\top,\bot\}$ *ist genau dann wahr, wenn innerhalb der Anweisung* $\mathbb{s}$ *auf das Klassenelement* $\mathbb{x}$ *zugegriffen werden kann.*

Beispiel: Sei $\mathbb{x}_1$ ein privates (`private`) und $\mathbb{x}_2$ ein öffentlichen (`public`) Klassenattribute der Klasse $\mathbb{c}_1$. Sei des Weiteren $\mathbb{s}_1$ eine Anweisung innerhalb einer Methode der Klasse $\mathbb{c}_1$ und $\mathbb{s}_2$ eine Anweisung innerhalb einer Methode einer anderen Klasse. Innerhalb der Anweisung $\mathbb{s}_1$ kann auf beide Klassenattribute zugegriffen werden, da die Anweisung teil der Klasse $\mathbb{c}_1$ ist. Es gilt $\mathbf{IAX}(\mathbb{x}_1,\mathbb{s}_1) = \top$ und $\mathbf{IAX}(\mathbb{x}_2,\mathbb{s}_1) = \top$. Innerhalb der Anweisung $\mathbb{s}_2$ kann nur auf das Attribut zugegriffen $\mathbb{x}_2$ werden, da nur dieses Anweisung ein öffentlicher Teil der Klasse $\mathbb{c}_1$ ist. Es gilt $\mathbf{IAX}(\mathbb{x}_1,\mathbb{s}_2) = \bot$ und $\mathbf{IAX}(\mathbb{x}_2,\mathbb{s}_2) = \top$.

5.3.5 Analyse von Symbolen und Referenzen

Bei der Analyse von Symbolen wird analysiert, welche Variablen referenziert oder modifiziert werden:

Definition 5.51 (Symbolraum) *Der Symbolraum definiert die Menge an Symbolen die innerhalb einer Anweisungsmenge* $\langle\mathbb{S}\rangle$ *zur Verfügung stehen. Die Funktion* $\boldsymbol{Y}(\langle\mathbb{S}\rangle) : \mathcal{P}(\mathbb{S}) \rightarrow \mathcal{P}(\mathbb{Y})$ *ermittelt den Symbolraum der geordneten Anweisungsmenge* $\langle\mathbb{S}\rangle$.

Beispiel: Bezogen auf das Listing 5.1 auf Seite 80 enthält der Symbolraum des Konstruktors `ListItem` in Zeile 55 folgende Symbole: `this`, `value`, `this.Prev`, `this.Next`.

Es werden folgende Funktionen für die Analyse referenzierter Symbole $\mathbb{y} \in \mathbb{Y}$ verwendet:

Definition 5.52 (Direkt referenzierte Symbole) *Die Funktion* $\bar{\boldsymbol{Ref}}(\mathbb{s}) : \mathbb{S} \rightarrow \mathcal{P}(\mathbb{Y})$ *gibt alle in der Anweisung* $\mathbb{s}$ *referenzierten Symbole zurück. Ein Symbol* $\mathbb{y}$ *wird in* $\mathbb{s}$ *referenziert, wenn auf das Symbol* $\mathbb{y}$ *in der Anweisung* $\mathbb{s}$ *zugegriffen wird. Die Menge der in* $\mathbb{s}$ *direkt referenzierten Symbole enthält die in* $\mathbb{s}$ *referenzierten lokalen Variablen und alle in* $\mathbb{s}$ *referenzierten Klassenfelder. Die Menge der referenzierten Klassenfelder umfasst die Menge der statisch referenzierten Klassenfelder* $\mathbb{c}.\mathbb{F}$ *und die Menge der nicht statisch referenzierten Klassenfelder* $\mathbb{o}_{\mathbb{c}}.\mathbb{F}$. *Für eine Anwendungsmenge* $\mathbb{S} \subset \mathbb{S}_{\mathbb{Prog}}$ *ist die Funktion wie folgt definiert* $\boldsymbol{Ref}(\mathbb{S}) : \mathcal{P}(\mathbb{S}) \rightarrow \mathcal{P}(\mathbb{Y})$:

$$\boldsymbol{Ref}(\mathbb{S}) := \bigcup_{\mathbb{s}\in\mathbb{S}} \bar{\boldsymbol{Ref}}(\mathbb{s}) \tag{5.27}$$

Beispiel: Bezogen auf das Listing 5.1 auf Seite 80 enthält die Anweisung $\mathbb{s}$:= `this.head = newItem;` zwei direkt referenzierte Symbole $\bar{\mathbf{Ref}}(\mathbb{s}) = \{\mathbb{y}_1,\mathbb{y}_2\}$. $\mathbb{y}_1$:= `this.head` und $\mathbb{y}_2$:= `newItem`.

Definition 5.53 (Modifizierte Symbole) *Die Funktion* $\bar{\boldsymbol{Ref!}}(\mathbb{s}) : \mathbb{S} \rightarrow \mathcal{P}(\mathbb{Y})$ *gibt die Menge der Symbole zurück, deren Wert potentiell in* $\mathbb{s}$ *modifiziert wird. Für eine Anwendungsmenge* $\mathbb{S} \subset \mathbb{S}_{\mathbb{Prog}}$ *ist die Funktion wie folgt definiert* $\boldsymbol{Ref!}(\mathbb{S}) : \mathcal{P}(\mathbb{S}) \rightarrow \mathcal{P}(\mathbb{Y})$:

$$\boldsymbol{Ref!}(\mathbb{S}) := \bigcup_{\mathbb{s}\in\mathbb{S}} \bar{\boldsymbol{Ref!}}(\mathbb{s}) \tag{5.28}$$

Während der statischen Codeanalyse kann nicht immer festgestellt werden, ob der Wert eines Symbols modifiziert wird oder nicht. Aus diesem Grund können nur potentiell modifizierte Werte ermittelt werden.
Beispiel: Im Quelltext `if(j > 10) i = j` wird der Wert des Symbols i nur dann modifiziert, wenn $j > 10$ gilt. Ob j in diesem Kontext jedoch größer zehn ist, kann statisch nicht festgestellt werden. Ein komplexeres Beispiel sind Objektreferenzen, die als Argumente an eine Methode übergeben werden. Diese können in der Methode modifiziert werden. Basierend auf einer statischen Codeanalyse kann dies jedoch nicht bestimmt werden.

Die Analyse der referenzierten Symbole kann auch auf Spezifikationen angewandt werden.

Definition 5.54 (Referenzierte Symbole einer Spezifikation) *Der Funktion* $\boldsymbol{Ref}(\gamma) : \Gamma \rightarrow \mathcal{P}(\mathbb{Y})$ *ermittelt die in* γ *referenzierten Symbole.*

5.3.6 Analyse von Typen

Die folgenden Funktionen analysieren die Typen von Symbolen.

Definition 5.55 (Analyse statischer Typen) *Die Funktion* $\boldsymbol{T}(\mathbb{y}) : \mathbb{Y} \rightarrow \mathbb{T}$ *ermittelt den statischen Typ* $\mathbb{t}$ *des Symbols* $\mathbb{y}$.

Beispiel: Gegen sei die Anweisung $\mathbb{s}$ = `int i=5;`. Die Funktion **Ref**($\mathbb{s}$) gibt die Symbolmenge $\{\mathbb{y}_1 = \texttt{i}\}$ zurück. Die Funktion $\mathbf{T}(\mathbb{y}_1)$ gibt den Typ $\mathbb{t}_1 = \texttt{int}$ zurück.

Für die Analyse dynamischer Typen wird folgender Operator definiert:

Definition 5.56 (Analyse dynamischer Typen) *Die Funktion* $\boldsymbol{Tt}^*(\mathbb{t}) : \mathbb{T} \rightarrow \mathcal{P}(\mathbb{T})$ *ermittelt die Menge aller dynamischen Typen des Typs* $\mathbb{t}$*:*

$$\boldsymbol{Tt}^*(\mathbb{t}) := \{\mathbb{t}_i \in \mathbb{T}^{cmlx} | \mathbb{t} \leq \mathbb{t}_i\} \tag{5.29}$$

Die Funktion $\boldsymbol{T}^*(\mathbb{y}) : \mathbb{Y} \rightarrow \mathcal{P}(\mathbb{T})$ *ermittelt die Menge aller dynamischen Typen des analysierte Symbols* y*:*

$$\boldsymbol{T}^*(\mathbb{y}) := \boldsymbol{Tt}^*(\boldsymbol{T}(\mathbb{y})) \tag{5.30}$$

5.3.7 Analyse von Spezifikationen

Die Spezifikationen eines Programms werden im Quelltext mit speziellen Anweisungen definiert. Für die Analyse und Verifikation ist es in wichtig, diese spezifizierenden Anweisungen referenzieren zu können.

Definition 5.57 (Spezifizierende Anweisung) *Die Funktion* $\mathcal{S}(\gamma) : \Gamma \rightarrow \mathbb{S}$ *ermittelt die Anweisung, mit der die Spezifikation* γ *definiert wird.*

5.4 Beweiszielgenerierung

Die Programmspezifikation impliziert Anforderungen an die einzelnen Methoden und an die unterschiedlichen Ausführungspfade einer Methode. Der formale Korrektheitsbeweis der Gesamtsoftware wird auf mehrere kleinere Teilbeweise aufgeteilt. Dieses Vorgehen wird auch als modulare Verifikation bezeichnet [70]. Jeder Teilbeweis beschreibt die Anforderungen eines extrahierten Ausführungspfades. Die Ausführungspfade werden hierfür aus dem Kontrollflussgraphen der analysierten Methoden extrahiert. Die generierten Teilbeweise werden Beweisziel (engl. Proof Obligation) genannt.
Die Beweiszielgenerierung ist Schritt 1 in der Abbildung 1.4 auf Seite 10. Sie bildet die Grundlage der vorgestellten Methodik und dient der Erfüllung der Ziele **K1**-**K4** aus Abschnitt 1.2. Der modulare Verifikationsansatz vereinfacht die automatische Verifikation der funktionalen Korrektheit (**K1**-**K2**). Jedes Beweisziel referenziert nur einen einzelnen Programmpfad. Beweisziele, die nicht formal verifiziert werden konnten, können daher effizient getestet werden (**K3**). Jedes Beweisziel enthält eine Liste der getroffenen Annahmen. Dadurch können mögliche Auswirkungen von nicht verifizierbaren Beweiszielen effizient analysiert werden (**K4**).
Dieser Abschnitt beschreibt die allgemeinere Beweiszielgenerierung für Vorbedingungen, Nachbedingungen und Laufzeitbedingungen. Die spezielle Behandlung von Objekt-Invarianten wird in Abschnitt 5.5 beschrieben.

Die Beweiszielgenerierung basiert auf der Programmspezifikation.

Definition 5.58 (Programmspezifikation) *Die Programmspezifikation $\gamma \in \Gamma_{\mathbb{P}\mathrm{rog}}$ umfasst die Spezifikation der einzelnen Programmelemente. Dazu zählen die definierten Objet-Invarianten, Vor- und Nachbedingungen der Methoden und die Laufzeitbedingungen:*

$$\begin{aligned} \Gamma_{\mathbb{P}\mathrm{rog}} &:= \bigcup_{\mathbb{c}\in\mathbb{C}_{\mathbb{P}\mathrm{rog}}} \Gamma_{\mathbb{c}}^{inv} \\ &\cup \bigcup_{\mathbb{c}\in\mathbb{C}_{\mathbb{P}\mathrm{rog}}} \bigcup_{\mathbb{m}\in\mathbb{M}_{\mathbb{c}}} \left(\Gamma_{\mathbb{m}}^{pre} \cup \Gamma_{\mathbb{m}}^{post} \cup \Gamma_{\langle\mathbb{S}\rangle_{\mathbb{m}}}^{ass}\right) \end{aligned} \tag{5.31}$$

Definition 5.59 (Beweisziel) *Ein Beweisziel $\pi = (\Omega, \tilde{\mathbb{S}}, \phi) \in \Pi$ ist ein Tripel. Dieses beinhaltet eine Menge an Annahmen $\omega \in \Omega$ (engl. Assumptions), einen Ausführungspfad ($\tilde{\mathbb{S}}$) und die Zielformel (engl. verification goal) (ϕ). Zur Referenzierung der einzelnen Komponenten eines bestimmten Beweisziels $\pi \in \Pi$ wird die Notation Ω_π, $\tilde{\mathbb{S}}_\pi$ und ϕ_π verwendet. Die Annahmen $\omega \in \Omega$ und die Zielformel ϕ sind als Formeln in Prädikatenlogik repräsentiert.*

Jede Spezifikation $\gamma \in \Gamma_{\mathbb{P}\mathrm{rog}}$ wird durch ein oder mehrere Beweisziele abgedeckt.

Definition 5.60 (Beweiszielgenerierung) *Die Funktion $\Pi(\gamma) : \Gamma_{\mathbb{P}\mathrm{rog}} \to \mathcal{P}(\Pi)$ gibt die Menge der Beweisziele zurück, welche für die Spezifikation γ generiert wurden.*

Die einzelnen Zielformeln der Beweisziele werden basierend auf den Spezifikationen $\gamma_i \in \Gamma$ generiert. Für die Verwendung der Spezifikationen als Zielformel müssen die Symbole der Spezifikationen auf den Symbolraum des Beweisziels abgebildet werden.
Beispiel: Gegeben sei die Methode $\mathbb{m}_1$ = `sqrt(a)`. Diese berechnet die Wurzel des Parameters `a`. Für diese Methode ist die Vorbedingung γ_1^{pre} = `(a > 0)` definiert. Der Symbolraum

der Methode $\mathbb{m}_1$ enthält dass Symbol $\mathtt{Y}(\mathbb{m}_1) = \{\mathtt{y}_1 = \mathtt{a}\}$. Die Methode wird in einer Anweisung mit dem Argument b aufgerufen: $\mathbb{s}_1 = \mathtt{sqrt(b)}$. Der Symbolraum des Methodenaufrufs enthält das Symbol b. Zur Prüfung der Vorbedingung muss der Symbolraum des Methodenaufrufes auf den Symbolraum der Methode abgebildet werden. In diesem Fall muss bei Generierung des entsprechenden Beweiszieles π der Parameter a in der Zielformel ϕ_π durch das Argument b ersetzt werden. Die Abbildung ergibt sich direkt aus der Zuordnung der übergebenen Argumente auf die Liste der definierten Parameter. Nach der Abbildung der Spezifikation $\gamma_1^{pre} = \mathtt{(a > 0)}$ aus dem Symbolraum der sqrt-Methode in den Symbolraum des Methodenaufrufs lautet die Zielformel (b > 0).

Definition 5.61 (Abbildung zwischen Symbolräumen) *Sei $\gamma_i \in \Gamma$ eine Spezifikation mit dem Symbolraum $\mathbf{Y}(\langle\mathbb{S}\rangle_i)$. Sei des Weiteren $\pi_j = (\Omega, \tilde{S}, \phi) \in \Pi(\gamma_i)$ ein Beweisziel, welches basierend auf der Spezifikation γ_i generiert wurde und den Symbolraum $\mathbf{Y}(\tilde{\mathbb{S}}_{\pi_j})$ verwendet.*

Die Funktion $\langle\!\langle \gamma_i \rangle\!\rangle_{\mathbf{Y}(\langle\mathbb{S}\rangle_i)}^{\mathbf{Y}(\tilde{\mathbb{S}}_{\pi_j})} : \Gamma \times \mathcal{P}(\mathbb{Y}) \times \mathcal{P}(\mathbb{Y}) \to \Gamma$ bildet die Symbole der Spezifikation γ_i von dem Symbolraum $\mathbf{Y}(\langle\mathbb{S}\rangle_i)$ auf den Symbolraum $\mathbf{Y}(\tilde{\mathbb{S}}_{\pi_j})$ ab.

Als Kurzform für diese Notation wird auch folgende Syntax verwendet: $\langle\!\langle \gamma_i \rangle\!\rangle_{\langle\mathbb{S}\rangle_i}^{\tilde{\mathbb{S}}_{\pi_j}}$.

Beispiel: $\langle\!\langle \gamma_1^{pre} \rangle\!\rangle_{\tilde{\mathbb{S}}_{\mathbb{m}_1}}^{\mathbb{s}_1}$ ergibt $\bar{\gamma}_1^{pre} = \mathtt{b > 0}$.

5.4.1 Annahmen bei der Beweiszielgenerierung

Bei der Verifikation eines einzelnen Beweisziels $\pi := (\Omega, \tilde{\mathbb{S}}, \phi)$ werden Annahmen bezüglich der Korrektheit der restlichen Software getroffen. Diese Annahmen umfassen folgende Programmeigenschaften:

1. Vorbedingungen der Methode, aus welcher der analysierte Ausführungspfad $\tilde{\mathbb{S}}_\pi$ extrahiert wurde
2. Nachbedingungen aller Methoden, die im analysierten Ausführungspfad $\tilde{\mathbb{S}}_\pi$ aufgerufen werden
3. Laufzeitbedingungen die innerhalb des analysierten Ausführungspfad $\tilde{\mathbb{S}}_\pi$ definiert sind
4. Invarianten der im analysierten Programmpfad verwendeten Objekte

Welche Invarianten als Annahme verwendet werden können steht in enger Verbindung mit der verwendeten Methodik zur Behandlung von Invarianten. Dies wird detailliert in Abschnitt 5.5.3 erörtert. Mit der Ausnahme der Annahmen aus (4) ist die Funktion $\Omega(\langle\mathbb{S}\rangle) : \mathcal{P}(\mathbb{S}) \to \mathcal{P}(\Gamma)$ für die sortierte Anweisungsmenge $\langle\mathbb{S}\rangle$ wie folgt definiert:

$$\Omega(\langle\mathbb{S}\rangle) := \Gamma_{\mathbf{M}(\langle\mathbb{S}\rangle)}^{pre} \cup \bigcup_{\mathbb{m} \in \mathbf{CM}(\langle\mathbb{S}\rangle)} \{\langle\!\langle \Gamma_{\mathbb{m}}^{post} \rangle\!\rangle_{\langle\mathbb{S}\rangle}^{\langle\mathbb{S}\rangle_{\mathbb{m}}} \cup \Gamma_{\langle\mathbb{S}\rangle}^{ass}\} \tag{5.32}$$

Die Menge aller Annahmen ergibt sich aus den Annahmen der einzelnen Beweisziele.

Definition 5.62 (Menge aller Annahmen) *Die Menge aller Annahmen $\omega \in \Omega$ ist:*

$$\Omega := \bigcup_{\pi \in \Pi} \Omega(\tilde{\mathbb{S}}_\pi) \tag{5.33}$$

Eine Annahme $\omega \in \Omega_\pi$ basiert stets eindeutig auf einer Spezifikation $\gamma \in \Gamma$. Diese Abbildung wird später dafür verwendet, die Beziehung zwischen nicht verifizierbaren Annahmen und den abhängigen Beweiszielen zu analysieren.

Definition 5.63 (Ursprungsspezifikation) *Die Funktion $\Gamma(\omega) : \Omega \to \Gamma$ verweist auf die Spezifikation $\gamma \in \Gamma$, auf deren Basis die Annahme ω generiert wurde.*

Basierend auf den Spezifikationen werden Beweisziele generiert. Während dieser Generierung kann die Beziehung zwischen Beweisziel, Spezifikation und Annahme gespeichert werden.

Definition 5.64 (Äquivalenz Annahme und Zielformel) *Eine Annahme $\omega \in \Omega$ ist äquivalent zu einer Zielformel ϕ_π eines Beweisziels π, geschrieben als $\omega \equiv \phi_\pi$, wenn die Zielformel der Ursprungsspezifikation der Annahme entspricht:*

$$\omega \equiv \phi_\pi \Leftrightarrow \pi \in \Pi(\Gamma(\omega)) \tag{5.34}$$

Beispiel: Gegeben sei die Methode $\mathbb{m}_1$ = `sqrt(a)`. Für diese Methode ist die Vorbedingung γ_1^{pre} = `(a > 0)` und die Nachbedingung γ_1^{post} = `(result > 0)` definiert. Die Variable `result` repräsentiert den Rückgabewert der Methode. Für die Verifikation der Nachbedingung der Methode $\mathbb{m}_1$ wird ein Beweisziel π_j generiert. Bei der Verifikation des Beweisziel π_j wird die Gültigkeit der Vorbedingung γ_1^{pre} postuliert. Das bedeutet π_j verwendet als Annahme ω_1 = `(a > 0)` = γ_1^{pre}. Die Funktion $\Gamma(\omega_1)$ ergibt γ_1^{pre}.
Die Methode $\mathbb{m}_1$ wird in der Anweisung $\mathbb{s}_1$ = `sqrt(b)` aufgerufen. Der Aufruf muss die Vorbedingung γ_1^{pre} berücksichtigen. Hierfür wird ein weiteres Beweisziel π_k generiert, dessen Zielform ist ϕ_{π_k} = `b > 0`. Die Zielformel ϕ_{π_k} basiert daher auf der Spezifikation γ_1^{pre}. Somit gilt $\pi_k \in \Pi(\gamma_1^{pre})$ und $\omega_1 \equiv \phi_{\pi_k}$.

5.4.2 Beweiszielgenerierung für Vorbedingungen

Vorbedingungen $\gamma^{pre} \in \Gamma_{\mathbb{m}}^{pre}$ werden für Methoden definiert, um Anforderungen an die Argumente zu stellen, mit denen eine Methode aufgerufen wird. Die Einhaltung der Vorbedingungen muss bei jedem Aufruf der Methode überprüft werden, für die sie definiert wurde. Dieses Vorgehen wurde in Abschnitt 2.4.1 beschrieben.
Sei $\gamma_v^{pre} \in \Gamma_{\mathbb{m}_w}^{pre}$ eine Vorbedingung der Methode $\mathbb{m}_w$. Für die Generierung der Beweisziele der Vorbedingung γ_v^{pre} werden alle Ausführungspfade in $\mathbb{Prog}$ untersucht, welche die Methode $\mathbb{m}_w$ aufrufen könnten. Im Folgenden wird diese Menge als $\tilde{\mathcal{S}}_{pre_v}$ bezeichnet:

$$\tilde{\mathcal{S}}_{\gamma_v^{pre}}, \gamma_v^{pre} \in \Gamma_{\mathbb{m}_w}^{pre} := \bigcup_{\mathbb{s}_k \in \mathbf{MC}^*(\mathbb{m}_w, \mathbb{S}_{\mathbb{Prog}})} \; \bigcup_{\mathbb{m}_j \in \mathbf{M}(\mathbb{s}_k)} \mathbf{P}(\hat{\mathbb{s}}_{\langle \mathbb{S} \rangle_{\mathbb{m}_j}}, \mathbb{s}_i, \langle \mathbb{S} \rangle_{\mathbb{m}_j}) \tag{5.35}$$

Zuerst wird mit der Syntax $\mathbb{s}_k \in \mathbf{MC}^*(\mathbb{m}_w, \mathbb{S}_{\mathbb{Prog}})$ die Menge aller Anweisungen ermittelt, die im Rahmen des dynamischen Dispatch einen Aufruf der Methode $\mathbb{m}_w$ enthalten. Im zweiten

Schritt wird mit der Syntax $\mathtt{m}_j \in \mathbf{M}(\mathtt{s}_k)$ für jede Anweisung $\mathtt{s}_k$ die Methode $\mathtt{m}_l \in \mathsf{M}_{\mathtt{Prog}}$ ermittelt, welche die Anweisung $\mathtt{s}_k$ enthält. Zuletzt wird mit $\mathbf{P}(\hat{\mathtt{s}}_{\langle\mathsf{S}\rangle_{\mathtt{m}_j}}, \mathtt{s}_i, \langle\mathsf{S}\rangle_{\mathtt{m}_j})$ die Menge der zu analysierenden Ausführungspfade $\tilde{\mathsf{S}}_{\gamma_v^{pre}}$ generiert.
Für jede Vorbedingungen $\gamma_v^{pre} \in \Gamma_{\mathtt{m}_w}^{pre}$ aller Methoden $\mathtt{m}_w \in \mathsf{M}_{\mathtt{Prog}}$ wird pro Ausführungspfad $\tilde{\mathsf{S}}_k \in \tilde{\mathcal{S}}_{\gamma_v^{pre}}$ ein Beweisziel generiert:

$$\Pi(\gamma_v^{pre}), \gamma_v^{pre} \in \Gamma_{\mathtt{m}_w}^{pre} := \bigcup_{\tilde{\mathsf{S}}_k \in \tilde{\mathcal{S}}_{\gamma_v^{pre}}} \left\{ \left(\Omega(\tilde{\mathsf{S}}_k), \tilde{\mathsf{S}}_k, \langle\!\langle \gamma_v^{pre} \rangle\!\rangle_{\langle\mathsf{S}\rangle_{\mathtt{m}_w}}^{\tilde{\mathsf{S}}_k} \right) \right\} \tag{5.36}$$

5.4.3 Beweiszielgenerierung für Nachbedingungen

Nachbedingungen $\gamma^{post} \in \Gamma_{\mathtt{m}}^{post}$ werden für Methoden definiert. Eine Nachbedingung stellt Anforderungen an den Rückgabewert oder den Programmzustand nach der Ausführung der Methode. Die Einhaltung einer Nachbedingung muss für jeden Ausführungspfad innerhalb einer Methode verifiziert werden. Dieses Vorgehen wurde in Abschnitt 2.4.2 beschrieben.
Sei $\gamma_v^{post} \in \Gamma_{\mathtt{m}_w}^{post}$ eine Nachbedingung der Methode $\mathtt{m}_w$. Für die Generierung der Beweisziele der Nachbedingung γ_v^{post} werden alle möglichen Programmpfade des Methodenrumpfs $\langle\mathsf{S}\rangle_{\mathtt{m}_w}$ untersucht. Im Folgenden wird diese Menge als $\tilde{\mathcal{S}}_{\mathtt{m}_w}$ bezeichnet:

$$\tilde{\mathcal{S}}_{\mathtt{m}_w} := \bigcup_{\check{\mathtt{s}}_i \in \check{\mathsf{S}}_{\langle\mathsf{S}\rangle_{\mathtt{m}_w}}} \mathbf{P}(\hat{\mathtt{s}}_{\langle\mathsf{S}\rangle_{\mathtt{m}_w}}, \check{\mathtt{s}}_i, \langle\mathsf{S}\rangle_{\mathtt{m}_w}) \tag{5.37}$$

Als Zielformel der generierten Beweisziele dient die zu verifizierende Nachbedingung $\gamma_v^{post} \in \Gamma_{\mathtt{m}_w}^{post}$. Für jede Nachbedingung $\gamma_v^{post} \in \Gamma_{\mathtt{m}_w}^{post}$ aller Methoden $\mathtt{m}_w \in \mathsf{M}_{\mathtt{Prog}}$ wird pro Ausführungspfad $\tilde{\mathsf{S}}_k \in \tilde{\mathcal{S}}_{m_w}$ ein Beweisziel generiert:

$$\Pi(\gamma_v^{post}), \gamma_v^{post} \in \Gamma_{\mathtt{m}_w}^{post} := \bigcup_{\tilde{\mathsf{S}}_k \in \tilde{\mathcal{S}}_{m_w}} \left\{ \left(\Omega(\tilde{\mathsf{S}}_k), \tilde{\mathsf{S}}_k, \gamma_v^{post} \right) \right\} \tag{5.38}$$

5.4.4 Beweiszielgenerierung für Laufzeitbedingungen

Laufzeitbedingungen $\gamma^{ass} \in \Gamma_{\langle\mathsf{S}\rangle}^{ass}$ werden innerhalb eines Ausführungspfades definiert, um Anforderungen an den aktuellen Programmzustand zu definieren. Dieses Vorgehen wurde in Abschnitt 2.4.4 beschrieben.
Sei $\gamma_u^{ass} \in \Gamma_{\langle\mathsf{S}\rangle}^{ass}$ eine Laufzeitbedingung innerhalb der sortierten Anweisungsmenge $\langle\mathsf{S}\rangle$. Die Anweisung $\mathtt{s}_v := \mathbf{S}(\gamma_u^{ass})$ referenziert die Anweisung, mit der die Laufzeitbedingung γ^{ass} definiert ist. Die Methode $\mathtt{m}_w := \mathbf{M}(\mathtt{s}_v)$ referenziert die Ursprungsmethode $\mathtt{m}_w$, in der die Laufzeitbedingung definiert ist. Für die Generierung der Beweisziele der Laufzeitbedingungen γ_u^{ass} werden alle möglichen Ausführungspfade der Ursprungsmethode $\mathtt{m}_w$ analysiert, die zu der Laufzeitbedingung γ_u^{ass} führen können. Im Folgenden wird diese Menge als $\tilde{\mathcal{S}}_{\gamma_u^{ass}}$ bezeichnet:

$$\tilde{\mathcal{S}}_{\gamma_u^{ass}}, \gamma_u^{ass} \in \Gamma_{\langle\mathsf{S}\rangle}^{ass} := \mathbf{P}(\hat{s}_{\langle\mathsf{S}\rangle_{\mathbf{M}(\mathbf{S}(\gamma_u^{ass}))}}, \mathbf{S}(\gamma_u^{ass}), \langle\mathsf{S}\rangle_{\mathbf{M}(\mathbf{S}(\gamma_u^{ass}))}) \tag{5.39}$$

Als Zielformel dient die zu verifizierende Laufzeitbedingung $\gamma_u^{ass} \in \Gamma_{\langle \mathbb{S} \rangle}^{ass}$. Für jede Laufzeitbedingung $\gamma_u^{ass} \in \Gamma_{\langle \mathbb{S} \rangle}^{ass}$ wird pro Ausführungspfad in $\tilde{\mathcal{S}}_{\gamma_u^{ass}}$ ein Beweisziel generiert:

$$\Pi(\gamma_u^{ass}), \gamma_u^{ass} \in \Gamma_{\langle \mathbb{S} \rangle}^{ass} := \bigcup_{\tilde{\mathbb{S}}_k \in \tilde{\mathcal{S}}_{\gamma_u^{ass}}} \{(\Omega(\tilde{\mathbb{S}}_k), \tilde{\mathbb{S}}_k, \gamma_u^{ass})\} \tag{5.40}$$

5.5 Flexible Objekt-Invarianten

Die Daten eines objektorientierten Programms werden als Klassenfelder in Objekten gespeichert, deren gültige Wertebereiche durch Objekt-Invarianten spezifiziert werden. Für die korrekte Funktionsweise eines Programms ist die Einhaltung der definierten Wertebereiche essentiell. Aus diesem Grund ist die Behandlung von Objekt-Invarianten ein wichtiger Bestandteil der Beweiszielgenerierung.

In Kapitel 4.2 wurden unterschiedliche Methoden zur Behandlung von Objekt-Invarianten vorgestellt. Diese Methoden implementieren unterschiedliche Semantiken von Objekt-Invarianten, die wiederum definieren, wann eine Objekt-Invariante verletzt werden darf und wann diese gültig sein muss.

Für diese Arbeit wurde eine neue Methodik zur Behandlung von Objekt-Invarianten entwickelt. Diese hat das Ziel flexibler zu sein als die Visible State Technik (vgl. Abschnitt 4.2.1) und gleichzeitig weniger Spezifikationsaufwand zu benötigen als ownereship-basierte Verfahren (vgl. Abschnitt 4.2.2). Dadurch sollen diese in Abschnitt 3.1 definierten Ziele **I1-I3** erfüllt werden.

5.5.1 Die Idee zur flexiblen Behandlung von Objekt-Invarianten

Das vorgestellte Verfahren kombiniert zwei Kernideen zur flexiblen Behandlung von Objekt-Invarianten:

Pfad basierte Verifikation: Die erste Kernidee des vorgestellten Verfahrens ist, dass mit Hilfe statischer Codeanalyse die Codestellen identifiziert werden, die eine Invariante verletzen können und die von der Gültigkeit einer Invariante abhängen. Als Grundlage für beide Analysen dient die Menge der von einer Invariante referenzierten Variablen. Invarianten können verletzt werden, wenn sich der Wert einer referenzierten Variable verändert und der neue Wert den definierten gültigen Wertebereich verletzt. Eine Anweisung kann eine Invariante verletzen, wenn diese eine Variable modifiziert, die von einer Invariante referenziert wird. Eine Anweisung ist abhängig von einer Invariante, wenn die Anweisung eine Variable referenziert bzw. liest, deren Wertebereich durch eine Invariante definiert wird. Für die Verifikation einer Invariante muss bewiesen werden, dass nach einer möglichen Verletzung der Invariante deren Gültigkeit wieder sichergestellt wird, bevor eine Codestelle ausgeführt werden kann, die von der Einhaltung der Invariante abhängt. Dafür werden die Programmpfade zwischen der Verletzung einer Invariante und den Anweisungen, die deren Gültigkeit fordert, extrahiert und analysiert. Diese Pfade werden im Rahmen dieser Arbeit Wiederherstellungspfade genannt, da sie nach der Verletzung einer Invariante für deren Wiederherstellung verantwortlich sind. Deren wird in Abschnitt 5.5.6 beschrieben.

Unterstützung von Zugriffsberechtigungen: Aktuelle Methoden zur Behandlung von Objekt-Invarianten (vgl. Abschnitt 4.2) betrachten diese als interne Eigenschaft definierter Klassen. Methoden anderer Klassen haben dadurch keinen Zugriff auf die Invarianten einer Klasse und können diese weder aktiv prüfen noch wiederherstellen. Dies unterscheidet Invarianten von Vor- und Nachbedingungen, die als öffentlicher Teil einer Methodenspezifikation gesehen werden. Wird beispielsweise eine Methode $sqrt(a)$ zur Berechnung der Wurzel von a aufgerufen, muss der aufrufende Programmcode sicherstellen, dass der Wert des Parameters a positiv ist. Der aufrufende Programmcode prüft dadurch aktiv die Gültigkeit der Vorbedingung der $sqrt$-Methode.
Als zweite Kernidee wird dieses Konzept auch auf Objekt-Invarianten angewendet. Dafür unterstützt die hier vorgestellte Methode Zugriffsberechtigungen (vgl. Abschnitt 2.1.4) für Invarianten. Die Semantik von Zugriffsberechtigungen für Objekt-Invarianten ist identisch zu der von Methoden oder Klassenfeldern. Durch die Definition von Zugriffsberechtigungen wird es dem Entwickler ermöglicht frei zu definieren, ob eine Invariante eine interne (*private*) oder öffentliche (*public*) Eigenschaft einer Klasse beschreibt. Öffentliche Invarianten sind auch in externen Methoden sichtbar und können von diesen temporär verletzt werden. Die Idee dabei ist, dass die Invariante in der externen Methode bekannt ist. In einer externe Methode könnte eine Invariante dadurch bewusst und temporär verletzten werden. Im Anschluss an diese temporäre Verletzung, sollte aber auch wieder dafür gesorgt werden, dass die Invariante wieder erfüllt wird. Interne Invarianten sind nur innerhalb der selben Klasse sichtbar. Diese dürfen nur durch Methoden der selben Klasse verletzt werden und müssen nach dem beenden einer öffentlichen Methode dieser Klasse gültig sein.

Das Listing 5.2 zeigt ein Beispiel zur Idee der flexiblen Behandlung von Invarianten. In dem Beispiel wird die Klasse `Interval` definiert. Diese enthält zwei Klassenfelder `min` und `max`. In Zeile 8 wird die Invariante definiert. Diese verlangt, dass die untere Grenze des Intervalls `min` nie größer ist als die obere Grenze `max`. Dafür referenziert die Invariante die beiden Variablen `min` und `max`. Die Zeile 6 enthält die neu eingeführte Definition der Zugriffsberechtigung. Die verwendete Syntax wird in Abschnitt 6.1.2.2 beschrieben. In diesem Beispiel wird eine öffentliche Invariante definiert. Die `Size`-Methode der `Interval`-Klasse liest in Zeile 13 die Klassenfelder `min` und `max`. Die `Size`-Methode hängt dadurch von der Gültigkeit dieser Invariante ab.
Die `UpdateInterval`-Methode der `UseInterval`-Klasse ist bzgl. der Invariante eine externe Methode, da diese in einer anderen Klasse definiert ist. Dennoch kann sie auf die Invariante zugreifen, da diese als öffentliche Eigenschaft der `Interval`-Klasse definiert wurde. Basierend auf der Kenntnis der Invariante kann in Zeile 20 aktiv geprüft werden, ob die Variablen `newMin` und `newMax` ebenfalls die Anforderungen der Invariante erfüllen. Aus diesem Grund erlaubt die vorgestellte Methodik in Zeile 21 die Modifikation der von der Invariante referenzierten Klassenfelder. Diese Modifikation könnte die Invariante verletzen. Wäre die Invariante als interne Eigenschaft der `Interval`-Klasse definiert worden, würde die vorgestellte Methodik diese Modifikation nicht zulassen. Es muss daher sichergestellt werden, dass die Invariante nach dieser Modifikation wieder gültig ist. Dies wird durch die

```
0 public class Interval
1 {
2   public int min;
3   public int max;
4
5   [ContractInvariantMethod]
6   [InvariantMethod(Veritatest.InvariantVisbility.PUBLIC)]
7   private void Invariant() {
8     Contract.Invariant(this.min <= this.max);
9   }
10
11  public int Size() {
12    Contract.Ensures(Contract.Result<int>() >= 0);
13    return this.max - this.min;
14  }
15 }
16
17 class UseInterval
18 {
19   public UpdateInterval(int newMin, int newMax. Interval i) {
20       if(newMin <= newMax) {
21         i.min = newMin;
22         i.max = newMax;
23       }
24       int size = i.Size();
25   }
26 }
```

Listing 5.2: Beispiel für Behandlung von Objekt-Invarianten unter Berücksichtigungen von Zugriffsberechtigungen

aktive Prüfung der Werte in Zeile 20 garantiert. Dies erlaubt den Aufruf der abhängigen `Size`-Methode in Zeile 24.

Mit Hilfe der beiden Ideen können die Anforderungen **I1-I3** aus Abschnitt 3.1 erfüllt werden. In der vorgestellten Methode kann für jede Invariante eine individuelle Zugriffsberechtigung definiert werden. Für die Beweiszielgenerierung wird für jede Invariante die Menge der referenzierten Variablen extrahiert. Basierend auf der individuellen Zugriffsberechtigung und Variablenmenge einer Invariante werden die zu analysierenden Ausführungspfade extrahiert. Diese Ausführungspfade verbinden Anweisungen, die eine Invariante verletzen können und Anweisungen die von der Einhaltung dieser Invariante abhängig sind. Auf Grund der pfadbasierten Analyse von Objekt-Invarianten, können diese auch in externen Methoden verletzt werden. Dadurch wird das Ziel **I1** erfüllt. Bei der Generierung der zu analysierenden Pfade wird zwischen einzelnen Invarianten unterschieden. Dies erlaubt auch eine Unterscheidung zwischen validen und invaliden Objekt-Invarianten. Dadurch wird das Ziel **I2** erfüllt.
Basierend auf der Zugriffsberechtigung kann bestimmt werden, ob externe Methoden Invarianten verletzen dürfen oder nicht. Es werden keine weiteren Spezifikationen benötigt, da das Verfahren allein auf der Datenflussanalyse basiert. Dadurch wird das Ziel **I3** erfüllt.

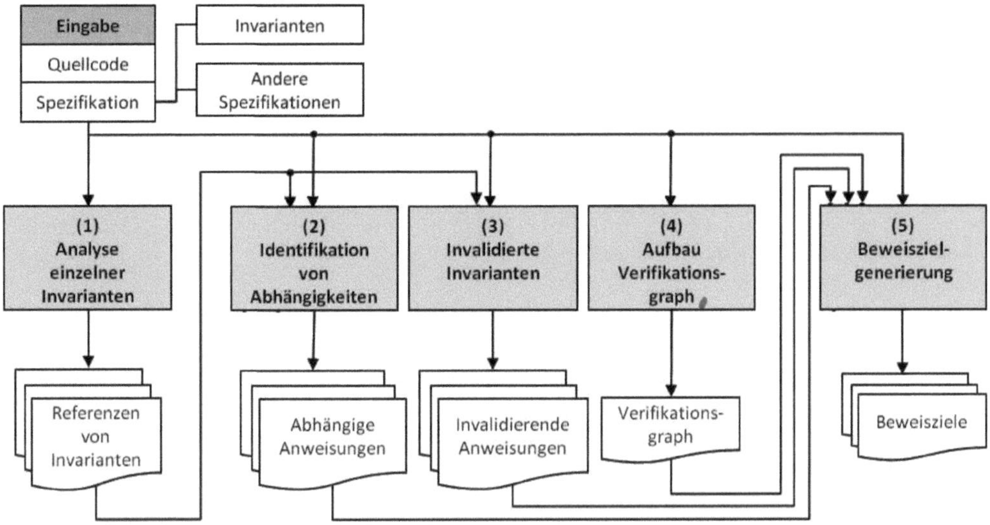

Abbildung 5.1: Illustration der Methodik zur Behandlung von Invarianten

Das Verfahren zur Generierung von Beweiszielen für Objekt-Invarianten ist in fünf Schritten unterteilt. Diese sind in Abbildung 5.1 auf Seite 101 illustriert.
In Schritt (1) werden aus jeder Invariante die Menge der referenzierten Variable extrahiert. Diese dient als Grundlage der statischen Analyse in den zwei folgenden Schritten. In Schritt (2) werden Programmabschnitte gesucht, die von der Gültigkeit einer Invariante abhängen. In Schritt (3) werden die Programmabschnitte gesucht, die einzelne Invarianten verletzen könnten. In Schritt (4) wird der Verifikationsgraph generiert. Dieser Graph repräsentiert alle möglichen Methodenaufrufe innerhalb des zu analysierenden Programms. In Schritt (5) werden für jeden im Verifikationsgraph repräsentierten Ausführungspfad Beweisziele generiert. Diese stellen sicher, dass eine Invariante nach einer möglichen Verletzung wiederhergestellt wird.

5.5.2 Schritt 1: Grundlegende Analyse von Invarianten

In Schritt (1) werden die statischen Analyseverfahren eingeführt, die als Grundlagen für das gesamte Verfahren dienen:
Das in diesem Abschnitt vorgestellte Verfahren führt Zugriffsberechtigungen für Invarianten ein, die es in bisherigen Standards gängiger objektorientierter Sprachen nicht gibt. Für deren Analyse wird das Prädikat **IAI**() definiert.

Definition 5.65 (Analyse für Zugriffsberechtigungen für Invarianten) *Das Prädikat* $\boldsymbol{IAI}(\gamma^{inv}, \mathbb{s}) : \Gamma^{inv} \times \mathbb{S} \mapsto \{\top, \bot\}$ *ist genau dann wahr, wenn die Invariante* γ^{inv} *für eine Anweisung* $\mathbb{s}$ *sichtbar ist.*

Bei dieser Prüfung gelten die gleichen Regeln bzgl. der Zugriffsberechtigung wie für Methoden.

Die Referenzen der Invarianten werden mit der Funktion **Ref**() analysiert. Dies ist erforderlich, um später die Codestellen identifizieren zu können, die eine Invariante potentiell invalidieren oder von derer Gültigkeit abhängen. Invarianten dürfen direkt oder transitiv auf Felder der eigenen oder anderer Klassen verweisen. Transitive Verweise müssen über seiteneffektfreie Methodenaufrufe erfolgen.

5.5.3 Schritt 2: Abhängigkeiten zu Invarianten

In Schritt (2) werden alle Anweisungen gesucht, bei deren Ausführung eine Invariante gültig sein muss. Die Gültigkeit von Invarianten muss gewährleistet sein, wenn andere Beweisziele von dieser abhängen. Die zu diesen Beweiszielen gehörenden Programmabschnitte werden als abhängige Codestellen bezeichnet. Eine Anweisung $\mathbb{s}$ ist abhängig von der Invariante $\gamma^{inv} \in \Gamma^{inv}_{\mathbb{c}}$ der Klasse $\mathbb{c} \in \mathbb{C}$ wenn eine der folgenden Kriterien erfüllt ist:
(1) Die Anweisung $\mathbb{s}$ liest ein Symbol, dessen Wertebereich durch die Invariante γ definiert ist:

$$\big(\mathbf{Ref}(\mathbb{s})\backslash\mathbf{Ref!}(\mathbb{s})\big) \cap \mathbf{Ref}(\gamma) \neq \varnothing \tag{5.41}$$

(2) Die Anweisung $\mathbb{s}$ hat keinen Zugriff auf die Invariante oder einer der referenzierten Symbole. Dies wird mit Hilfe des folgenden Prädikats geprüft:

Definition 5.66 (Überprüfbarkeit von Invarianten) *Das Prädikat $\boldsymbol{CC}(\gamma^{inv},\mathbb{s}) : \Gamma^{inv} \times \mathbb{S} \to \{\top,\bot\}$ ist genau dann wahr, wenn die Objekt-Invariante γ^{inv} von der Anweisung $\mathbb{s}$ überprüft werden kann. Eine Anweisung $\mathbb{s}$ kann die Invariante γ^{inv} überprüfen, wenn $\mathbb{s}$ auf die Invariante und alle von der Invariante referenzierten Symbole zugreifen kann:*

$$\boldsymbol{CC}(\gamma^{inv},\mathbb{s}) := \boldsymbol{IAI}(\gamma^{inv},\mathbb{s}) \wedge \bigwedge_{\mathbb{y} \in \boldsymbol{Ref}(\gamma^{inv})} \boldsymbol{IA}(\mathbb{y},\mathbb{s}) \tag{5.42}$$

Das erste Kriterium stellt sicher, dass die Invariante erfüllt sein muss, wenn von ihr referenzierte Klassenfelder gelesen werden. Das zweite Kriterium stellt sicher, dass eine Invariante in jedem Programmabschnitt erfüllt sein muss, in dem die Einhaltung der Invariante nicht aktiv geprüft werden kann. Die Kombination aus beiden Kriterien wird in dem Prädikat $\mathbf{DO}(\gamma,\mathbb{s})$ zusammengefasst:

Definition 5.67 (Abhängigkeit von Objekt-Invarianten) *Das Prädikat $\boldsymbol{DO}(\gamma^{inv},\mathbb{s}) : \Gamma^{inv} \times \mathbb{S} \to \{\top,\bot\}$ ist genau dann wahr, wenn die Anweisung $\mathbb{s}$ von der Gültigkeit der Objekt-Invariante γ^{inv} abhängt:*

$$\boldsymbol{DO}(\gamma^{inv},\mathbb{s}) := \neg\boldsymbol{CC}(\gamma^{inv},\mathbb{s}) \vee \Big(\big(\boldsymbol{Ref}(\mathbb{s})\backslash\boldsymbol{Ref!}(\mathbb{s})\big) \cap \boldsymbol{Ref}(\gamma) \neq \varnothing\Big) \tag{5.43}$$

Die Funktion $\boldsymbol{DOS}(\gamma^{inv},\mathbb{S}) : \Gamma^{inv} \times \mathbb{S} \to \mathcal{P}(\mathbb{S})$ gibt die Menge an Anweisungen in $\mathbb{S}$ zurück, die von der Gültigkeit der Invariante γ^{inv} abhängen:

$$\boldsymbol{DOS}(\gamma^{inv},\mathbb{S}) := \bigcup_{\mathbb{s} \in \mathbb{S}} \{\mathbb{s} \,|\, \boldsymbol{DO}(\gamma^{inv},\mathbb{s})\} \tag{5.44}$$

Die Formel 5.32 auf Seite 95 zur Berechnung der getroffenen Annahmen bei der Beweiszielgenerierung wird wie folgt erweitert:

$$\Omega(\langle\mathbb{S}\rangle) := \Gamma^{pre}_{\mathbf{M}(\langle\mathbb{S}\rangle)} \cup \bigcup_{\mathbb{m}\in\mathbf{CM}(\langle\mathbb{S}\rangle)} \Gamma^{post}_{\mathbb{m}} \cup \Gamma^{ass}_{\langle\mathbb{S}\rangle} \cup \bigcup_{\gamma^{inv}\in\Gamma^{inv}} \bigcup_{\mathbb{s}\in\langle\mathbb{S}\rangle} \{\gamma^{inv}|\mathbf{DO}(\gamma^{inv},\mathbb{s})\} \tag{5.45}$$

5.5.4 Schritt 3: Invalidierte Invarianten

In Schritt (3) werden alle Anweisungen gesucht, die eine Invariante invalidieren können. Invarianten können invalidiert werden, wenn der Wert einer referenzierten Variable verändert wird und der neue Wert den definierten gültigen Wertebereich verletzt. Eine Anweisung kann eine Invariante invalidieren, wenn diese eine Variable modifiziert, die von der Invariante referenziert wird. Diese Anweisungen werden als invalidierende Anweisungen bezeichnet.
Beispiel: Die Invariante `min <= max` in Zeile 8 in Listing 5.2 referenziert die Klassenfelder `min` und `max`. In Zeile 21 ff. wird diesen beiden Klassenfeldern ein neuer Wert zugewiesen. Die Invariante wird vorübergehend invalidiert, wenn `newMin` > `i.max` gilt. Die Zuweisungen in den Zeilen 21 invalidieren die Invariante.
Die Funktion $\mathbf{VS}(\gamma,\mathbb{S})$ ermittelt die Menge der invalidierenden Anweisungen:

Definition 5.68 (Invalidierende Anweisung) *Eine Anweisung $\mathbb{s}\in\mathbb{S}$ ist invalidierend bezüglich der Invariante γ^{inv}, wenn $\mathbb{s}$ Symbole modifiziert, die von γ^{inv} referenziert werden. Die Funktion $\boldsymbol{VS}(\gamma^{inv},\mathbb{S}) : \Gamma^{inv}\times\mathbb{S}\to\mathcal{P}(\mathbb{S})$ gibt die Menge aller invalidierenden Anweisungen zurück:*

$$\boldsymbol{VS}(\gamma^{inv},\mathbb{S}) := \bigcup_{\mathbb{s}\in\mathbb{S}} \{\mathbb{s}|\boldsymbol{Ref}^{!}(\mathbb{s})\cap\boldsymbol{Ref}(\gamma^{inv})\neq\varnothing\} \tag{5.46}$$

Modifikationen von Variablen, die von nicht sichtbaren bzw. überprüfbaren Invarianten referenziert werden, sind aus der Sicht der vorgestellten Methodik ungültig. Kann in einer Anweisungsmenge die Gültigkeit einer Invariante nicht überprüft werden, kann die Gültigkeit der Invariante auch nicht durch Anweisungen dieser Menge sichergestellt werden. Aus diesem Grund darf diese Anweisungsmenge die Invariante auch nicht invalidieren. Dies wir in dem Axiom 5.5.1 definiert:

Axiom 5.5.1 *Eine Anweisung $\mathbb{s}$ darf nur dann den Wert eines von der Invariante γ^{inv} referenzierten Symbols modifizieren, wenn die Anweisung $\mathbb{s}$ die Gültigkeit der Invariante γ^{inv} prüfen kann.*

$$\forall\, \mathbb{s}\in\mathbb{S}_{\mathbb{Prog}}\ \forall\gamma^{inv}\in\Gamma^{inv} : \boldsymbol{Ref}^{!}(\mathbb{s})\cap\boldsymbol{Ref}(\gamma^{inv})\neq\varnothing \Rightarrow \boldsymbol{CC}(\gamma^{inv},\mathbb{s}) \tag{5.47}$$

5.5.5 Schritt 4: Aufbau des Verifikationsgraphen

In Schritt (4) wird die erste Kernidee des vorgestellten Verfahrens implementiert. Es werden die Ausführungspfade zwischen den invalidierenden und abhängigen Anweisungen extrahiert.
Die Analyse der Ausführungspfade erfolgt basierend auf einem speziellen Kontrollflussgraphen. Dieser spezielle Graph wird in dieser Arbeit Verifikationsgraph genannt. Der

Verifikationsgraph unterscheidet sich in folgenden Punkten von einem Kontrollflussgraphen: Ein Kontrollflussgraph repräsentiert eine zusammenhängende Anweisungsmenge (vg. Definition 5.40). Der Verifikationsgraph wird hingegen basierend auf dem gesamten Programm $\mathbb{Prog}$ erstellt.

```
int Fac(int a)
{
 int r = a;
 for(int i=1; i <= a; i++)
 {
  r = Mul(r, i);
 }
 return r;
}

int Mul(int a, int b)
{
 return a * b;
}
```

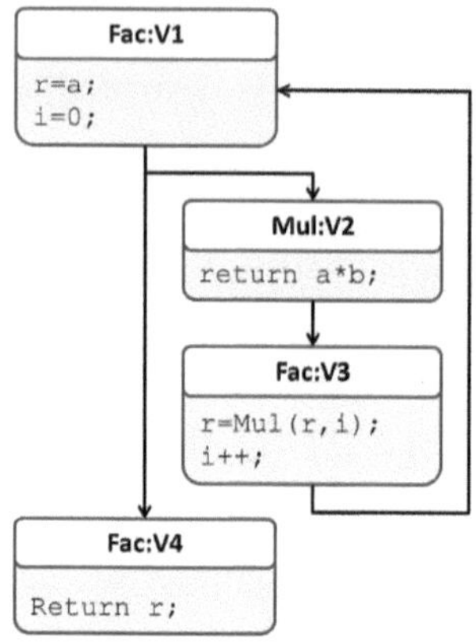

Listing 5.3: Illustration der Behandlung von Methodenaufrufen im Verifiaktionsgraphen

Definition 5.69 (Verifikationsgraph) *Ein Verifikationsgraph ist ein gerichteter Graph $\mathbb{z} = (\mathbb{V}, \mathbb{E})$ mit einer Menge an Knoten $\mathbb{v} \in \mathbb{V}$ und einer Menge an Kanten $\mathbb{e} = (\mathbb{v}_i, \mathbb{v}_j) \in \mathbb{E}$. Zur Unterscheidung der Kanten- bzw. Knotenmenge eines Kontrollflussgraphen $\mathbb{g} = (\mathbb{V}, \mathbb{E})$ und eines Verifikationsgraphens wird auch die Syntax $\mathbb{V}_{\mathbb{g}}$ und $\mathbb{V}_{\mathbb{z}}$ bzw. $\mathbb{E}_{\mathbb{g}}$ und $\mathbb{E}_{\mathbb{z}}$ verwendet.*

*Jeder Knoten $\mathbb{v} \in \mathbb{V}_{\mathbb{z}}$ repräsentiert eine zusammenhängende Anweisungsmenge $\tilde{\mathbb{S}}_{\mathbb{v}}$. Jede repräsentierte Anweisungsmenge $\tilde{\mathbb{S}}_{\mathbb{v}}$ hat genau einen Einstiegspunkt $\hat{\mathbb{s}}_{\tilde{\mathbb{S}}_{\mathbb{v}}}$ und genau einen Endpunkt $\check{\mathbb{s}}_{\tilde{\mathbb{S}}_{\mathbb{v}}}$. Die Abbildung **VGVS**$(\mathbb{v}) : \mathbb{V}_{\mathbb{z}} \to \mathcal{P}(\mathbb{S})$ bildet jeden Knoten $\mathbb{v} \in \mathbb{V}_{\mathbb{z}}$ auf die repräsentierte Anweisungsmenge $\tilde{\mathbb{S}}_{\mathbb{v}}$ ab. Jede Anweisung $\mathbb{s} \in \mathbb{S}$ ist genau durch einen Knoten $\mathbb{v} \in \mathbb{V}_{\mathbb{z}}$ repräsentiert. Die Abbildung **VGSV**$(\mathbb{s}) : \mathbb{S} \to \mathbb{V}_{\mathbb{z}}$ bildet jede Anweisung $\mathbb{s} \in \mathbb{S}$ auf den Knoten $\mathbb{v} \in \mathbb{V}_{\mathbb{z}}$ für den gilt $\mathbb{s} \in \tilde{\mathbb{S}}_{\mathbb{v}}$.*

*Jede gerichtete Kante $\mathbb{e} = (\mathbb{v}_i, \mathbb{v}_j) \in \mathbb{E}_{\mathbb{z}}$ repräsentiert die Ausführungsfolge zwischen der letzten Anweisung in **VGVS**$(\mathbb{v}_i)$ und der ersten Anweisung in **VGVS**$(\mathbb{v}_j)$. Analog zu der Definition im Kontrollflussgraphen gibt der Operator $\phi(\mathbb{e})$ die Ausführungsbedingung der repräsentierten Ausführungsfolge zurück.*

Bei der Generierung eines Verifikationsgraphen werden Methodenaufrufe aufgelöst. Dies bedeutet, dass in einem Verifikationsgraphen auch Knoten miteinander verbunden werden, deren repräsentierte Anweisungsmenge aus unterschiedlichen Methoden extrahiert wurde. Sei $\mathbb{s}_i$ ein Methodenaufruf in einer zusammenhängenden Anweisungsmenge $\tilde{\mathbb{S}}$. Im Verifikationsgraph werden für $\tilde{\mathbb{S}}$ zwei Knoten angelegt: Ein Knoten zur Repräsentation der

Anweisung bis zum Methodenaufruf und ein Knoten zur Repräsentation der Anweisung nach dem Methodenaufruf. Das Ziel dieser Aufteilung ist es, im Verifikationsgraphen den tatsächlichen Ablauf eines Programms abzubilden.

Dieses Vorgehen wird in Listing 5.3 auf Seite 104 illustriert. Das Listing auf der linken Seite enthält die zwei Methoden `Fac` und `Mul`. Innerhalb des Rumpfes der Methode `Fac` wird die Methode `Mul` aufgerufen. Die Abbildung auf der rechten Seite illustriert den dazu gehörenden Verifikationsgraph. Jeder Knoten enthält die Programmzeilen der repräsentierten zusammenhängenden Anweisungsmenge. Zudem wird die Methode aufgeführt, aus der die repräsentierten Anweisungsmenge extrahiert wurde und eine eindeutige Nummer des Knoten angegeben. Der erste Knoten $\mathbb{v}_1$ im Verifikationsgraph repräsentiert den Programmcode in den ersten beiden Zeilen der `Fac`-Methode. Innerhalb der Vorschleife wird in Zeile 5 die `Mul`-Methode aufgerufen. Die `Mul`-Methode wird durch den Knoten $\mathbb{v}_2$ und der Methodenaufruf durch die Kanten $e_1 = (V1, V2)$ und $e_2 = (V2, V3)$ repräsentiert. Die Aufteilung von Anweisungsmengen erfolgt mit Hilfe des Operators $\mathbf{MCS}()$.

Definition 5.70 (Teilung von Anweisungsmengen anhand von Methodenaufrufen) *Die Funktion $\boldsymbol{MCS}(\tilde{\mathbb{S}}) : \mathcal{P}(\mathbb{S}) \rightarrow \mathcal{P}(\mathbb{S})$ partitioniert die zusammenhängende Anweisungsmenge $\tilde{\mathbb{S}}$ anhand der enthaltenden Methodenaufrufen $\bar{\mathbb{s}} \in \bigcup_{\mathbb{m} \in \mathbb{M}_{\mathbb{Prog}}} \boldsymbol{MC}(\mathbb{m}, \tilde{\mathbb{S}})$:*

$$\boldsymbol{MCS}(\tilde{\mathbb{S}}) := \{\tilde{\mathbb{S}}_i \subseteq \tilde{\mathbb{S}} \quad | \quad (\boldsymbol{CM}(\mathbb{S}_i) = \varnothing \vee (|\boldsymbol{CM}(\mathbb{S}_i)| = 1 \tag{5.48}$$

$$\wedge \quad \check{\tilde{\mathbb{S}}}_i = \boldsymbol{MC}(\boldsymbol{CM}(\tilde{\mathbb{S}}_i), \tilde{\mathbb{S}}_i))) \tag{5.49}$$

$$\wedge \quad \boldsymbol{SMAX}(\tilde{\mathbb{S}}_i, \tilde{\mathbb{S}})\} \tag{5.50}$$

Die erstellen Partitionen $\tilde{\mathbb{S}}_i \subseteq \tilde{\mathbb{S}}$ haben folgende Eigenschaften:

- *Jede Partition enthält maximal einen Methodenaufruf: $\boldsymbol{CM}(\mathbb{S}_i) = \varnothing \vee |\boldsymbol{CM}(\mathbb{S}_i)| = 1$*
- *Wenn die Partition einen Methodenaufruf enthält, entspricht dieser der letzten Anweisung: $\check{\tilde{\mathbb{S}}}_i = \boldsymbol{MC}(\boldsymbol{CM}(\tilde{\mathbb{S}}_i), \tilde{\mathbb{S}}_i)$*
- *Jede Partition ist maximal, enthält daher alle Anweisungen bis zum nächsten Methodenaufruf: $\boldsymbol{SMAX}(\tilde{\mathbb{S}}_i, \tilde{\mathbb{S}})$*

Die Generierung des Verifikationsgraphen erfolgt mit Hilfe des Algorithmus 1 auf Seite 106. In der ersten Zeile werden die leere Knoten- und Kantenmengen initialisiert. Der Algorithmus verwendet für die Generierung des Graphen drei Hauptschleifen.
In der ersten Hauptschleife ab Zeile 2 wird über alle Methoden $\mathbb{m}_a \in \mathbb{M}$ iteriert. In dieser Schleife werden alle Knoten des Verifikationsgraphen angelegt. In der Zeile 3 wird mit dem Operator $\mathbf{BB}()$ der Rumpf der Methode $\mathbb{m}_a$ in einzelne Basisblöcke zerlegt und über deren Menge mit $\tilde{\mathbb{S}}_b$ iteriert. Jeder Basisblock $\tilde{\mathbb{S}}_b$ wird in Zeile 4 mit dem Operator $\mathbf{MCS}()$ in einzelne zusammenhängende Anweisungsmengen zerlegt. Die Zerlegung basiert auf Methodenaufrufen innerhalb $\tilde{\mathbb{S}}_b$. Über die zerlegten zusammenhängenden Anweisungsmengen wird mit $\tilde{\mathbb{S}}_c$ iteriert. In Zeile 5 wird für jede Anweisungsmenge $\tilde{\mathbb{S}}_c$ ein neuer Knoten generiert. Hierfür steht die Syntax

Algorithmus 1: Algorithmus für die Generierung des Verifikationsgraphen

Algorithmus: `CreateVG()`

Globale Werte: Die Menge aller Methoden $\mathbb{M}$, Die Menge aller Anweisungen $\mathbb{S}$,
Rückgabe: Der Verifikationsgraph $\mathbb{z}$

begin

1 $\mathbb{V} \leftarrow \varnothing, \mathbb{E} \leftarrow \varnothing$
2 **foreach** $\mathbb{m}_a \in \mathbb{M}$ **do**
3 **foreach** $\tilde{\mathbb{S}}_b \in \boldsymbol{BB}(\langle\mathbb{S}\rangle_{\mathbb{m}_a})$ **do**
4 **foreach** $\tilde{\mathbb{S}}_c \in \boldsymbol{MCS}(\tilde{\mathbb{S}}_b)$ **do**
5 $\mathbb{V}_\mathbb{z} \leftarrow \mathbb{V}_\mathbb{z} \cup$ `new` $\mathbb{v}_d$ & $\mathbf{VGVS}(\mathbb{v}_d) \mapsto \tilde{\mathbb{S}}_c$ & $\forall \mathbb{s} \in \tilde{\mathbb{S}}_c : \mathbf{VGSV}(\mathbb{s}) \mapsto \mathbb{v}_d$
end
end
end
6 **foreach** $\mathbb{v}_e \in \mathbb{V}_\mathbb{z}$ **do**
7 **foreach** $\mathbb{s}_f \in \{\mathbb{S} | \forall \mathbb{s} \in \mathbb{S} : \check{\mathbb{s}}_{\tilde{\mathbb{S}}_{\mathbb{v}_e}} \rightarrow^* \mathbb{s}\}$ **do**
8 $\mathbb{E}_\mathbb{z} \leftarrow \mathbb{E}_\mathbb{z} \cup$ `new` $\mathbb{e}_g := (\mathbb{v}_e, \mathbf{VGSV}(\mathbb{s}_f))$
end
end
9 **foreach** $\mathbb{m}_h \in \mathbb{M}$ **do**
10 **foreach** $\mathbb{s}_i \in \boldsymbol{MC}^*(\mathbb{m}_h, \mathbb{S})$ **do**
11 $\mathbb{E}_\mathbb{z} \leftarrow \mathbb{E}_\mathbb{z} \cup$ `new` $\mathbb{e}_j := (\mathbf{VGSV}(\mathbb{s}_i), \mathbf{VGSV}(\hat{\mathbb{s}}_{\mathbb{m}_h}))$
12 **foreach** $\check{\mathbb{s}}_k \in \check{\mathbb{S}}_{\mathbb{m}_h}$ **do**
13 $\mathbb{E}_\mathbb{z} \leftarrow \mathbb{E}_\mathbb{z} \cup$ `new` $\mathbb{e}_l := (\mathbf{VGSV}(\check{\mathbb{s}}_k), \mathbf{VGSV}(\mathbb{s}_i + 1))$
end
end
end
14 **return** $\mathbb{z} \leftarrow (\mathbb{V}, \mathbb{E})$

end

$\mathbb{V}_\mathbb{z} \leftarrow \mathbb{V}_\mathbb{z} \cup$ `new` $\mathbb{v}_d$. Gleichzeitig werden die Werte der Abbildungen **VGVS**() und **VGSV**() definiert und über das Zeichen & an die Generierung eines neuen Knotens angehängt. Beispielsweise beschreit die Syntax `new` $\mathbb{v}_d$ & $\mathbf{VGVS}(\mathbb{v}_d) \mapsto \tilde{\mathbb{S}}_c$ die Generierung des neuen Knotens $\mathbb{v}_d$ und den Verweis der Abbildung $\mathbf{VGVS}(\mathbb{v}_d)$ auf die Ausführungsfolge $\tilde{\mathbb{S}}_c$. Die Syntax $\forall \mathbb{s} \in \tilde{\mathbb{S}}_c : \mathbf{VGSV}(\mathbb{s}) \mapsto \mathbb{v}_d$ beschreibt die Abbildung jeder Anweisung in $\tilde{\mathbb{S}}_c$ auf den Knoten $\mathbb{v}_d$. Bezogen auf das Beispiel in Listing 5.5.5 werden in dieser Schleife alle Knoten des Graphen generiert.

In der zweiten Hauptschleife ab Zeile 6 wird über alle erzeugten Knoten $\mathbb{v}_e \in \mathbb{V}_\mathbb{z}$ iteriert. In dieser Schleife werden die Kanten generiert, mit denen die einzelnen Segmente der Basisblöcke einer Methode miteinander verbunden werden. Hierfür wird in Zeile 7 über alle Anweisungen iteriert, zu der es ausgehend von der letzten Anweisung in $\tilde{S}_{\mathbb{v}_e}$ eine Anweisungs-

folge gibt. In Zeile 8 wird dann für jede gefundene Anweisungsfolge eine Kante erzeugt. Diese verbindet den iterierten Knoten $\mathbb{v}_e$ mit dem Knoten $\mathbf{VGSV}(\mathbb{s}_f)$, zu dessen repräsentierter Anweisungsmenge eine Anweisungsfolge gefunden werden konnte. Bezogen auf das Beispiel in Listing 5.5.5 werden in dieser Schleife die Kanten (V_1, V_4) und (V_3, V_1) generiert. In der dritten Hauptschleife ab Zeile 9 wird erneut über alle Methoden $\mathbb{m}_h \in \mathbb{M}$ iteriert. In dieser Schleife werden die Kanten zur Repräsentation von Methodenaufrufen angelegt. In Zeile 10 wird über alle möglichen Aufrufe der Methode $\mathbb{m}_h$ iteriert. In Zeile 11 wird für jeden möglichen Aufruf eine neue Kante angelegt. Die Kante verbindet den Knoten $\mathbf{VGSV}(\mathbb{s}_i)$, dessen repräsentierte Anweisungsmenge den Methodenaufruf enthält, mit dem Knoten $\mathbf{VGSV}(\hat{\mathbb{s}}_{\mathbb{m}_h})$, dessen repräsentierte Anweisungsmenge den Einstiegspunkt der aufgerufenen Methode enthält. Bezogen auf das Beispiel in Listing 5.5.5 wird an dieser Stelle die Kante (V_1, V_2) generiert. In der Schleife ab Zeile 12 werden Kanten zur Repräsentation des Rücksprungs der aufgerufenen Methode generiert. Hierfür wird in der Schleife über alle Endpunkte $\check{\mathbb{s}}_k$ der aufgerufenen Methode $\mathbb{m}_h$ iteriert. In Zeile 13 wird für jeden Endpunkt $\check{\mathbb{s}}_k$ eine neue Kante erzeugt. Diese verbindet den Knoten $\mathbf{VGSV}(\check{\mathbb{s}}_k)$, dessen repräsentierte Anweisungsmenge den Endpunkt enthält, mit dem Knoten $\mathbf{VGSV}(\mathbb{s}_i + 1)$, dessen repräsentierte Anweisungsmenge die Folgeanweisung des Methodenaufrufs $\mathbb{s}_i$ enthält. Bezogen auf das Beispiel in Listing 5.5.5 wird an dieser Stelle die Kante (V_3, V_1) generiert.
In der letzten Zeile 14 wird der generierte Verifikationsgraph zurückgegeben;

5.5.6 Schritt 5: Generierung der Beweisziele

Für die Verifikation einer Invariante muss gezeigt werden, dass die Gültigkeit einer Invariante nach einer möglichen Verletzung wieder garantiert wird, bevor eine abhängige Anweisung ausgeführt wird. Die entsprechende Beweiszielgenerierung für eine Invariante γ^{inv} umfasst zwei Schritte: Im ersten Schritt werden für die Invariante γ^{inv} alle Wiederherstellungspfade analysiert. Dies sind die Ausführungspfade zwischen den invalidierenden Anweisungen $\mathbf{VS}(\gamma^{inv}, \mathbb{S}_{\mathbb{P}\mathrm{rog}})$ und den entsprechenden abhängigen Anweisungen $\mathbf{DOS}(\gamma^{inv}, \mathbb{S}_{\mathbb{P}\mathrm{rog}})$. Innerhalb der Wiederherstellungspfade muss die Gültigkeit einer Invariante garantiert werden. Im zweiten Schritt werden für jeden gefunden Wiederherstellungspfad die eigentlichen Beweisziele generiert.

5.5.6.1 Generierung der Wiederherstellungspfade

Die Menge der Wiederherstellungspfade wird mit dem Operator $\mathbf{RP}(\mathbb{s}, \gamma^{inv}, \mathbb{z})$ ermittelt. Dieser basiert auf einer Tiefensuche [22] innerhalb des Verifikationsgraphen $\mathbb{z}$. Die Tiefensuche wird als Funktion $\mathbf{DFS}(\mathbb{v}_i, \mathbb{v}_j, \mathbb{z}) : \mathbb{V}_\mathbb{z} \times \mathbb{V}_\mathbb{z} \times \mathbb{z} \rightarrow \mathcal{P}(\mathbb{E}_\mathbb{z})$ referenziert. Der Rückgabewert der Funktion $\mathbf{DFS}$ ist die Menge an Pfaden $\mathbb{P}$ zwischen den Knoten $\mathbb{v}_i$ und $\mathbb{v}_j$ im Verifikationsgraph $\mathbb{z}$ oder die leere Menge $\varnothing$, wenn kein entsprechender Pfad gefunden werden konnte. Für jeden Pfad $\mathbb{p} \in \mathbb{P}$ gilt, dass keine Kante $\mathbb{e} \in \mathbb{p}$ öfters als einmal in $\mathbb{p}$ enthalten ist.

Definition 5.71 (Suche von Wiederherstellungspfaden) *Die Funktion* $\boldsymbol{RP}(\mathbb{s},\gamma^{inv},\mathbb{z}) : \mathbb{S}\times\Gamma^{inv}\times\mathbb{z}\rightarrow\mathcal{P}(\mathbb{E}_{\mathbb{z}})$ *ermittelt innerhalb des Verifikationsgraphen* $\mathbb{z}$ *alle Wiederherstellungspfade zu der invalidierenden Anweisung* $\mathbb{s}$ *und der Invariante* γ^{inv}.

$$\boldsymbol{nvs}(\mathbb{p},\gamma^{inv}) := \forall_{\mathbb{v}_j\in\mathbb{p}} : \boldsymbol{VGVS}(\mathbb{v}_j)\cap\boldsymbol{VS}(\gamma^{inv},\mathbb{S}_{\mathbb{Prog}}) = \varnothing \tag{5.51}$$

$$\boldsymbol{rp}(\mathbb{s},\mathbb{s}_i,\gamma^{inv},\mathbb{z}) := \{\mathbb{p}\in\boldsymbol{DFS}(\boldsymbol{VGSV}(\mathbb{s}),\boldsymbol{VGSV}(\mathbb{s}_i),\mathbb{z})\mid\boldsymbol{nvs}(\mathbb{p},\gamma^{inv})\} \tag{5.52}$$

$$\boldsymbol{RP}(\mathbb{s},\gamma^{inv},\mathbb{z}) := \bigcup_{\mathbb{s}_i\in\boldsymbol{DOS}(\gamma^{inv},\mathbb{S}_{\mathbb{Prog}})} \boldsymbol{rp}(\mathbb{s},\mathbb{s}_i,\gamma^{inv},\mathbb{z}) \tag{5.53}$$

Für die Suche der Wiederherstellungspfade werden in der Gleichung 5.53 alle abhängigen Anweisungen betrachtet: $\bigcup_{\mathbb{s}_i\in\boldsymbol{DOS}(\gamma^{inv},\mathbb{S}_{\mathbb{Prog}})}$. *Für jede abhängige Anweisung wird mit der Funktion* $\boldsymbol{rp}(\mathbb{s},\mathbb{s}_i,\gamma^{inv},\mathbb{z})$ *nach den Pfaden zwischen der invalidierenden Anweisung* $\mathbb{s}$ *und der abhängigen Anweisung* $\mathbb{s}_i$ *ermittelt. Dafür werden in der Gleichung 5.52 mit Hilfe der Tiefensuche alle Pfade zwischen den beiden Anweisungen ermittelt:* $\boldsymbol{DFS}(\boldsymbol{VGSV}(\mathbb{s}),\boldsymbol{VGSV}(\mathbb{s}_i),\mathbb{z})$. *Wiederherstellungspfade sind die kürzesten Pfade zwischen einer invalidierenden und einer abhängigen Anweisung. Aus diesem Grund können Wiederherstellungspfade keine weiteren invalidierenden Anweisungen enthalten. Dies wird über das Prädikat* $\boldsymbol{nvs}(\mathbb{p},\gamma^{inv})$ *in Gleichung 5.51 sichergestellt. Hierfür untersucht das Prädikat die Anweisungsmengen, die durch Knoten des Pfades* $\mathbb{p}$ *repräsentiert sind:* $\forall_{\mathbb{v}_j\in\mathbb{p}} : \boldsymbol{VGVS}(\mathbb{v}_j)$. *Keiner dieser Anweisungsmengen darf eine invalidierende Anweisung bzgl. der Invariante* γ^{inv} *enthalten:* $\boldsymbol{VGVS}(\mathbb{v}_j)\cap\boldsymbol{VS}(\gamma^{inv},\mathbb{S}_{\mathbb{Prog}}) = \varnothing$.

Beispiel: Als Beispiel dient das Listing 5.2 auf Seite 100. Die Anweisungen $\mathbb{s}_i$:= `i.min = newMin;` und $\mathbb{s}_j$:= `i.max = newMax;` in den Zeilen 21 und 22 stellen eine potentielle Verletzung der Invariante dar. Die Anweisung $\mathbb{s}_k$:= `int size = i.Size();` hängt von der Gültigkeit der Invariante ab, da ansonsten die Methode einen negativen Wert zurückgeben würde und damit die in Zeile 12 definierte Nachbedingung verletzen würde. Für die Suche nach Wiederherstellungspfaden werden in **rp**() die Pfade zwischen $\mathbb{s}_i$ und $\mathbb{s}_k$ und $\mathbb{s}_j$ und $\mathbb{s}_k$ gesucht. Jeder Pfad $\mathbb{p}$ im Verifikationsgraph ist als Menge an Kanten definiert. Jede Kante referenziert einen Start- und einen Endknoten. Über die repräsentierte Knotenmenge verweist jeder Pfad dadurch auf eine Anweisungsfolge im ursprünglichen Quellcode. Für $\mathbb{s}_i$ ist die Anweisungsmenge des entsprechenden Pfades $tilde\mathbb{S}_v := \{\mathbb{s}_i,\mathbb{s}_j,\mathbb{s}_k\}$ Für $\mathbb{s}_j$ ist die Anweisungsmenge des entsprechenden Pfades $tilde\mathbb{S}_w := \{\mathbb{s}_j,\mathbb{s}_k\}$ Die Anweisung $\mathbb{s}_k$ ist jedoch selber eine invalidierende Anweisung. Dadurch kann das Prädikat **nvs**() nicht erfüllt werden und $tilde\mathbb{S}_v$ ist kein Wiederherstellungspfad. Für die Anweisung $\mathbb{s}_i$ kann kein Wiederherstellungspfad gefunden werden. Für die Anweisung $\mathbb{s}_j$ ist $\tilde{\mathbb{S}}_w$ der Wiederherstellungspfad. Die Anweisung $\mathbb{s}_j$ muss daher garantieren, dass die Invariante nach der Ausführung gültig ist.

5.5.6.2 Generierung der Beweisziele für Wiederherstellungspfade

Für die Verifikation eines Wiederherstellungspfades müssen Beweisziele generiert werden, die garantieren, dass die Gültigkeit der potentiell verletzten Invariante am Ende des Wiederherstellungspfades wieder sichergestellt ist. Ein Wiederherstellungspfad kann eine Folge

von mehreren Kanten und Knoten beschreiben. Jeder Knoten repräsentiert eine zusammenhängende Anweisungsmenge einer Methode. Anders als bei Pfaden innerhalb eines Kontrollflussgraphen können die Knoten eines Pfades Anweisungsmengen aus unterschiedlichen Methoden repräsentieren.
Bei der Beweiszielgenerierung wird für jeden der Knoten des Wiederherstellungspfades ein Beweisziel geniert. Die generierten Beweisziele prüfen, ob die vom Knoten repräsentierte, zusammenhängende Anweisungsmenge die Gültigkeit der verletzten Invariante wieder garantiert. Ein Wiederherstellungspfad enthält selbst keine invalidierenden Anweisungen. Für die Sicherstellung der Gültigkeit einer verletzen Invariante ist es daher ausreichend, wenn pro Wiederherstellungspfad mindestens eines der generierten Beweisziele verifiziert werden kann. Im Vergleich zu der Beweiszielgenerierung für Vor- und Nachbedingungen ist dieser Ansatz neu. Wurden bisher für eine Spezifikation mehrere Beweisziele generiert, mussten alle Beweisziele verifiziert werden, damit auch die Spezifikation als verifiziert galt.

Während der Verifikation können die generierten Beweisziele daher nicht mehr einzeln betrachtet werden. Die Beweisziele eines Wiederherstellungspfades werden stattdessen gemeinsam als Gruppe betrachtet. Für diese Anforderungen wurden im Rahmen dieser Arbeit das Konzept der offenen und geschlossenen Beweiszielgruppen entwickelt.

Definition 5.72 (Offene Beweiszielgruppe) *Eine offene Beweiszielgruppe, geschrieben als* $]\Pi[\in \mathcal{P}(\Pi)$*, ist eine unsortierte Menge an Beweiszielen* $\pi := (\Omega, \tilde{\mathbb{S}}, \phi)$*. Diese gilt genau dann als verifiziert, wenn mindestens eines der enthaltenen Beweisziele verifiziert werden konnte:*

$$\Psi(]\Pi[) \Leftrightarrow |]\Pi[| > 0 \wedge \bigvee_{\pi \in]\Pi[} \Psi(\pi) \tag{5.54}$$

Definition 5.73 (Geschlossene Beweiszielgruppe) *Eine geschlossene Beweiszielgruppe, geschrieben als* $[\Pi] \in \mathcal{P}(\mathcal{P}(\Pi))$*, ist eine unsortierte Menge an offenen Beweiszielgruppen. Diese gilt genau dann als verifiziert, wenn alle offenen Beweiszielgruppen* $]\Pi[\in [\Pi]$ *verifiziert werden konnten:*

$$\Psi([\Pi]) \Leftrightarrow \bigwedge_{]\Pi[\in [\Pi]} \Psi(]\Pi[) \tag{5.55}$$

Für eine Invariante $\gamma_{\mathbb{c}}^{inv}$ der Klasse $\mathbb{c}$ werden folgende Beweiszielgruppen generiert:

$$\Pi(\gamma_{\mathbb{c}}^{inv}, \mathbb{p}) := \Big]\bigcup_{\mathbb{v}_j \in \mathbb{p}} (\Omega(\mathbf{VGVS}(\mathbb{v}_j)), \mathbf{VGVS}(\mathbb{v}_j), [\![\gamma^{inv}]\!]_{\mathbb{c}}^{\mathbf{VGVS}(\mathbb{v}_j)})\Big[\tag{5.56}$$

$$\Pi(\gamma_{\mathbb{c}}^{inv}) := \bigcup_{\mathbb{s}_i \in \mathbf{VS}(\gamma_{\mathbb{c}}^{inv})} \left[\bigcup_{\mathbb{p} \in \mathbf{RP}(\mathbb{s}_i, \gamma_{\mathbb{c}}^{inv}, \mathbb{z})} \Pi(\gamma_{\mathbb{c}}^{inv}, \mathbb{p}) \right] \tag{5.57}$$

Für jede invalidierende Anweisung $\bigcup_{\mathbb{s}_i \in \mathbf{VS}(\gamma_{\mathbb{c}}^{inv})}$ werden in Formel 5.57 zuerst die entsprechenden Wiederherstellungspfade $\bigcup_{\mathbb{p} \in \mathbf{RP}(\mathbb{s}_i, \gamma_{\mathbb{c}}^{inv}, \mathbb{z})}$ generiert und analysiert. In der Gleichung 5.56 wird für jede Ausführungsfolge $\mathbf{VGVS}(\mathbb{v}_j)$, die durch einen Knoten $\mathbb{v}_j$ im Wiederherstellungspfad $\mathbb{p}$ repräsentiert wird, ein Beweisziel generiert. Für jedes generierte Beweisziel gelten die Annahmen aus der Ausführungsfolge $\mathbf{VGVS}(\mathbb{v}_j)$, geschrieben als $\Omega(\mathbf{VGVS}(\mathbb{v}_j))$. Als Zielformel dient die zu verifizierende Invarainte γ^{inv}. Hierfür werden die Symbole der Invariante auf den zu prüfenden Ausführungspfad abgebildet, geschrieben als $[\![\gamma^{inv}]\!]_{\mathbb{C}}^{\mathbf{VGVS}(\mathbb{v}_j)}$.

Diese Form der Beweiszielgenerierung generiert Beweisziele nur für invalidierende Anweisungen. Dies impliziert, dass jede Invariante zu Beginn eines Programms gültig ist und erst durch Modifikationen der von der Invariante referenzierten Variablen invalidiert werden kann:

Axiom 5.5.2 *Zum Beginn eines Programms $\mathbb{Prog}$ sind alle Invarianten γ^{inv} gültig.*

Dieses Axiom ist keine Einschränkung des Programmablaufes. Eine Invariante gilt immer für ein Objekt. Dieses muss durch einen Konstruktor initialisiert werden. Der Konstruktor weist den Klassenfeldern Werte zu. Dadurch werden die von einer Invariante referenzierten Variablen modifiziert. Jede Anweisung die eine Variable modifiziert, die von einer Invariante referenziert wird, gilt laut Definition 5.68 als invalidierende Anweisung. Die vorgestellte Methode prüft für jede invalidierende Anweisung, ob die Gültigkeit der potenziell verletzten Invariante vor der Ausführung der nächsten abhängigen Anweisung gültig ist.

5.5.7 Beweis zur Korrektheit

Der Korrektheitsbeweis wird durch den Beweis des Theorems 5.5.1 geführt. Dadurch wird gezeigt, dass keine abhängige Anweisung auf eine Eigenschaft einer invaliden Invariante zugreifen kann.

Theorem 5.5.1 *Für eine Invariante $\gamma \in \Gamma^{inv}$ gilt:*

$$\Psi(\gamma^{inv}) \Rightarrow \neg\exists \mathbb{s} \in \mathbb{S}_{\mathbb{Prog}} : \boldsymbol{DOS}(\gamma^{inv}, \mathbb{s}) = \top \wedge [\![\mathbb{s}]\!] \vdash \neg\gamma^{inv}$$

Das Theorem besagt, dass wenn eine Invariante γ^{inv} verifiziert werden konnte, geschrieben als $\Psi(\gamma^{inv})$, es keine Anweisung in $\mathbb{S}_{\mathbb{Prog}}$ geben kann, die von der Invariante γ^{inv} abhängt, geschrieben als $\boldsymbol{DOS}(\gamma^{inv}, \mathbb{s})$ und zu deren Ausführungszeitpunkt die Invariante ungültig ist, geschrieben als $[\![\mathbb{s}]\!] \vdash \neg\gamma^{inv}$.

Beweis 5.5.1 *Der Beweis erfolgt durch Widerspruch. Angenommen die folgende Aussage sei erfüllbar:*

$$\exists \mathbb{s}_i \in \mathbb{S}_{\mathbb{Prog}} : \boldsymbol{DOS}(\gamma^{inv}, \mathbb{s}_i) \wedge [\![\mathbb{s}_i]\!] \vdash \neg\gamma^{inv} \wedge \Psi(\gamma^{inv})$$

Es gäbe eine abhängige Anweisung $\mathbb{s}_i$ mit $\boldsymbol{DOS}(\gamma^{inv}, \mathbb{s}_i)$ und zum Zeitpunkt ihrer Ausführung wäre die Invariante γ^{inv} ungültig, geschrieben als $[\![\mathbb{s}_i]\!] \vdash \neg\gamma^{inv}$, obwohl die Invariante verifiziert werden konnte, geschrieben als $\Psi(\gamma^{inv})$.

Wenn die Invariante γ^{inv} zum Ausführungszeitpunkt von $\mathbb{s}_i$ ungültig ist, muss laut Axiom 5.5.2 zuvor eine Anweisung $\mathbb{s}_j$ ausgeführt worden sein, durch welche die Invariante γ^{inv} verletzt wurde. Entsprechend der Definition 5.68 gilt: $\mathbb{s}_j \in \boldsymbol{VS}(\gamma^{inv})$. Sei $\bar{\mathbb{P}}$ die Menge der Wiederherstellungspfade zu $\mathbb{s}_j$:

$$\bar{\mathbb{P}} := \boldsymbol{RP}(\mathbb{s}_j, \gamma^{inv}, \mathbb{z})$$

Entsprechend der Gleichung 5.53 enthält die Menge $\bar{\mathbb{P}}$ einen Pfad zwischen der invalidierenden Anweisung $\mathbb{s}_j$ und der abhängigen Anweisung $\mathbb{s}_i$. Entsprechend der Gleichung 5.57 wird für jeden Wiederherstellungspfad $\mathbb{p} \in \bar{\mathbb{P}}$ eine offene Beweiszielgruppe $]\Pi[_{\mathbb{p}}$ generiert und diese in einer geschlossenen Beweiszielgruppe zusammengefasst. Aus $\Psi(\gamma^{inv})$ in Theorem 5.5.1 und Gleichung 5.73 folgt, dass jede dieser offenen Beweiszielgruppen $]\Pi[_{\mathbb{p}}$ verifiziert werden konnte. Laut Gleichung 5.55 gilt eine offenen Beweiszielgruppen $]\Pi[$ genau dann als verifiziert, wenn mindestens eine der enthaltenen Beweisziele $\pi \in]\Pi[_{\mathbb{p}}$ verifiziert werden konnte. Sei $\bar{\pi}$ das jeweilige Beweisziel, das innerhalb der offenen Beweisgruppen $]\Pi[_{\mathbb{p}}$ verifiziert werden konnte. Das Beweisziel $\bar{\pi}$ wurde entsprechend der Gleichung 5.56 generiert und hat die Zielformel γ^{inv}. Damit das Beweisziel $\bar{\pi}$ verifiziert werden kann, muss die zusammenhängende Anweisungsmenge $\tilde{\mathbb{S}}_{\bar{\pi}}$ die Gültigkeit der Invariante γ^{inv} garantieren. Dies bedeutet zusammenfassend, dass nach der invalidierenden Anweisung $\mathbb{s}_j$ die zusammenhängende Anweisungsmenge $\tilde{\mathbb{S}}_{\bar{\pi}}$ ausgeführt wird und diese die Gültigkeit der Invariante γ^{inv} garantiert. Entsprechend der Definition 5.71 enthält ein Ausführungspfad keine invalidierenden Anweisungen bzgl. der untersuchten Invariante. Daraus folgt, dass nach der Ausführung der zusammenhängenden Anweisungsmenge $\tilde{\mathbb{S}}_{\bar{\pi}}$ die Invariante γ^{inv} gültig ist und vor der Ausführung von $\mathbb{s}_i$ nicht erneut invalidiert wurde. Daher ist γ^{inv} zum Zeitpunkt der Ausführung von $\mathbb{s}_i$ gültig. Dies ist ein Widerspruch zur Annahme, dass zum Zeitpunkt der Ausführung $\mathbb{s}_i$ die Bedingung $\neg\gamma^{inv}$ gilt.

5.6 Verifikation von Beweiszielen

Die Verifikation entspricht dem Schritt (2) in der Abbildung 1.4 auf Seite 10. Die Verifikation des Gesamtsystems erfolgt modular durch die Verifikation der generierten Teilbeweise. Mit Hilfe der automatischen Verifikation einzelner Beweisziele werden die Kernziele **K1** und **K2** erfüllt. Dieses Vorgehen folgt der Idee des Hoare-Kalküls. In Kapitel 10.3.2.2 von *Software-Qualität* [60] heißt es hierzu:

> Ist S ein Programm oder ein Teil eines Programms und ist P die Vorbedingung (*precondition*) vor Ausführung von S und gilt nach der Ausführung von S die Nachbedingung (*postcondition*) Q unter der Voraussetzung, dass S terminiert, so schreibt man:
>
> $$\{P\}S\{Q\}$$

Der zu verifizierende Ausführungspfad $\tilde{\mathbb{S}}$ entspricht dem Programm S im Hoare-Kalkül. Die Annahmen Ω eines Beweisziels entsprechen den Vorbedingungen P und die Zielformel ϕ entspricht der Nachbedingung Q. Basierend auf dem Hoare-Kalkül wird das Prädikat $\Psi(\pi)$ zur Verifikation eines Beweisziels wie folgt definiert:

Definition 5.74 (Verifikation von Beweiszielen) *Ein Beweisziel $\pi = (\Omega, \tilde{\mathbb{S}}, \phi) \in \Pi$ gilt genau dann als verifiziert, wenn bewiesen werden kann, dass unter der Voraussetzung der Korrektheit jeder Annahme $\omega_i \in \Omega$, jede mögliche Ausführung von $\tilde{\mathbb{S}}$ die Zielformel ϕ erfüllt. Das Prädikat $\Psi(\pi)\Pi \rightarrow \{\top, \bot\}$ ist genau dann wahr, wenn π verifiziert werden kann.*

Ein Programm $\mathbb{P}\mathrm{rog}$ gilt als vollständig verifiziert, wenn alle generierten Beweisziele $\pi \in \Pi(\Gamma_{\mathbb{P}\mathrm{rog}})$ einzeln verifiziert werden konnten:

$$\Pi(\mathbb{P}\mathrm{rog}) := \bigcup_{\gamma^{pre} \in \Gamma^{pre}_{\mathbb{P}\mathrm{rog}}} \Pi(\gamma^{pre}) \cup \bigcup_{\gamma^{post} \in \Gamma^{post}_{\mathbb{P}\mathrm{rog}}} \Pi(\gamma^{post}) \cup \bigcup_{\gamma^{inv} \in \Gamma^{inv}_{\mathbb{P}\mathrm{rog}}} \Pi(\gamma^{inv}) \cup \bigcup_{\gamma^{ass} \in \Gamma^{ass}_{\mathbb{P}\mathrm{rog}}} \Pi(\gamma^{ass}) \tag{5.58}$$

$$\Psi(\mathbb{P}\mathrm{rog}) = \top \Leftrightarrow \forall \pi \in \Pi(\mathbb{P}\mathrm{rog}) : \Psi(\pi) = \top \tag{5.59}$$

Diese Arbeit schreibt keine besondere Methodik für die Verifikation einzelner Beweisziele vor. Für die Evaluierung der Methodik wurde die Verifikation von Beweiszielen mit Hilfe der symbolischen Programmausführung implementiert. Der zu verifizierende Ausführungspfad wird für die symbolische Programmausführung in die SSA-Form konvertiert. Die symbolische Programmausführung selbst basiert auf dem Microsoft SMT Solver Z3 (vgl. Kapitel 3). Details zur Implementierung werden in Abschnitt 6.3 ab Seite 145 beschrieben.

5.6.1 Behandlung von Schleifen

Das Hoare-Kalkül definiert für die Verifikation von Schleifen folgende Regel ([60], Seite 348):

$$\frac{\{P \wedge B\} S \{P\}}{\{P\} \quad \texttt{while} \quad B \quad \texttt{do} \quad S \quad \{P \wedge \neg B\}}$$

Diese Regel des Hoare-Kalküls besagt, dass unter der Prämisse, dass die Ausführung des Schleifenrumpfs S die Gültigkeit der Invarianten P nicht verändert, P sowohl Vorbedingung als auch Bestandteil der Nachbedingung der Schleife ist. Die Ausführung der Schleife wird nur abgebrochen, wenn die Schleifenbedingung B *falsch* wird. Anders formuliert bedeutet dies, dass eine Schleife nur solange ausgeführt wird, wie die Vorbedingung bzw. Invariante P und die Schleifenbedingung B *wahr* sind. Nach der Ausführung der Schleife ist die Invariante weiterhin gültig und die Schleifenbedingung *falsch*. Somit gilt $P \wedge \neg B$.

Nicht jede Verifikationsmethode implementiert eine automatische Verifikation von Schleifen. Die vorgestellte Methodik verifiziert Schleifen basierend auf der Regel des Hoare-Kalküls mit einem Induktionsbeweis. Eine Schleife $\mathbb{w}$ hat folgende Struktur:

$$\langle \mathbb{S} \rangle_0 \; \texttt{while}(\varphi_{\mathbb{w}})\{ \; \gamma^{li} \; \langle \mathbb{S} \rangle_{\mathbb{w}} \}$$

Die Anweisungsmenge $\langle \mathbb{S} \rangle_0$ beschreibt die Anweisungen die vor der Schleife ausgeführt werden. Der Schleifenkopf wird als Anweisung $\mathbb{s}_{\mathbb{w}}$ referenziert. Die Schleifen-Invariante γ^{li} muss im Quellcode definiert werden. Die hierfür eingeführte Spezifikationssyntax wird im Kapitel zur Implementierung im Abschnitt 6.1.2.1 ab Seite 139 beschrieben.

Die Verifikation der Schleife $\mathbb{w}$ teilt sich auf in die Verifikation der Induktionsverankerung und die Verifikation des Induktionsschritts. Für die Verifikation der Induktionsverankerung muss gezeigt werden, dass die Schleifen-Invariante vor Beginn der Schleife erfüllt ist. Für die Verifikation des Induktionsschritts muss gezeigt werden, dass ausgehend von der Induktionsverankerung jede weitere mögliche Ausführung des Schleifenrumpfs die Schleifen-Invariante erfüllt. Für die Verifikation einer Schleife werden folgende Beweisziele generiert:

$$\Pi(\gamma^{li}) := \bigcup_{\tilde{\mathbb{S}}_m \in \mathbf{P}(\hat{\mathbb{S}}_0, \mathbb{s}_{\mathbb{w}}, \mathbb{S})} \left(\Omega\left(\tilde{\mathbb{S}}_m\right), \tilde{\mathbb{S}}_m, \gamma^{li}\right) \cup \tag{5.60}$$

$$\bigcup_{\tilde{\mathbb{S}}_n \in \mathbf{P}(\langle\hat{\mathbb{S}}\rangle_{\mathbb{w}}, \langle\check{\mathbb{S}}\rangle_{\mathbb{w}}, \langle\mathbb{S}\rangle_{\mathbb{w}})} \left(\Omega\left(\langle\mathbb{S}\rangle_0\right) \cup \gamma^{li} \cup \varphi_{\mathbb{w}}, \tilde{\mathbb{S}}_n, \gamma^{li}\right) \tag{5.61}$$

Der erste Teil des Terms generiert die Beweisziele für die Induktionsverankerung. Es wird für jeden Ausführungspfad $\tilde{\mathbb{S}}_m$, der innerhalb des Programmabschnitts $\langle\mathbb{S}\rangle_0$ zu der Schleife führt, ein Beweisziel generiert. Die Zielformel des Beweisziels ist die Schleifen-Invariante γ^{li}. Die Menge der getroffenen Annahmen $\Omega\left(\tilde{\mathbb{S}}_m\right)$ entsprechen den Annahmen des Pfades $\tilde{\mathbb{S}}_k$.

Der zweite Teil des Terms generiert die Beweiszeile für den Induktionsschritt. Es wird für jeden Ausführungspfad $\tilde{\mathbb{S}}_n$ innerhalb des Schleifenrumpfs $\langle\mathbb{S}\rangle_{\mathcal{L}}$ ein Beweisziel generiert. Die Menge der getroffenen Annahmen ist wie folgt zusammengesetzt: (1) Die Annahmen $\Omega\left(\langle\mathbb{S}\rangle_0\right)$ des Programmabschnittes $\langle\mathbb{S}\rangle_0$, der vor der Schleife liegt. (2) Die Schleifen-Invariante γ^{li}. (3) Die Schleifenbedingung $\varphi_{\mathbb{w}}$. Die Schleifen-Invariante γ^{li} dient als Zielformel für die generierten Beweisziele.

Wie im Hoare-Kalkül auch, wird die Schleifen-Invariante sowohl als Vorbedingung und gleichzeitig als Zielformel verwendet. Betrachtet man den Umstand, dass Vorbedingungen bei der Verifikation von Beweiszielen postuliert werden, mag dies unlogisch erscheinen. Bei der praktischen Durchführung der Verifikation wird der zu verifizierende Ausführungspfad $\tilde{\mathbb{S}}$ und die Zielformel jedoch in die SSA-Form überführt (vgl. Abschnitt 2.7). Die Anwendung der SSA-Form erlaubt zwischen den Symbolen der Induktionsverankerung und dem Induktionsschritt zu unterscheiden. Dies bedeutet, dass sich die Symbole in der postulierten Vorbedingung und in der Zielformel nach Anwendung der SSA-Form voneinander unterscheiden können. Ein entsprechendes Beispiel wird in Abschnitt 6.3.1 auf Seite 146 beschrieben.

5.6.2 Behandlung von Methodenaufrufen

Die statische Verifikation von Methodenaufrufen ist aus verschiedenen Gründen problematisch. Ein Hauptgrund hierfür ist die dynamische Bindung bei objektorientierten Programmen (vgl. Abschnitt 2.1.2). Auf Grund der Polymorphie kann zum Zeitpunkt der statischen Verifikation nicht immer bestimmt werden, welche Methode zur Laufzeit des Programms bei einem Methodenaufruf aufgerufen wird. Aus diesem Grund müssen die Rückgabewerte und Seiteneffekte aller Methoden analysiert werden, die im Rahmen der dynamischen Bindung aufgerufen werden könnten.

Für die Analyse der Rückgabewerte und Seiteneffekte aufgerufener Methoden könnte der aufgerufene Programmcode in den aktuell analysierten Ausführungspfad übertragen werden. Im Fall von rekursiven Methodenaufrufen würden durch diesen Ansatz jedoch unendlich lange Ausführungspfade entstehen. Auch ohne rekursive Aufrufe könnten durch diesen Ansatz sehr lange Ausführungspfade entstehen, wenn die Ausführungspfade aller transitiv aufgerufener Methoden in den aktuellen analysiert Pfad übernommen würden. Dies erschwert die formale Verifikation erheblich oder macht diese sogar gänzlich unmöglich.

Die Lösung für dieses Problem bietet die modulare Verifikation. Bei der modularen Verifikation wird der Programmcode der aufgerufenen Methode nicht in den aktuell zu verifizierenden Ausführungspfad übernommen. Stattdessen werden die Eigenschaften der Rückgabewerte und die möglichen Seiteneffekte einer aufgerufenen Methode basierend auf deren Nachbedingungen analysiert. Dafür werden Methodenaufrufe während der Verifikation durch die definierten Methodenzusicherungen bzw. Nachbedingung (engl. *Postconditions*) ersetzt.

Sei $\tilde{\mathbb{S}}$ der aktuell analysierte Ausführungspfad und $\mathbb{m}$ die aufgerufene Methode. Der Methodenaufruf wird bei der Verifikation dadurch behandelt, dass dessen Nachbedingungen in die Menge der Annahmen des aktuellen Beweisziels übernommen werden (vgl. Definition 5.32). Dafür werden die zu einer Methode $\mathbb{m}$ definierten Nachbedingungen $\gamma \in \Gamma_{\mathbb{m}}^{post}$ in den Symbolraum des Pfades $\tilde{\mathbb{S}}$ überführt: $\langle\!\langle \Gamma_{\mathbb{m}}^{post} \rangle\!\rangle_{\langle \mathbb{S} \rangle}^{\langle \mathbb{S} \rangle_{\mathbb{m}}}$. Dieser Schritt ist notwendig, da die Nachbedingungen der Methode $\mathbb{m}$ die Symbole aus dem Symbolraum der Methode $\mathbb{m}$ verwenden. Damit die Nachbedingungen der Methode $\mathbb{m}$ aber für die Verifikation des Ausführungspfades $\tilde{\mathbb{S}}$ verwendet werden können, müssen die Symbole der Nachbedingung auf die Symbole von $\tilde{\mathbb{S}}$ abgebildet werden. Ein entsprechendes Beispiel wird in Abschnitt 6.3.2 auf Seite 146 beschrieben.

5.6.3 Analyse der Verifikationsergebnisse

Die formale Verifikation unterteilt die Menge der generierten Beweisziele in zwei disjunkte Teilmengen:

Definition 5.75 (Verifizierte Beweisziele) *Die Menge der formal verifizierten Beweisziele Π^+ ist wie folgt definiert:*

$$\Pi^+ = \{\pi \in \Pi | \Psi(\pi)\} \tag{5.62}$$

Definition 5.76 (Nicht verifizierte Beweisziele) *Die Menge der nicht formal verifizierten Beweisziele Π^- ist wie folgt definiert:*

$$\Pi^- = \{\pi \in \Pi \backslash \Pi^+\} \tag{5.63}$$

Formale Beweise modularer Verifikationsverfahren basieren auf den getroffenen Annahmen der einzelnen Beweisziele. Dadurch ist die Korrektheit von formal verifizierten Beweiszielen gefährdet, wenn deren Annahmen nicht alle verifiziert werden konnten. Die Abhängigkeitsanalyse entspricht dem Schritt (4) in Abbildung 1.4 auf Seite 10. Ihre Aufgabe ist es, die nicht verifizierten Beweisziele zu analysieren und die dadurch gefährdeten Beweisziele zu identifizieren:

Definition 5.77 (Abhängigkeit zwischen Beweiszielen) *Ein Beweisziel $\pi_i := (\Omega_i, \tilde{\mathbb{S}}_i, \phi_i)$ ist von einem anderen Beweisziel $\pi_j := (\Omega_j, \tilde{\mathbb{S}}_j, \phi_j)$ abhängig, geschrieben als $(\pi_j \rightsquigarrow \pi_i)$, wenn die Liste der getroffenen Annahmen Ω_i die Zielformel ϕ_j enthält:*

$$(\pi_j \rightsquigarrow \pi_i) \Leftrightarrow (\exists\, \omega \in \Omega_i \mid \omega \equiv \phi_j) \tag{5.64}$$

Die Notation ist angelehnt an die Schreibweise $A \vdash B$. Das Beweisziel π_j ist eine Voraussetzung für das Beweisziel π_i.

Kann ein Beweisziel π_j nicht verifiziert werden und π_i hängt von der Korrektheit des Beweisziels π_j ab, dann gilt π_i als gefährdetes Beweisziel:

Definition 5.78 (Menge gefährdeter Beweisziele) *Ein Beweisziel $\pi_i \in \Pi^+$ ist genau dann gefährdet, wenn $\pi_j \rightsquigarrow \pi_i \wedge (\pi_j \in \Pi^-)$. Basierend auf der Menge nicht verifizierter Beweisziele $\pi_j \in \Pi^-$ ist die Menge der gefährdeten Beweisziele wie folgt definiert:*

$$\Pi^? := \{\pi_i \mid \pi_j \rightsquigarrow \pi_i, \pi_i \in \Pi^+, \pi_j \in \Pi^-\} \tag{5.65}$$

Die Notation bedeutet, dass ein Beweisziel π_i genau dann gefährdet ist, wenn dieses modular verifiziert werden konnte, $\pi_i \in \Pi^+$, aber π_i von einem nicht verifizierten Beweisziel $\pi_j \in \Pi^-$ abhängt, geschrieben als $\pi_j \rightsquigarrow \pi_i$.

Die Menge der nicht verifizierten Annahmen eines gefährdeten Beweisziels werden wie folgt ermittelt:

Definition 5.79 (Menge nicht verifizierter Annahmen) *Die Funktion $\Omega^?(\pi) : \Pi \mapsto \mathcal{P}(\Omega)$ ermittelt die Menge der nicht verifizierten Annahmen des Beweisziels π:*

$$\Omega^?(\pi) := \{\omega \in \Omega_\pi \mid \exists \pi_j \in \Pi \wedge \phi_{\pi_i} \equiv \omega \wedge \pi_j \in \Pi^-\} \tag{5.66}$$

5.7 Generierung von Testfällen und Robustheitstests

5.7.1 Fehlverhalten und verkettete Fehler

Nicht verifizierte und gefährdete Beweisziele müssen nach der formalen Verifikation zusätzlich dynamisch analysiert werden. Fehler können im Quellcode identifiziert werden, wenn während der Ausführung der dynamischen Testfälle ein Fehlverhalten der Software zu beobachten ist. Die Begriffe Fehlverhalten und Fehler sind wie folgt definiert ([60], Seite 6 ff.):

Definition 5.80 (Fehlverhalten) *Ein Fehlverhalten oder Ausfall (failure) zeigt sich dynamisch bei der Benutzung eines Produkts. Beim dynamischen Test einer Software erkennt man keine Fehler sondern Fehlverhalten bzw. Ausfälle. Diese sind Wirkungen von Fehlern im Programm.*

Definition 5.81 (Fehler) *Ein Fehler oder Defekt (fault, defect) ist bei Software die statische im Programmcode vorhandene Ursache eines Fehlverhaltens oder Ausfalls.*

Für diese Arbeit wird die Definition des Fehlverhaltens noch einmal weiter unterteilt:

Definition 5.82 (Offensichtliches Fehlverhalten) *Ein offensichtliches Fehlverhalten kann durch den Anwender oder Tester einer Software ohne Analyse der Aus- und Rückgabewerte festgestellt werden. Ein offensichtliches Fehlverhalten unterbricht die reguläre Programausführung. Zu einem offensichtlichen Fehlverhalten zählen u.a. Abstürze, angezeigte Fehlermeldungen oder ein Ausfall der gesamten Software oder einzelner Funktionen.*

Definition 5.83 (Verdecktes Fehlverhalten) *Bei einem verdeckten Fehlverhalten wird die reguläre Programmausführung nicht unterbrochen. Ein verdecktes Fehlverhalten kann nur durch die Analyse der Rückgabewerte bzw. errechneter Zwischenergebnisse festgestellt werden.*

Offensichtliche Fehler können leicht vom Anwender während des Betriebs oder beim Testen entdeckt werden. Ein verdecktes Fehlverhalten ist schwieriger zu erkennen.
Beispielsweise könnte ein Rückgabewert automatisch als Bestellmenge innerhalb einer nachfolgenden Transaktion verwendet werden. Ein Fehler bei der Berechnung dieses Rückgabewerts würde nicht zwingend unmittelbar auffallen. Dadurch könnten falsche Bestellungen ausgelöst und ein finanzieller Schaden verursacht werden. Hinsichtlich der Ursache eines Fehlverhaltens wird im Rahmen dieser Arbeit zusätzlich der Begriff *Verketteter Fehler* definiert:

Definition 5.84 (Verketteter Fehler) *Ein Fehler ist die Ursache für ein Fehlverhalten. Ein Fehlverhalten kann vom Anwender in der Ausgabe des Programms beobachtet werden. Bei einem verketteten Fehler liegt die Ursache für ein Fehlverhalten nicht in dem Programmcode, der unmittelbar für die Ausgabe verantwortlich ist, in dem das Fehlverhalten beobachtet werden kann. Ein verketteter Fehler ist somit ein Fehler, dessen Auswirkungen durch unterschiedliche Programmabschnitte propagiert werden, bevor der Fehler ein Fehlverhalten verursacht.*

Eine große Gefahr bzgl. der korrekten Funktionsweise der Software ist, dass sich Fehler unbemerkt in verifizierten oder getesteten Softwareabschnitten ausbreiten und so zu verketteten Fehler werden. Diese Fehler können in scheinbar nicht verwandten Methoden entstehen, während sich die Auswirkungen in modular verifizierten Programmabschnitten zeigen können. Besonders schwer können diese Fehler beim Testen gefunden werden, wenn deren Auswirkungen sich nur in Form eines verdeckten Fehlverhaltens zeigen.

Die Abbildung 5.2 illustriert die Beziehung von verketteten Fehlern und den Abhängigkeiten zwischen den Beweiszielen. Mit der Hilfe der Abbildung soll gezeigt werden, wie sich ein Fehler innerhalb eines nicht verifizierten Beweisziels in verifizierte Programmabschnitte ausbreiten kann und dadurch zu einem verketteten Fehler führt. Der obere Teil der Abbildung illustriert die Interaktion zwischen den drei Methoden $\mathtt{m}_1$, $\mathtt{m}_2$, $\mathtt{m}_3$. Die

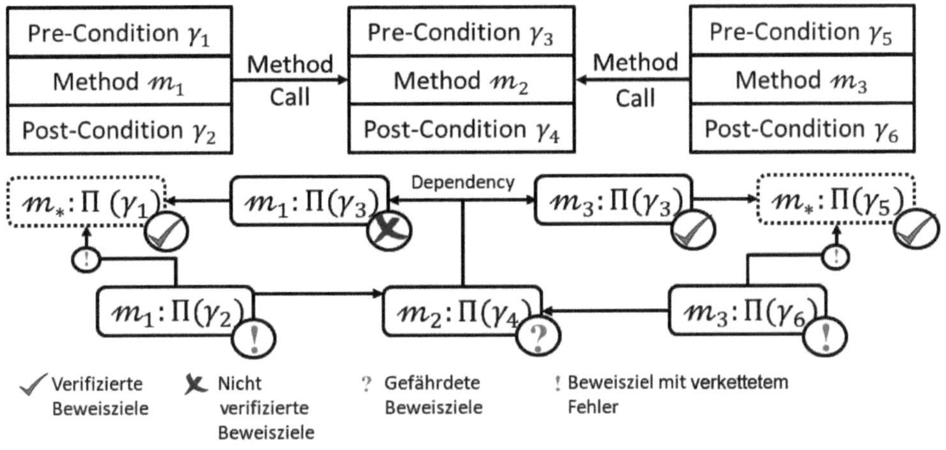

Abbildung 5.2: Verkettete Fehler: Graph der Methodenaufrufe (Oben) und Beweiszielabhängigkeiten (Unten)

Pfeile im oberen Teil illustrieren einen Methodenaufruf zwischen den Methoden $\mathfrak{m}_1$, $\mathfrak{m}_2$, $\mathfrak{m}_3$. Der untere Teil der Abbildung illustriert die generierten Beweisziele und ihre Beziehung zueinander. Die Pfeile im unteren Teil illustrieren die Abhängigkeit der Beweisziele untereinander.

Die Methoden $\mathfrak{m}_1$ und $\mathfrak{m}_3$ enthalten jeweils einen Methodenaufruf zu der Methode $\mathfrak{m}_2$. Für die Verifikation der beiden Methoden $\mathfrak{m}_1$ und $\mathfrak{m}_3$ ist es notwendig, auch die Interaktion mit der Methode $\mathfrak{m}_2$ zu verifizieren. Die Vorbedingung γ_3 definiert die Anforderungen der Methode $\mathfrak{m}_2$. Diese Anforderungen müssen beim Aufruf der Methode erfüllt und daher vor dem Aufruf innerhalb der aufrufenden Methode sichergestellt werden.
Die Einhaltung der Vorbedingung γ_3 innerhalb der Methoden $\mathfrak{m}_1$ und $\mathfrak{m}_3$ wird durch die Beweisziele $\Pi(\gamma_3)$ für m_1 und m_3 geprüft. Diese sind im unteren Teil der Abbildung dargestellt. Zusätzlich zu der Vorbedingung definiert die Methode $\mathfrak{m}_2$ auch die Nachbedingung γ_4. Die Nachbedingung der Methode m_2 wird durch die Beweisziele $\Pi(\gamma_4)$ garantiert. Bei der Verifikation der Beweisziele $\Pi(\gamma_4)$ wird die Korrektheit der Beweisziele $\Pi(\gamma_3)$ vorausgesetzt:

$$\forall \pi_i \in \Pi(\gamma_3)\ \forall \pi_j \in \Pi(\gamma_4): \ \pi_i \rightsquigarrow \pi_j \tag{5.67}$$

Angenommen die Beweisziele der Methoden $\mathfrak{m}_1$ und $\mathfrak{m}_3$ konnten bzgl. den Spezifikationen γ_1 und γ_5 modular verifiziert werden. Dies wird im unteren Teil der Abbildung durch die grünen Haken symbolisiert. Weiterhin wird angenommen, dass die Einhaltung der Vorbedingung γ_3 für die Methode $\mathfrak{m}_1$ nicht formal bewiesen werden konnte. Dies wird im unteren Teil der Abbildung durch das rote Kreuz symbolisiert. Wie bereits beschrieben, hängen die Beweisziele $\Pi(\gamma_4)$ von der Korrektheit der Beweisziele $\mathfrak{m}_1 : \Pi(\gamma_3)$ ab. Dadurch, dass die

Beweisziele $\mathbb{m}_1 : \Pi(\gamma_3)$ nicht verifiziert werden konnten, sind auch die Korrektheitsbeweise der Nachbedingung $\Pi(\gamma_4)$ gefährdet. Dies wird im unteren Teil der Abbildung durch das orangene Fragezeichen symbolisiert.
Ein Fehler im Programmcode der Methode $\mathbb{m}_1$ kann zu einer verletzten Vorbedingung beim Aufruf der Methode $\mathbb{m}_3$ führen. Das Nichteinhalten der Vorbedingung γ_3 kann wiederum zu einer Verletzung der Nachbedingung γ_4 und somit zu einem verdeckten Fehlerverhalten der Methode $\mathbb{m}_2$ führen. Ein fehlerhafter Rückgabewert der Methode $\mathbb{m}_2$ kann zu weiteren Fehlern in den Methoden $\mathbb{m}_1$ und m_3 führen und zu einer Verletzung der Nachbedingung beider Methoden führen. Diese Verletzung stellt einen verketteten Fehler dar. Dies wird im unteren Teil der Abbildung durch das orangene Ausrufezeichen symbolisiert. Der Fehler in der Methode $\mathbb{m}_1$ führt dadurch zu einer Kettenreaktion und zu einem fehlerhaften Verhalten von modular verifizierten Methoden.

Die vorgestellte Methodik kombiniert für die Überprüfung nicht formal verifizierter Beweisziele zwei komplementäre Ansätze. In Schritt (3) der Abbildung 1.4 auf Seite 10 werden Testfälle für alle nicht verifizierten Beweisziele $\pi \in \Pi^-$ generiert. Diese Testfälle sollen die Korrektheit nicht formal verifizierter Beweisziele überprüfen. Dieser Schritt dient der Erfüllung des Kernziels **K3**. Zusätzlich werden in Schritt (5) der Abbildung 1.4 Robustheitstests generiert. Diese analysieren das Verhalten gefährdeter Beweisziele $\pi \in \Pi^?$ im Fehlerfall. Simuliert werden Fehler hinsichtlich der nicht verifizierten Eigenschaften. Beispielsweise wird im einfachsten Fall eine Methode mit Argumenten aufgerufen, welche die definierten Vorbedingungen nicht erfüllen. Die aufgerufene Methode gilt als korrekt und robust, wenn diese die ungültigen Argumente erkennt und ein vordefiniertes Verfahren zum Umgang mit Fehlern einleitet. Eine robuste Methode verhindert somit, dass sich Fehler unbemerkt im Code ausbreiten und verkettete Fehler entstehen können. Dieser Schritt dient der Erfüllung des Kernziels **K5**.

5.7.2 Dynamische Testfälle

Mit Hilfe dynamischer Testfälle sollen die Beweisziele überprüft werden, deren Korrektheit nicht formal verifiziert werden konnte. Die generierten dynamischen Testfälle und Robustheitstests führen jeweils nur die in den Beweiszielen hinterlegten Programmpfade aus. Jeder Testfall muss demnach nur einen Programmpfad ausführen. Dies minimiert in Kombination mit der formalen Verifikation die Anzahl der benötigten Testfälle, da explizit nur noch die nicht verifizierten Programmpfade getestet werden müssen. Des weiteren vereinfacht dieses Vorgehen die Fehlerlokalisierung, da bei einem fehlgeschlagenen Testfall die Fehlerursache nur in dem einen ausgeführten Programmpfad liegen kann.

Definition 5.85 (Testfall) *$\mathbb{D}$ ist die Menge an Testfällen. Ein Testfall $\mathbb{d}_\pi := (\vec{\mathbb{d}}, \Omega, \tilde{\mathbb{S}}, \mathbb{o}, \phi) \in \mathbb{D}$ ist ein 5-Tuple und basiert auf einem nicht verifizierten Beweisziel $\pi = (\Omega, \tilde{\mathbb{S}}, \phi) \in \Pi^-$: Das erste Element $\vec{\mathbb{d}}$ ist der Testvektor. Der Testvektor definiert die Testparameter, mit welchen die Testmethode aufgerufen und die Testinstanz erstellt wird. Die Werte des Testvektors müssen die Vorbedingungen Ω erfüllen. Ein Testfall führt in einer Testmethode $\mathbb{m}_\mathsf{d} := \boldsymbol{M}(\tilde{\mathbb{S}})$ den Testpfad $\tilde{\mathbb{S}}$ aus. Die Testmethode wird auf der Testinstanz $\mathbb{o}$ der Klasse $\mathbb{c}_\mathsf{d} := \boldsymbol{C}(\mathbb{m}_\mathsf{d})$*

ausgeführt. Ein Testfall gilt als erfolgreich ausgeführt, wenn die Ausführung des Testpfads $\tilde{\mathbb{S}}$*, unter Verwendung des definierten Testvektors* $[\![\vec{\mathbb{d}}]\!]$*, die Testbedingung* ϕ *erfüllt. Für die erfolgreiche Ausführung eines Testfalls* $\mathbb{d}_\pi$ *wird folgende Syntax verwendet:*

$$[\![\mathbb{d}_\pi]\!][\![\vec{\mathbb{d}}]\!] \mapsto \phi \tag{5.68}$$

Für die Überprüfung nicht formal verifizierter Programmabschnitte wird für jedes nicht verifizierte Beweisziel ein Testfall erstellt. Die Menge aller Testfälle enthält einen Testfall für jedes nicht verifizierte Beweisziel $\pi_i \in \Pi^-$:

$$\begin{aligned} \vec{\mathbb{d}} &:= \mathbf{Ref}(\mathbb{c}_\mathbb{d}) \cup \vec{\mathbb{m}}_\mathbb{d} \\ \mathbb{c}_\mathbb{d} := \mathbf{C}(\pi_i), \quad \mathbb{m}_\mathbb{d} := \mathbf{M}(\pi_i), \quad \mathbb{o}_\mathbb{d} &:= ctor(\mathbb{c}_{\mathbb{c}_\mathbb{d}}) \\ \mathbb{D} &:= \bigcup_{\pi_i \in \Pi^-} \{\mathbb{d}_{\pi_i} := (\vec{\mathbb{d}}, \Omega_{\pi_i}, \tilde{\mathbb{S}}_{\pi_i}, \mathbb{o}_\mathbb{d}, \phi_{\pi_i})\} \end{aligned} \tag{5.69}$$

Die Testinstanz wird basierend auf einem speziellen Konstruktor erzeugt, der die Instanzierung verschiedener Objektzustände erlaubt. Das Vorgehen hierzu ist in Abschnitt 5.7.3 beschrieben.
Der Testvektor definiert alle freien Parameter des Testfalls.

5.7.3 Mocking

Das Testen von isolierten Programmpfaden impliziert drei Anforderungen an den zu testenden Code:

1. Nicht statische Methoden einer objektorientierten Software müssen in Kombination mit einer gültigen Objektinstanz getestet werden. Die getesteten Methoden definieren z.T. explizite Anforderungen an den Objektzustand und daher an die Werte der Klassenvariablen der Objektinstanz. Dies macht es notwendig, dass beim Erzeugen der Testinstanz jeder mögliche Objektzustand direkt über die Testparameter definiert werden kann.

2. Der zu testende Programmpfad muss innerhalb der Testumgebung ausführbar sein. Wurde der Programmpfad aus einer nicht sichtbaren oder abstrakten Methode extrahiert, kann der Programmpfad in einer Testumgebung nicht unmittelbar ausgeführt werden.

3. Die Pfadbedingungen des zu testenden Pfades müssen erfüllt werden. Die Pfadbedingungen können beispielsweise Bedingungen hinsichtlich privater Klassenfelder oder Rückgabewerte aufgerufener Methoden definieren. Die in diesen Bedingungen referenzierte Werte können nicht immer unmittelbar über den Testvektor definiert und entsprechend beeinflusst werden.

Alle drei Anforderungen werden durch Mocking gelöst. Beim Mocking werden einzelne Anweisungen eines Ausführungspfades vor dessen Ausführung ersetzt (vgl. Abschnitt 2.5.1).

Definition 5.86 (Gemockte Anweisungsmengen und Methoden) *Eine gemockte Anweisungsmenge* $\mathbb{S}_a^!$ *modifiziert eine Anweisungsmenge* $\mathbb{S}_a \subset \mathbb{S}$.
Im Rahmen der Modifikation können einzelne Anweisungen $\mathbb{S}_i \subset \mathbb{S}$ *durch* $\mathbb{S}_j \subset \mathbb{S}$ *ersetzt werden. Für das Ersetzen einzelner Anweisung wird der Abbildungspfeil* $\mapsto$ *verwendet. Der Gesamtvorgang wird mit folgender Syntax beschrieben:*

$$\mathbb{S}_a^! := \mathbb{S}_a[\mathbb{S}_i \mapsto \mathbb{S}_j] \tag{5.70}$$

Im Rahmen der Modifikation können die Werte einzelner Symbole $\mathbb{Y}_i \subset \mathbb{Y}$ *durch die Werte anderer Symbole* $\mathbb{Y}_j \subset \mathbb{Y}$ *ersetzt werden. Für die Zuweisung von Werten wird der Pfeil* $\leftarrow$ *verwendet. Der Gesamtvorgang wird mit folgender Syntax beschrieben:*

$$\mathbb{S}_a^! := \mathbb{S}_a[\mathbb{Y}_i \leftarrow [\![\mathbb{Y}_j]\!]] \tag{5.71}$$

Die Syntax zur Beschreibung von gemockten Anweisungsmengen kann auch für die Beschreibung gemockter Methoden verwendet werden. In diesem Fall werden die Mocking-Schritte auf die Anweisungsmenge der Methode angewandt. Es gilt beispielsweise:

$$\mathbb{m}_a^! := \mathbb{m}_a[\mathbb{Y}_i \leftarrow [\![\mathbb{Y}_j]\!]] = \langle\mathbb{S}\rangle_{\mathbb{m}_a}^! := \langle\mathbb{S}\rangle_{\mathbb{m}_a}[\mathbb{Y}_i \leftarrow [\![\mathbb{Y}_j]\!]] \tag{5.72}$$

Die Notationen auf beiden Seiten des Gleichheitszeichens beschreiben dasselbe Mocking.

Definition 5.87 (Gemockte Klassen) *Eine gemockte Klasse* $\mathbb{c}^!$ *modifiziert eine Klasse* $\mathbb{c}$.
Im Rahmen der Modifikation können Methoden $\mathbb{m}_i$ *und Konstruktoren* $\mathbb{ctor}_i$ *zu Klassen* $\mathbb{c}$ *hinzugefügt werden:*

$$\mathbb{c}^! := \mathbb{c}[\mathbb{M}_{\mathbb{c}} \cup \mathbb{m}_i] \tag{5.73}$$

Im Rahmen der Modifikation kann die Sichtbarkeit einzelner Methoden $\mathbb{m}_i$ *und Felder* $\mathbb{f}_i$ *verändert werden:*

$$\mathbb{c}^! := \mathbb{c}[\mathbb{m}_i \leftarrow \{public, protected, private\}] \tag{5.74}$$

$$\mathbb{c}^! := \mathbb{c}[\mathbb{f}_i \leftarrow \{public, protected, private\}] \tag{5.75}$$

In Bezug auf die drei definierten Anforderungen werden Mocking-Schritte wie folgt eingesetzt:

1. Für die Instanziierung eines beliebigen Objektzustandes wird für jede Klasse ein neuer Konstruktor generiert. Die Parameterliste des neuen Konstruktors $\mathbb{ctor}_j^!$ enthält Parameter für alle Klassenfelder der Klasse $\mathbb{c}$. Über die Parameterliste können alle Werte aller Klassenfelder vordefiniert werden und dadurch jeder Objektzustand instanziiert werden.

2. Die Sichtbarkeit der zu testenden Methoden wird auf *public* gesetzt

3. Für die Erfüllung notwendiger Pfadbedingungen werden die Werte von Klassenfeldern oder die Rückgabewerte aufgerufener Methoden durch vordefinierte Werte ersetzt.

Das genaue Vorgehen bei der Umsetzung der einzelnen Mocking-Schritte hängt von der verwendeten Programmiersprache ab. Das Vorgehen für die exemplarische Implementierung dieser Methodik in C# wird in Abschnitt 6.4.1 beschrieben.

5.7.4 Robustheitstest

Dynamische Testfälle werden generiert, um die Korrektheit nicht formal verifizierter Beweisziele zu überprüfen. Robustheitstests hingegen haben das Ziel, Risiken ungültiger Annahmen bzgl. nicht verifizierter Beweisziele und die daraus entstehenden Fehler aufzuzeigen. Dadurch sollen schwer zu findende, verkettete Fehler vermieden werden. Hierfür simulieren Robustheitstests Fehler bzgl. nicht verifizierter Annahmen.

Die Grundlage für die Simulation einer nicht verifizierten Annahme ω ist die Menge der Symbole, die von der Annahme ω referenziert wird:

$$\mathbb{Y}_{\omega} := \mathbf{Ref}(\Gamma(\omega)) \tag{5.76}$$

Die Elemente dieser Symbolmenge werden im Folgenden als **Robustheitsparameter** bezeichnet. Für die Simulation von Fehlern werden die Robustheitsparameter mit Werten vorbelegt, welche die Annahme ω verletzten. Die Werte der Robustheitsparameter werden im Testvektor des Robustheitstests definiert und mit Hilfe von Mockingverfahren in dem ausgeführten Programmcode des Robustheitstests injiziert. Der Robustheitstest analysiert das Verhalten des ausgeführten Testpfades bezüglich der simulierten Fehler. Ein analysierter Testpfad gilt als robust, wenn dieser den simulierten Fehler erkennt und ein definiertes Fehlerverhalten auslöst.

Man stelle sich vor, ein Beweisziel basiert auf einer Annahme bzgl. einer nicht verifizierten Nachbedingung. Der entsprechende Robustheitstest simuliert die Verletzung der Nachbedingung, in dem für die aufgerufene Methode ein ungültiger Rückgabewert injiziert wird. Der ungültige Rückgabewert wird als Robustheitsparameter des Robustheitstest vordefiniert. Der Robustheitstest sorgt dafür, dass anstelle des berechneten Ergebnisses der vordefinierte Robustheitsparameter als Ergebnis der aufgerufenen Methode zurückgegeben wird. Der Testpfad sollte den fehlerhaften Rückgabewert der Methode erkennen und z.B. durch das Werfen einer Ausnahme behandeln.

Für diese Aufgabe werden Robustheitstests wie folgt definiert:

Definition 5.88 (Robustheitstest) $\mathbb{D}^?$ *ist die Menge alle Robustheitstests.*
Ein Robustheitstest für das Beweisziel $\pi \in \Pi^?$ *und der nicht verifizierten Annahme* $\omega \in \Omega_\pi$ *ist definiert als:* $\mathbb{d}^?_{\pi,\bar{\omega}} := (\vec{\mathbb{d}}, \Omega, \tilde{\mathbb{S}}, \mathbb{o}, \phi, \bar{\omega}) \in \mathbb{D}^?$.
Die ersten fünf Werte des 6-Tuples entsprechen denen eines Testfalls $\mathbb{d} \in \mathbb{D}$ *(vg. Definition 5.85). Der sechste Parameter* $\bar{\omega}$ *ist das* ***Robustheitskriterium****. Das Robustheitskriterium* $\bar{\omega}$ *entspricht der nicht verifizierten Annahme* ω*.*
Jeder Robustheitstest $\mathbb{d}^?_{\pi,\bar{\omega}}$ *basiert auf dem regulären Testfall* $\mathbb{d}_\pi$*.*
Auf die Parameterliste des Robustheitstests $\mathbb{d}^?_{\pi,\bar{\omega}}$ *wird mit dem Symbol* $\vec{\mathbb{d}}^?_{\pi,\bar{\omega}}$ *verwiesen.*
Ein Robustheitstest gilt als erfolgreich ausgeführt, wenn die Ausführung des Testpfads $\tilde{\mathbb{S}}$ *die Testbedingung* ϕ *erfüllt und das Robustheitskriterium* $\bar{\omega}$ *verletzt:*

$$[\![\mathbb{d}^?_{\pi,\bar{\omega}}]\!][\![\vec{\mathbb{d}}]\!] \vdash \phi \wedge \neg\bar{\omega}$$

Die Testbedingung ϕ beschreibt in diesem Fall das gewünschte Verhalten der getesteten Methode im Fehlerfall.
Der getestete Testpfad $\tilde{\mathbb{S}}$ gilt als robust bzgl. $\bar{\omega}$, wenn der Robustheitstest $\mathbb{d}^?_{\pi,\bar{\omega}}$ erfolgreich ausgeführt wurde.

Die Annahmen eines Robustheitstests $\mathbb{d}^?_{\pi,\bar{\omega}}$ entsprechen immer den Annahmen des ursprünglichen Beweisziels π ohne die nicht verifizierte Annahme $\bar{\omega}$:

$$\Omega_{\mathbb{d}^?_{\pi,\bar{\omega}}} := \Omega_\pi \backslash \bar{\omega} \tag{5.77}$$

Das Robustheitskriterium $\bar{\omega}$ muss aus der Liste der getroffenen Annahmen $\Omega_{\mathbb{d}^?_{\pi,\bar{\omega}}}$ entfernt werden, da diese für die Simulation eines Fehlers während der Ausführung des Robustheitstests verletzt wird.

Bei der automatischen Generierung eines Robustheitstests $\mathbb{d}^?_{\pi,\bar{\omega}}$ wird die Testbedingung ϕ aus der Spezifikation der Methode $\mathbf{M}(\tilde{\mathbb{S}}_\pi)$ gelesen. Sollte für die Methode kein Verhalten im Fehlerfall spezifiziert sein, gilt $\phi = \varnothing$ und der Robustheitstest kann nicht erfolgreich ausgeführt werden, bis der Entwickler eine entsprechende Spezifikation nachgetragen hat.
Die Syntax zur Spezifikation des Fehlerverhaltens einer Methode wird durch die verwendete Programmier- und Spezifikationssprache definiert. In Abschnitt 6.1.3 wird das Vorgehen für die in dieser Arbeit verwendete Sprache C# beschrieben.

Die Parameterliste eines Robustheitstests wird gegenüber dem ursprünglichen Test um die Robustheitsparameter erweitert:

$$\vec{\mathbb{d}}^?_{\pi,\omega} := \vec{\mathbb{d}}_\pi \cup \mathbb{Y}_\omega \tag{5.78}$$

Die Injektion der Robustheitsparameter erfolgt i.d.R. durch Mocking. Das genaue Vorgehen bei der Injektion der Robustheitsparameter in den Testpfad wird durch die Art der nicht verifizierten Annahme bestimmt.
Beispielsweise verlangt die Simulation einer nicht erfüllten Vorbedingung andere Mocking-Schritte als die Simulation einer nicht erfüllten Nachbedingung. Im Abschnitt 6.4.3 wird zudem das Vorgehen bei der Fehlerinjektion für die C#-Implementierung der hier beschriebenen Methodik vorgestellt.
Die Menge aller Robustheitstests setzt sich aus den einzelnen Mengen zusammen:

$$\mathbb{D}^? := \mathbb{D}^?_{pre} \cup \mathbb{D}^?_{post} \cup \mathbb{D}^?_{invm} \cup \mathbb{D}^?_{invc} \cup \mathbb{D}^?_{ass} \tag{5.79}$$

In den folgenden Abschnitten wird die Generierung der einzelnen Mengen an Robustheitstests besprochen:

5.7.4.1 Vorbedingungen

Die Auswirkungen einer verletzten Vorbedingung γ_i^{pre} werden simuliert, indem die zu testende Methode mit Parametern aufgerufen wird, welche die Vorbedingung verletzen.

Gegeben sei das Beweisziel π_j, welches von der Gültigkeit der Vorbedingung γ_i^{pre} abhängt. Ferner gilt $\gamma_i^{pre} = \Gamma(\omega_k)$ und $\omega_k \in \Omega_{\pi_j}$.
Der Robustheitstest $\mathbb{d}^?_{\pi_j,\omega_k}$ wird mit Parametern ausgeführt, welche die Vorbedingung γ_i^{pre} verletzen. Die Injektion ungültiger Robustheitsparameter erfolgt direkt über die Belegung der Parameter $\vec{\mathbb{d}}^?_{\pi_j,\omega_k}$. Diese Bedingung an die Werte der Testparameter wird wie folgt formal definiert:

$$[\![\gamma_i^{pre}]\!][[\![\mathbb{Y}_\omega]\!]] \rightarrow \bot \tag{5.80}$$

Es sind für diesen Robustheitstest keine gesonderten Mocking-Schritte notwendig.
Die Menge aller Robustheitstest zur Simulation verletzter Vorbedingungen ist wie folgt definiert:

$$\mathbb{D}^?_{pre} := \bigcup_{\pi_j \in \Pi^?} \bigcup_{\omega_k \in \{\Omega^?(\pi_j) | \Gamma(\omega_k) \in \Gamma^{pre}\}} \{\mathbb{d}^?_{\pi_j,\omega_k} := (\vec{\mathbb{d}}^?_{\pi_j,\omega}, \Omega_{\pi_j} \backslash \omega_k, \tilde{\mathbb{S}}_{\pi_j}, \mathbb{o}_{\mathbb{d}_{\pi_j}}, \phi_{\pi_j}, \omega_k)\} \tag{5.81}$$

5.7.4.2 Nachbedingungen

Die Auswirkungen einer verletzten Nachbedingung γ_i^{post} werden simuliert, indem der Rückgabewert der aufgerufenen Methode mit einem Wert vorbelegt wird, der die Nachbedingung verletzt.
Gegeben sei das Beweisziel π_j, welches von der Gültigkeit der Nachbedingung γ_i^{post} abhängt und die Methode $\mathbb{m}_q$, deren Nachbedingung nicht verifiziert werden konnte. Ferner gilt $\gamma_i^{post} = \Gamma(\omega_k)$ und $\omega_k \in \Omega_{\pi_j}$.
Die Vorbelegung eines Rückgabewertes erfolgt durch Mocking. Hierfür wird eine gemockte Kopie $\mathbb{m}^!_q$ der Methode $\mathbb{m}_q$ angelegt. Die Parameterliste der Methode $\mathbb{m}^!_q$ wird um den Robustheitsparameter zur Vorbelegung des Rückgabewertes ergänzt. Der Robustheitsparameter wird innerhalb der Methode $\mathbb{m}^!_q$ als Ergebnis der Methode zurückgegeben. Des Weiteren wird der ursprüngliche Testpfad $\tilde{\mathbb{S}}_{\pi_j}$ gemockt. In der gemockten Kopie $\tilde{\mathbb{S}}^!_{\pi_j}$ wird der Aufruf der Methode $\mathbb{m}_q$ durch einen Aufruf der Methode $\mathbb{m}^!_q$ ersetzt. Für den Aufruf der Methode $\mathbb{m}^!_q$ werden die Parameter der erweiterten Parameterliste verwendet.
Die Menge aller Robustheitstest zur Simulation verletzter Nachbedingungen ist wie folgt definiert:

$$\mathbb{y}_{m_q} := [\![m_q]\!], \quad \mathbb{y}_{m_q} \in \mathbb{Y}_\omega, \quad [\![\gamma_i^{post}]\!][[\![\mathbb{Y}_\omega]\!]] \rightarrow \bot \tag{5.82}$$

$$\vec{\mathbb{m}}^!_{\mathrm{q}} := \vec{\mathbb{m}}_q \cup \mathbb{y}_{m_q} \tag{5.83}$$

$$\mathbb{m}^!_q := \mathbb{m}_q[[\![\mathbb{m}_q]\!] \leftarrow \mathbb{y}_{m_q}] \tag{5.84}$$

$$\tilde{\mathbb{S}}^!_{\pi_j} := \tilde{\mathbb{S}}_{\pi_j}[\mathbf{CM}(\mathbf{MC}(\mathbb{m}_q, \tilde{\mathbb{S}}_{\pi_j})) \mapsto \mathbb{m}^!_q] \tag{5.85}$$

$$\mathbb{D}^?_{post} := \bigcup_{\pi_j \in \Pi^?} \bigcup_{\omega_k \in \{\Omega^?(\pi_j) | \Gamma(\omega_k) \in \Gamma^{post}\}} \{\mathbb{d}^?_{\pi_j,\omega_k} := (\vec{\mathbb{d}}^?_{\pi_j,\omega}, \Omega_{\pi_j} \backslash \omega_k, \tilde{\mathbb{S}}^!_{\pi_j}, \mathbb{o}_{\mathbb{d}_{\pi_j}}, \phi_{\pi_j}, \omega_k)\} \tag{5.86}$$

5.7.4.3 Invarianten

Auswirkungen einer verletzten Invarianten γ_i^{inv} werden simuliert, indem die Werte der Klassenfelder der Testinstanz so vordefiniert werden, dass diese die Invariante verletzen. Bei der Injektion der Robustheitsparameter wird unterschieden, ob die Gültigkeit der Invariante für die Ausführung einer Methode oder für den Aufruf eines Konstruktors nicht verifiziert werden konnte. Diese Unterscheidung ist notwendig, da in beiden Fällen jeweils unterschiedliche Mocking-Verfahren angewandt werden. Diese werden in den folgenden Absätzen beschrieben.

Gegeben sei in beiden Fällen das Beweisziel π_j, welches von der Gültigkeit der Invariante γ_i^{inv} abhängt. Des Weiteren sei das Beweisziel π_i gegeben, welches basierend auf γ_i^{inv} generiert wurde und nicht verifiziert werden konnte.

Als erstes wird die Situation betrachtet, in der die Einhaltung der Invariante für eine aufgerufene Methode nicht verifiziert werden konnte. Folgende Situation sei gegeben: Im Testpfad $\tilde{\mathbb{S}}_{\pi_j}$ wird die Methode $\mathbb{m}_q$ der Klasse $\mathbb{c}_l$ auf der Instanz $\mathbb{o}_m$ aufgerufen. Es gilt: $\mathbb{c}_l := \mathbf{C}(\mathbb{o}_m)$ und $\mathbb{m}_q \in \mathbb{M}_{\mathbb{c}_l}$.
Analysiert werden soll die Reaktion von $\tilde{\mathbb{S}}_{\pi_j}$ auf eine Verletzung der Invariante γ_i^{inv} durch die Ausführung der Methode $\mathbb{m}_q$. Für die Injektion der Parameter wird für die Methode $\mathbb{m}_q$ eine gemockte Kopie $\mathbb{m}_q^!$ angelegt. Die Parameterliste der Methode $\mathbb{m}_q^!$ wird um die Robustheitsparameter erweitert.
Des Weiteren wird der ursprüngliche Testpfad $\tilde{\mathbb{S}}_{\pi_j}$ gemockt. In der gemockten Kopie $\tilde{\mathbb{S}}_{\pi_j}^{invm!}$ wird der Aufruf von $\mathbb{m}_q$ durch einen Aufruf auf $\mathbb{m}_q^!$ ersetzt: Für den Aufruf der Methode $\mathbb{m}_q^!$ werden die Parameter der erweiterten Parameterliste verwendet. Innerhalb der gemockten Kopie $\mathbb{m}_q^!$ werden die Werte der Symbole $\mathbf{Ref}(\gamma_i^{inv})$ für die Instanz $\mathbb{o}_m$ basierend auf der erweiterten Parameterliste $\vec{\mathbb{m}}_q^!$ gesetzt. Durch das Setzen der Werte der Symbole $\mathbf{Ref}(\gamma_i^{inv})$ wird die Invariante γ_i^{inv} nach der Ausführung der Methode $\mathbb{m}_q^!$ verletzt.
Die Menge aller Robustheitstest zur Simulation verletzter Invarianten durch Methodenaufrufe ist wie folgt definiert:

$$[\![\gamma_i^{inv}]\!][[\![\mathbb{Y}_\omega]\!]] \to \bot \tag{5.87}$$

$$\vec{\mathbb{m}}_q^! := \vec{\mathbb{m}}_q \cup \mathbb{y}_{m_q} \tag{5.88}$$

$$\mathbb{m}_q^! := \mathbb{m}_q[\mathbf{Ref}(\gamma_i^{inv}) \leftarrow \mathbb{Y}_\omega] \tag{5.89}$$

$$\tilde{\mathbb{S}}_{\pi_j}^{inv!} := \tilde{\mathbb{S}}_{\pi_j}[\mathbf{CM}(\mathbf{MC}(\mathbb{m}_q, \tilde{\mathbb{S}}_{\pi_j})) \mapsto \mathbb{m}_q^!] \tag{5.90}$$

$$\mathbb{D}_{invm}^? := \bigcup_{\pi_j \in \Pi^?} \bigcup_{\omega_k \in \{\Omega^?(\pi_j) | \Gamma(\omega_k) \in \Gamma^{inv} \wedge \mathbf{M}(\tilde{\mathbb{S}}_{\pi_i}) \neq \emptyset\}} \tag{5.91}$$

$$\{\mathbb{d}_{\pi_j,\omega_k}^? := (\vec{\mathbb{d}}_{\pi_j,\omega}^?, \Omega_{\pi_j} \backslash \omega_k, \tilde{\mathbb{S}}_{\pi_j}^{inv!}, \mathbb{o}_{\mathbb{d}_{\pi_j}}, \phi_{\pi_j}, \omega_k)\} \tag{5.92}$$

Die Bedingung $\mathbf{M}(\tilde{\mathbb{S}}_{\pi_i}) \neq \emptyset$ bedeutet, dass der nicht verifizierte Pfad $\tilde{\mathbb{S}}_{\pi_i}$ aus einer Methode extrahiert wurde und nicht aus einem Konstruktur.

Als Zweites wird das fehlerhafte Verhalten eines Konstruktors simuliert. Gegeben sei die folgende Situation: Simuliert wird ein fehlerhafter Konstruktor $\mathbb{ctor}_{\mathbb{c}_l}$, der eine Instanz $\mathbb{o}_m$ der Klasse $\mathbb{c}_l$ erzeugt, welche die Invariante γ_i^{inv} verletzt. Analysiert wird der Umgang von Methoden, die auf der ungültigen Objektinstanz $\mathbb{o}_m$ ausgeführt werden. Dies betrifft alle Methoden $\mathbb{m}_x \in \{\mathbb{M}_\mathbb{c} | \mathbb{c} \in \mathbb{C} \wedge \mathbb{c} \leq \mathbb{c}_l\}$.
Für die Injektion wird für den Konstruktor $\mathbb{ctor}_{\mathbb{c}_l}$ eine gemockte Kopie $\mathbb{ctor}^!_{\mathbb{c}_l}$ erstellt. Die Parameterliste $\vec{\mathbb{ctor}}^!_{\mathbb{c}_l}$ des Konstruktors wird um die Symbole $\mathbb{Y}^{inv}$ erweitert. Innerhalb des Konstruktors $\mathbb{ctor}^!_{\mathbb{c}_l}$ werden die Werte der Symbole $\mathbb{Y}^{inv}$ basierend auf den Testparametern gesetzt. Die Testinstanz $\mathbb{o}^!_m$ wird basierend auf dem Konstruktor $\mathbb{ctor}^!_{\mathbb{c}_l}$ erstellt. Die Instanz $\mathbb{o}^!_m$ verletzt dadurch die Invariante γ^{inv}. Die Methoden $\mathbb{m}_x \in \{\mathbb{M}_\mathbb{c} | \mathbb{c} \in \mathbb{C} \wedge \mathbb{c} < \mathbb{c}_l\}$ werden auf der ungültigen Instanz $\mathbb{o}^!_m$ ausgeführt.
Die Menge aller Robustheitstest zur Simulation verletzter Invarianten durch Konstruktoraufrufe ist wie folgt definiert:

$$[\![\gamma_i^{inv}]\!] [[\![\mathbb{Y}_\omega]\!]] \rightarrow \bot \tag{5.93}$$

$$\vec{\mathbb{ctor}}^!_{\mathbb{c}_l} := \vec{ctor}_{\mathbb{c}_l} \cup \mathbb{Y}_\omega) \tag{5.94}$$

$$\mathbb{ctor}^!_{\mathbb{c}_l} := \mathbb{ctor}_{\mathbb{c}_l}[\mathbf{Ref}(\gamma_i^{inv}) \leftarrow \mathbb{Y}_\omega] \tag{5.95}$$

$$\mathbb{o}^!_m \leftarrow ctor^!_{\mathbb{c}_l}() \tag{5.96}$$

$$\mathbb{D}^?_{invc} := \bigcup_{\pi_j \in \Pi^?} \bigcup_{\omega_k \in \{\Omega^?(\pi_j) | \Gamma(\omega_k) \in \Gamma^{inv} \wedge \mathbf{Ctor}(\tilde{\mathbb{S}}_{\pi_j}) \neq \emptyset\}} \tag{5.97}$$

$$\{\mathbb{d}^?_{\pi_j,\omega_k} := (\vec{\mathbb{d}}^?_{\pi_j,\omega}, \Omega_{\pi_j} \backslash \omega_k, \tilde{\mathbb{S}}_{\pi_j}, \mathbb{o}^!_m, \phi_{\pi_j}, \omega_k)\} \tag{5.98}$$

Die Bedingung $\mathbf{Ctor}(\tilde{\mathbb{S}}_{\pi_i}) \neq \emptyset$ bedeutet, dass der nicht verifizierte Pfad $\tilde{\mathbb{S}}_{\pi_i}$ aus einem Konstruktor extrahiert wurde und nicht aus einer Methode.

5.7.4.4 Laufzeitbedingungen

Auswirkungen einer verletzter Laufzeitbedingung γ_i^{ass} werden mit Hilfe vorbelegter Symbolwerte simuliert. Dafür werden die von der Laufzeitbedingung referenzierten Werte im Testpfad mit Werten vorbelegt, welche die Laufzeitbedingung verletzen.
Gegeben sei das Beweisziel π_j, welches von der Gültigkeit der Laufzeitbedingung γ_i^{ass} abhängt. Ferner gilt $\gamma_i^{ass} = \Gamma(\omega_k)$ und $\omega_k \in \Omega_{\pi_j}$.
Die Vorbelegung einzelner Variablenwerte erfolgt durch Mocking. Hierfür wird eine gemockte Kopie $\tilde{\mathbb{S}}^{ass!}_{\pi_j}$ des ursprünglichen Testpfades $\tilde{\mathbb{S}}_{\pi_j}$ erstellt. In dieser gemockten Kopie

werden Anweisungen hinzugefügt, die den Variablen, die von der Laufzeitbedingung referenziert werden, Werte zuweisen, welche die Laufzeitbedingung verletzen. Die zugewiesenen Werte entsprechen den Robutsheitsparametern.
Die Menge aller Robustheitstest zur Simulation verletzter Laufzeitbedingungen ist wie folgt definiert:

$$[\![\gamma_i^{ass}]\!][[\![\mathbb{Y}_\omega]\!]] \rightarrow \bot \tag{5.99}$$

$$\tilde{\mathbb{S}}_{\pi_j}^{!} := \tilde{\mathbb{S}}_{\pi_j}[\mathbf{Ref}(\gamma_i^{ass}) \leftarrow \mathbb{Y}_\omega] \tag{5.100}$$

$$\mathbb{D}_{ass}^{?} := \bigcup_{\pi_j \in \Pi^?} \bigcup_{\omega_k \in \{\Omega^?(\pi_j) | \Gamma(\omega_k) \in \Gamma^{ass}\}} \{\mathbb{d}_{\pi_j,\omega_k}^{?} := (\vec{\mathbb{d}}_{\pi_j,\omega}^{?}, \Omega_{\pi_j} \backslash \omega_k, \tilde{\mathbb{S}}_{\pi_j}^{ass!}, \mathbb{o}_{\mathbb{d}_{\pi_j}}, \phi_{\pi_j}, \omega_k)\} \tag{5.101}$$

5.8 Testfallgenerierung für Schleifen

Schleifen benötigen eine besondere Behandlung bei der Überprüfung von Programmcode mit dynamischen Testfällen. In Abschnitt 4.3 wurden die aktuellen Verfahren zum Testen von Schleifen vorgestellt. In Abschnitt 3.2 werden die erfüllten Anforderungen **L1** und **L2** aufgeführt. Zur Erfüllung dieser Anforderungen wurde für diese Arbeit ein neues Testverfahren für Schleifen entwickelt.
Bei der Ausführung einer Schleife wird der Schleifenrumpf wiederholt hintereinander ausgeführt. Jede Wiederholung wird Iteration genannt. Eine Iteration repräsentiert daher einen Ausführungspfad innerhalb des Schleifenrumpfs. Beim Abrollen einer Schleife werden verschiedene Iterationen kombiniert. Diese Kombinationen werden Iterationsfolge genannt. Jede Iterationsfolge repräsentiert eine mögliche Ausführungsvariante der Schleife.

Die Kernidee des neuen Verfahrens ist das datenflussoriente Abrollen der Schleife. Beim Abrollen der Schleife werden nur Iterationsfolgen erstellt, bei denen vorangegangene Iterationen folgende Iterationen beeinflussen können. Eine Iteration kann eine folgende Iteration genau dann beeinflussen, wenn sie den Wert eines Symbols modifiziert, das von der folgenden Iteration referenziert wird. Durch das datenflussorientierte Abrollen werden gezielt die Wechselwirkungen und Interaktionen zwischen den verschiedenen Schleifendurchläufen getestet. Iterationen, die keinen Einfluss auf andere Iterationen haben, müssen nicht an verschiedenen Positionen einer Iterationsfolge getestet werden. Ohne diese gegenseitige Wechselwirkung erzeugen unterschiedliche Permutationen dieser Iterationen keinen Mehrwert für das Testergebnis.
Eine weitere Kernidee ist die Reduzierung der Anzahl benötigter Testfälle durch die Bildung von Äquivalenzklassen. Wenn der Schleifenrumpf weitere Kontrollstrukturen enthält, führen verschiedene Iterationen unterschiedliche Basisblöcke aus. In den jeweiligen Basisblock könnten verschiedene Variablen modifiziert werden. Die Menge der ausgeführten Basisblöcke definiert dadurch indirekt die Menge der modifizierten Symbole. Die Äquivalenzklassen gruppieren Iterationen, welche dieselben Basisblöcke ausführen. Dadurch müssen nicht mehr alle möglichen Kombinationen jeder einzelnen Iterationen kombiniert

werden. Stattdessen reicht es Iterationen aus den unterschiedlichen Äquivalenzklassen zu kombinieren.

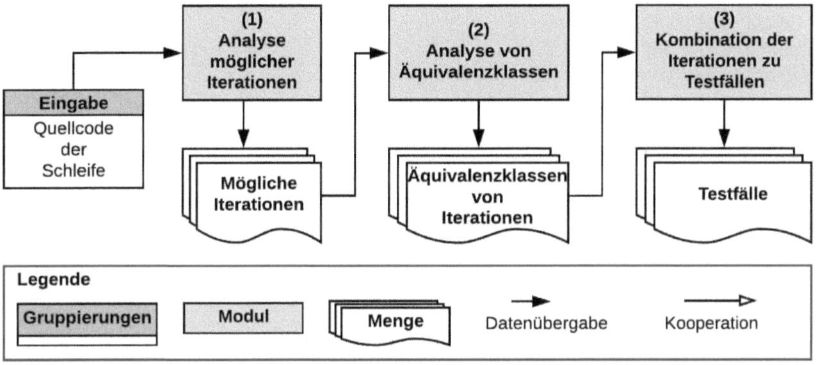

Abbildung 5.3: Illustration der Schritte zur Testfallgenerierung für Schleifen

Die verschiedenen Schritte der Methodik zum datenflussorientierten Abrollen der Schleife sind in Abbildung 5.3 dargestellt. Als Eingabe verwendet die Methode den Quellcode der Schleife. In Schritt (1) werden alle möglichen Iterationen extrahiert und analysiert. Dies entspricht der Menge aller möglichen Pfade im Kontrollflussgraphen des Schleifenrumpfs zwischen dem Einstiegspunkt und den verschiedenen Endknoten. Für jede Iteration wird festgehalten welche Basisblöcke ausgeführt werden, welche Symbole in jeder Iteration referenziert und modifiziert werden und ob die Iteration zusätzliche Steuerungsbefehle bzgl. der Schleife enthält wie z.B. `continue`- oder `break`-Anweisungen. Basierend auf diesen Informationen werden die Iterationen in Schritt (2) in Äquivalenzklassen bzgl. der unterschiedlichen modifizierten Symbole gruppiert. In Schritt (3) werden die Iterationen zu Testpfaden einer vordefinierten Länge zusammengefasst. Dieser Schritt entspricht dem datenflussorientierten Abrollen der Schleife.

Diese Schritte können am einfachsten an Hand eines kleinen Beispiels erörtert werden. Das Beispiel 5.4 zeigt den Quellcode einer Schleife mit weiteren Kontrollstrukturen im Schleifenrumpf. Das kleine Beispiel zählt in einer Log-Datei wie oft ein Dokument importiert und exportiert wurde. Dafür wird die Log-Datei zeilenweise eingelesen. Anhand des ersten Zeichens einer Zeile wird unterschieden, ob der Log-Eintrag einen Import (“I“) oder Export (“E“) protokolliert. In einer assoziativen Datenstruktur wird dann entsprechend der Zähler für jeden Eintrag hochgezählt.
Für eine Methode die nicht erkennen kann, dass beide `if`-Bedingungen nicht gleichzeitig erfüllt werden können, gibt es in dem Beispiel neun verschiedene Möglichkeiten den Schleifenrumpf auszuführen. Beim Abrollen der Schleife müsste theoretisch jede mögliche

```
1 Dictonary[string, int] imports = new Dictonary[string, int]();
2 Dictonary[string, int] exports = new Dictonary[string, int]();
3 File f = File.Open(filenName);
4 String l = null;
5 while(l = f.ReadLine()) {
6  string name = l.Substr(1);
7  if(l.Substr(0,1) == "I")  {
8   if(!imports.KeyExists(name)) {
9    imports[name] = 0;
10   }
11   imports[name]++;
12  }
13      if(l.Substr(0,1) == "E") {
14       if(!exports.KeyExists(name)) {
15         exports[name] = 0;
16       }
17       exports[name]++;
18   }
19 }
```

Listing 5.4: Beispiel einer Schleife mit inneren Kontrollstrukturen

Kombination der neun Iterationsvarianten getestet werden. Jedoch ist nicht jede Kombination sinnvoll. Innerhalb des ersten `if`-Blocks wird die Variable `imports` editiert, im zweiten Block die Variable `exports`. Iterationen die eine der Variablen modifizieren, haben keinen Einfluss auf Iterationen, welche die jeweils andere Variable modifizieren. Aus diesem Grund müsste diese Kombination auch nicht getestet werden. Konkret bedeutet dies, dass es egal ist, ob beim Abrollen der Schleife zuerst die Zeile 11 und dann die Zeile 17 ausgeführt wird oder ob dies anders herum getestet wird. Das Ziel der im Folgenden vorgestellten Methode ist es, diese Abhängigkeiten im Datenfluss zu analysieren und beim Abrollen nur die relevanten Kombinationen zu testen.

5.8.1 Definition Schleifen und Schleifenausführung

Bei der Ausführung einer Schleife werden einzelne Programmpfade des Schleifenrumpfs ausgeführt. Vor jeder Ausführung des Schleifenrumpfs wird die Schleifenbedingung geprüft. Die Ausführung des Schleifenrumpfs wird solange wiederholt ausgeführt, bis die Schleifenbedingung erfüllt ist. Jede Ausführung des Schleifenrumpfs wird **Iteration** genannt.

Definition 5.89 (Iteration und Iterationsfolge) *Die Menge $\mathbb{K}_{w}$ ist die Menge aller möglichen Iterationen der Schleife w:*

$$\mathbb{K}_{w} := \bigcup_{\check{s}_{w} \in \langle \check{S} \rangle_{w}} \boldsymbol{P}(\hat{s}_{\langle S \rangle_{w}}, \check{s}_{w}, \langle S \rangle_{w}) \qquad (5.102)$$

Eine sortierte Menge verschiedener Iterationen $\mathbb{k} \in \mathbb{K}_{w}$ wird Iterationsfolge $\tilde{\mathbb{K}}$ genannt:

$$\tilde{\mathbb{K}} := \langle \mathbb{k}_1, \ldots, \mathbb{k}_m \rangle, \quad \mathbb{k}_i \in \mathbb{K}_{w} \qquad (5.103)$$

Definition 5.90 (Schleifenausführung) *Die Ausführung einer Schleife $\mathbb{w}$ wird mit folgender Syntax beschrieben:*

$$[\![\mathbb{w}]\!] := \langle [\![\mathbb{k}_i]\!][\mathbb{w}_1], \ldots, [\![\mathbb{k}_j]\!][\mathbb{w}_n] \rangle, \quad \mathbb{k}_i, \mathbb{k}_j \in \mathbb{K}_{\mathbb{w}} \tag{5.104}$$

Die Syntax $[\![\,]\!][\mathbb{w}_j]$ beschreibt die Auswertung innerhalb der j-te Iteration der Schleife $\mathbb{w}$. Beispielsweise beschreibt die Syntax $[\![\mathbb{k}_i]\!][\mathbb{w}_j]$ die Auswertung einer einzelnen Iteration $\mathbb{k}_i$ als j-te Iteration der Schleife $\mathbb{w}$.

5.8.2 Identifikation und Analyse möglicher Iterationen

Die Analyse des Schleifenrumpfs erfolgt auf dem Kontrollflussgraphen $G_{\langle \mathbb{S} \rangle_{\mathbb{w}}}$ des Schleifenrumpfs. Die Basisblöcke im Schleifenrumpf entsprechen den Anweisungsmengen $\hat{\mathbb{S}}_{v_i}$ der Knoten $v_i \in V$ des Graphen $G_{\langle \mathbb{S} \rangle_{\mathbb{w}}}$. Im ersten Schritt werden verschiedene Eigenschaften jeder Iteration analysiert:

5.8.2.1 Steuerbefehle

Jeder Basisblock einer Iteration wird auf das Vorkommen von speziellen Anweisungen zur Steuerung von Schleifen hin untersucht. In dieser Arbeit werden folgende Anweisungen berücksichtigt: `continue`, `return` und `break`.
Die `continue`-Anweisung beendet die aktuelle Iteration und setzt die Programmausführung bei der Prüfung der Schleifenbedingung fort. Innerhalb einer Iteration folgen auf Basisblöcke, die eine solche Anweisung enthalten, keine weiteren Basisblöcke. Auf die Positionierung der Iteration innerhalb der Iterationsfolge hat diese Anweisung jedoch keinen Einfluss. Die `return`-Anweisung beendet die umschließende Methode und dadurch auch die Schleifenausführung. Die `break`-Anweisung beendet die aktuelle Schleife.

Definition 5.91 (Terminierende Iterationen) *Terminierende Iterationen, geschrieben als $\check{\mathbb{k}} \in \check{\mathbb{K}}$, beenden die Schleifenausführung. Dazu zählen Basisblöcke mit einer `return`- oder `break`-Anweisung. Diese werden nur als letzte Iteration innerhalb einer Iterationsfolge getestet.*

5.8.2.2 Beeinflussung zwischen Iterationen

Das Ziel dieser Analyse ist es nur Iterationen mit einer Beeinflussung zu Iterationsfolgen zu kombinieren. Eine Beeinflussung zwischen Iterationen entsteht, wenn eine vorangegangene Iteration die Ausführung einer folgenden Iteration beeinflussen kann. Dies ist der Fall, wenn eine Iteration Symbole modifiziert, die von einer folgenden Iteration referenziert werden.

Definition 5.92 (Beeinflussung einer Iteration) *Eine Iteration $\mathbb{k}_i$ beeinflusst eine Iteration $\mathbb{k}_j$, geschrieben als $\mathbb{k}_i \rightsquigarrow \mathbb{k}_j$, genau dann wenn die Iteration $\mathbb{k}_i$ Variablen modifiziert, die innerhalb der Iteration $\mathbb{k}_j$ referenziert werden:*

$$\mathbb{k}_i \rightsquigarrow \mathbb{k}_j \Leftrightarrow \boldsymbol{Ref}!^*(\mathbb{k}_1) \cap \boldsymbol{Ref}^*(\mathbb{k}_j) \neq \varnothing \tag{5.105}$$

5.8.3 Analyse äquivalenter Iterationen

Für die Reduktion benötigter Testfälle werden Iterationen in Äquivalenzklassen gruppiert. Die Gruppierung erfolgt auf Basis der von einer Iteration ausgeführten Basisblöcke. Auf Grund der Bildung von Äquivalenzklassen muss nicht jede Kombination von Iterationen getestet werden, sondern nur bestimmte Kombinationen der Äquivalenzklassen. Wird beispielsweise ein Codeabschnitt des Schleifenrumpfs von zwei unterschiedlichen Iterationen ausgeführt, sind beide Iterationen hinsichtlich der in diesem Abschnitt referenzierten Symbole äquivalent. Iterationen, die für die Modifikation eines Symbols $\mathbb{y}$ dieselben Basisblöcke verwenden, gelten bei der Generierung von Iterationsfolgen als äquivalent.

Die Gruppierung von Iterationen in Äquivalenzklassen erfolgt auf Basis einer Symbolmenge $\mathbb{Y}$. Für die Bildung von Äquivalenzklassen wird folgende Äquivalenzrelation definiert:

Definition 5.93 (Äquivalenzrelation Iterationen) *Zwei Iterationen $\mathbb{k}_i, \mathbb{k}_j$, geschrieben als $\mathbb{k}_i \sim_{\mathbb{Y}} \mathbb{k}_j$, sind genau dann bezüglich einer Symbolmenge $\mathbb{Y}$ äquivalent, wenn beide Iterationen dieselben Basisblöcke verwenden, um die Symbole in $\mathbb{Y}$ zu modifizieren:*

$$\mathbb{k}_i \sim_{\mathbb{Y}} \mathbb{k}_j \Leftrightarrow \{v \in V_{G(\mathbb{k}_i)} \,|\, \boldsymbol{Ref!}^*(\tilde{\mathbb{S}}_v) \cap \mathbb{Y} \neq \varnothing\} = \{v \in V_{G(\mathbb{k}_j)} \,|\, \boldsymbol{Ref!}^*(\tilde{\mathbb{S}}_v) \cap \mathbb{Y} \neq \varnothing\} \quad (5.106)$$

Die Äquivalenzklasse $[\mathbb{K}_{\mathbb{w}}]_{\mathbb{Y}}$ entspricht der Menge an Iterationen, welche dieselben Basisblöcke verwenden, um ein Symbol $\mathbb{y} \in \mathbb{Y}$ zu modifizieren.

$$\forall\, \mathbb{k}_i, \mathbb{k}_j \in [\mathbb{K}_{\mathbb{w}}]_{\mathbb{Y}} \wedge \mathbb{k}_i \neq \mathbb{k}_j : \mathbb{k}_i \sim_{\mathbb{Y}} \mathbb{k}_j \quad (5.107)$$

Die Menge aller Äquivalenzklassen bezüglich der Symbolmenge $\mathbb{Y}$ und der Menge an Iterationen $\mathbb{K}$ wird als $[\mathbb{K}]^*_{\mathbb{Y}}$ referenziert. Es gilt:

$$\bigcup_{[\mathbb{K}_{\mathbb{w}}]_{\mathbb{Y}} \in [\mathbb{K}]^*_{\mathbb{Y}}} \; \bigcup_{\mathbb{k} \in [\mathbb{K}_{\mathbb{w}}]_{\mathbb{Y}}} \{\mathbb{k}\} = \mathbb{K} \quad (5.108)$$

5.8.4 Generierung von Iterationsfolgen

In diesem Schritt werden einzelne Iterationen der verschiedenen Äquivalenzklassen zu Iterationsfolgen kombiniert. Die untersuchte Schleife wird bis zu einer maximalen definierten Tiefe $MAX_{\mathbb{w}}$ abgerollt. Eine Iterationsfolge kombiniert dadurch maximal $MAX_{\mathbb{w}}$-viele Iterationen.

Die zu testenden Iterationsfolgen werden mit dem Algorithmus 2 generiert. Der Algorithmus erstellt rekursiv Iterationsfolgen, indem bestehende Iterationsfolgen immer am Anfang um eine weitere Iteration ergänzt werden.
Der Algorithmus wird mit zwei Parametern aufgerufen: Der erste Parameter $\tilde{\mathbb{K}}$ enthält die aktuelle Iterationsfolge. Diese wird durch jeden rekursiven Aufruf um eine Iteration erweitert, bis die maximale Länge MAX_L erreicht ist. Der zweite Parameter $\tilde{\mathcal{K}}$ enthält eine Referenz auf die Menge aller generierten Iterationsfolgen. Jede generierte Iterationsfolge entspricht später einem Testfall. Die Referenz wird zwischen allen rekursiven Aufrufen von

Algorithmus 2: Algorithmus für die Generierung von Iterationsfolgen

Algorithmus: `CreateLP`($\tilde{\mathbb{K}}$, **ref** $\tilde{\mathcal{K}}$)

Eingabe: $\tilde{\mathbb{K}}$: Die aktuelle Iterationsfolge
$\tilde{\mathcal{K}}$: Referenz auf die Menge der generierten Iterationsfolgen

Globale Werte: $\mathbb{w}$: Die untersuchte Schleife
$\mathbb{K}_{\mathbb{w}}$: Die Menge möglicher Iterationen
$\check{\mathbb{K}}_{\mathbb{w}}$: Die Menge terminierender Iterationen
$MAX_{\mathbb{w}}$: Maximale Anzahl Iterationen

begin
1 $\bar{\mathbb{Y}} \leftarrow$ **Ref*** $(\tilde{\mathbb{K}}[0])$
2 **foreach** $[\mathbb{K}]_{\bar{\mathbb{Y}}} \in \{[\mathbb{K}_{\mathbb{w}} \setminus \check{\mathbb{K}}_{\mathbb{w}}]^*_{\bar{\mathbb{Y}}}\}$ **do**
3 $\mathbb{k} \leftarrow$ Wähle eine Iteration aus $[\mathbb{K}]_{\bar{\mathbb{Y}}}$
4 **if** $\neg(\mathbb{k} \rightsquigarrow \tilde{\mathbb{K}}[0])$ **then**
5 **continue**
6 $\tilde{\mathbb{K}} \leftarrow \mathbb{k} + \tilde{\mathbb{K}}$
7 $\tilde{\mathcal{K}} \leftarrow \tilde{\mathcal{K}} \cup \tilde{\mathbb{K}}$
8 **if** $|\tilde{\mathbb{K}}| < MAX_{\mathbb{w}}$ **then**
9 `CreateLP`$(\tilde{\mathbb{K}}, \tilde{\mathcal{K}})$
end
end

`CreateLP` geteilt, so dass alle generierten Iterationsfolgen derselben Menge hinzugefügt werden.
Bei dem initialen Aufruf gilt:

$$\tilde{\mathcal{K}} \leftarrow \mathbb{K}_{\mathbb{w}} \tag{5.109}$$

Der Initiale Aufruf erfolgt einmal für jede mögliche Iteration mit folgenden Parametern:

$$\forall \mathbb{k} \in \mathbb{K}_{\mathbb{w}} : CreateLP(\{\mathbb{k}\}, \mathbf{ref}\, \tilde{\mathcal{K}}) \tag{5.110}$$

In Zeile (1) extrahiert der Algorithmus in $\bar{\mathbb{Y}}$ alle in der letzten Iteration $\tilde{\mathbb{K}}[0]$ referenzierten Variablen. Diese werden relevante Variablen genannt. Basierend auf den relevanten Variablen werden in Zeile (2) mit der Anweisung $[\mathbb{K}_{\mathbb{w}} \setminus \check{\mathbb{K}}]^*_{\bar{\mathbb{Y}}}$ die Äquivalenzklassen gebildet. Die Äquivalenzklassen werden über der Menge der relevanten Variablen $\bar{\mathbb{Y}}$ gebildet. Die Ausgangsmenge zur Bildung der Äquivalenzklassen ist die Menge aller möglichen Iterationen $\mathbb{K}_{\mathbb{w}}$ ohne die Mengen der terminierenden Iterationen $\check{\mathbb{K}}_{\mathbb{w}}$. Terminierende Iterationen werden an dieser Stelle nicht betrachtet, da mit ihnen keine Iterationsfolge ergänzt werden kann. Die `foreach`-Anweisung in Zeile (2) iteriert über alle erzeugten Äquivalenzklassen. In Zeile (3) wird aus jeder Äquivalenzklasse $[\mathbb{K}]_{\bar{\mathbb{Y}}}$ eine Iteration $\mathbb{k}$ extrahiert. In Zeile (4) wird geprüft, ob die gewählte Iteration die erste Iteration der aktuell betrachteten Iterationsfolge $\tilde{\mathbb{K}}[0]$ beeinflusst. Diese Prüfung ist notwendig, da die Menge aller Äquivalenzklassen auch eine Äquivalenzklasse enthält, die alle Iterationen beinhaltet, die kein Symbol der Menge $\bar{\mathbb{Y}}$

modifizieren. Modifiziert die ausgewählte Iteration $\Bbbk$ kein Symbol aus $\tilde{\mathbb{Y}}$ wird die aktuelle Schleifendurchführung in Zeile (5) abgebrochen. Die Iteration $\Bbbk$ wird in diesem Fall nicht für die Ergänzung der betrachteten Iterationsfolge verwendet. In Zeile (6) wird die aktuelle Iterationsfolge $\tilde{\mathbb{K}}$ am Anfang mit der ausgewählten Iteration $\Bbbk$ erweitert. Die erweiterte Iterationsfolge wird in Zeile (7) der Gesamtmenge der erzeugten Iterationsfolgen $\tilde{\mathcal{K}}$ hinzugefügt. In Zeile (8) wird geprüft ob die Länge der erzeugten Iterationsfolge der Maximallänge entspricht. Wurde die Maximallänge noch nicht erreicht, wird der Algorithmus in Zeile (9) rekursiv aufgerufen.

Bei verschachtelten Schleifen wird das vorgestellte Verfahren rekursiv angewandt, beginnend bei der innersten Schleife.

5.8.5 Beweis zur Korrektheit

Der Beweis skizziert die beiden Kerneigenschaften der vorgestellten Methode:

Theorem 5.8.1 *Die Tests, basierend auf der Ergebnismenge $\tilde{\mathcal{K}}$, des Algorithmus* `CreateLP`, *sind äquivalent zur Analyse aller Kombinationen von Iterationen innerhalb von Iterationsfolgen der maximalen Länge $MAX_{\mathbb{w}}$.*

Beweis 5.8.1 *Der Beweis erfolgt durch Induktion.*

IV: Betrachtet werden alle Kombinationen der Länge 1. Die Ergebnismenge $\tilde{\mathcal{K}}$ wird zu Beginn mit der Menge aller möglichen Iterationen $\mathbb{K}_{\mathbb{w}}$ initialisiert (vgl. Gleichung 5.109). Dadurch enthält die Ergebnismenge alle möglichen Iterationsfolgen der Länge 1. Die basierend auf dieser Ergebnismenge erzeugten Testfälle decken somit alle möglichen Iterationfolgen der Länge 1 ab und das Theorem ist erfüllt.

IS: Sei $\tilde{\mathbb{K}}_x$ eine beliebige Iterationsfolge für die gilt $|\tilde{\mathbb{K}}| \geq 1$. Sei $\Bbbk_x := \tilde{\mathbb{K}}_x[1]$ die erste Iteration der Iterationsfolge. Der Algorithmus `CreateLP` *erstellt weitere Iterationsfolgen, welche die Iterationsfolge $\tilde{\mathbb{K}}_x$ um eine Iteration am Anfang erweitern. Sei $\tilde{\mathcal{K}}_{\tilde{\mathbb{K}}_x}$ die Menge der Iterationsfolgen, die $\tilde{\mathbb{K}}_x$ erweiterten. Es gilt:*

$$\forall\, \tilde{\mathbb{K}}_i \in \tilde{\mathcal{K}}_{\tilde{\mathbb{K}}_x} : |\tilde{\mathbb{K}}_i| = |\tilde{\mathbb{K}}_x| + 1 \tag{5.111}$$

Der Induktionsschritt zeigt, dass für jede Iteration $\Bbbk_z$, für die gilt $\Bbbk_z \rightsquigarrow \Bbbk_x$, eine Iterationsfolge $\tilde{\mathbb{K}}_z$ generiert wird, welche die Basisblöcke der Iteration $\Bbbk_z$ ausführt, auf deren Basis $\Bbbk_z \rightsquigarrow \Bbbk_x$ gilt.
In Zeile 1 des Algorithmus werden alle Referenzen der ersten Iteration $\Bbbk_x$ in $\tilde{\mathbb{Y}}$ gespeichert.
In Zeile 2 werden die Äquivalenzklassen bezüglich der Symbolmenge $\tilde{\mathbb{Y}}$ gebildet.
Für den Indukstionsschritt muss daher zunächst argumentiert werden, dass es keine Iteration $\Bbbk_z$ geben kann, die nicht in einer der erstellten Äquivalenzklassen enthalten ist, für die gilt $\Bbbk_z \rightsquigarrow \Bbbk_x$. Die Äquivalenzklassen werden auf Basis der Menge $\mathbb{K}_v := \mathbb{K}_{\mathbb{w}} \setminus \check{\mathbb{K}}_{\mathbb{w}}$ gebildet. Die Menge $\mathbb{K}_{\mathbb{w}}$ enthält alle möglichen Iterationen der Schleife $\mathbb{w}$. Die abgezogene Menge $\check{\mathbb{K}}_{\mathbb{w}}$

enthält ausschließlich terminierende Iterationen. Die Iterationsfolge $\tilde{\mathbb{K}}_x$ kann daher mit keiner Iteration aus $\check{\mathbb{K}}_w$ ergänzt werden. Jede Iteration in $\check{\mathbb{K}}_w$ wird auf Grund der IV bereits durch eine Iterationsfolge in $\tilde{\mathcal{K}}$ ausgeführt. Daher kann es keine Iteration $\Bbbk_z$ geben, die nicht in der Menge $\mathbb{K}_v$ enthalten ist und die zur Ergänzung $\tilde{\mathbb{K}}_x$ vorangestellt werden könnte. Auf Grund der Gleichung 5.108 ist sichergestellt, dass die resultierenden Äquivalenzklassen alle Iterationen in $\mathbb{K}_v$ enthalten.
Als nächstes muss für den Induktionsschritt gezeigt werden, dass eine der ausgewählten Iterationen $\Bbbk$ die Basisblöcke der Iteration $\Bbbk_z$ ausführt, auf deren Basis $\Bbbk_z \rightsquigarrow \Bbbk_x$ gilt. Die Iteration $\Bbbk_z$ muss auf Grund der Gleichung 5.108 in einer der Äquivalenzklasen enthalten sein. Es wird in Zeile 2 über alle Äquivalenzklassen iteriert. Aus jeder Äquivalenzklasse wird eine Iteration $\Bbbk$ ausgewählt. Basierend auf Gleichung 5.107 muss es während der Iteration ein $\Bbbk$ geben, für das gilt $\Bbbk \sim_{\bar{\mathbb{Y}}} \Bbbk_z$. Aufgrund dessen, dass $\Bbbk$ und $\Bbbk \sim_{\bar{\mathbb{Y}}} \Bbbk_z$ in derselben Äquivalenzklasse bzgl. $\bar{\mathbb{Y}}$ sind, gilt entsprechend der Gleichung 5.93 für $\Bbbk$:

$$\{v \in V_{G(\Bbbk)} \mid \boldsymbol{Ref!}^{*}(\vec{\mathbb{S}}_v) \cap \mathbb{Y} \neq \varnothing\} = \{v \in V_{G(\Bbbk_z)} \mid \boldsymbol{Ref!}^{*}(\vec{\mathbb{S}}_v) \cap \mathbb{Y} \neq \varnothing\}$$

Damit ist gezeigt, dass $\Bbbk$ dieselben Basisblöcke zur Modifikation eines Symbols aus $\bar{\mathbb{Y}}$ ausführt wie $\Bbbk_z$. Zusammengefasst bedeutet dies, dass sichergestellt ist, dass für jede Iteration $\Bbbk_z$ ein $\Bbbk$ innerhalb der Schleife ab Zeile 2 betrachtet wird.
In Zeile 5 wird die aktuelle Iterartion der Schleife aus Zeile 2 nur dann abgebrochen, wenn $\Bbbk$ die Iteration $\Bbbk_x$ nicht beeinflussen kann. Dieser Abbruch ist somit für den IS irrelevant.
In Zeile 6 wird eine neue Iterationsfolge generiert. Diese erweitert $\tilde{\mathbb{K}}_x$ um $\Bbbk$ und erzeugt dadurch $\tilde{\mathbb{K}}_z$. Die neu erzeugte Iterationsfolge $\tilde{\mathbb{K}}_z$ wird in Zeile 7 der Ergebnismenge $\tilde{\mathcal{K}}$ hinzugefügt.
Der rekursive Aufruf in Zeile 9 stellt sicher, dass alle möglichen Iterationsfolgen bis zu einer Länge MAX_w in $\tilde{\mathcal{K}}$ generiert werden.

Dadurch ist gewährleistet, das alle Iterationsfolgen bis zur Länge MAX_w betrachtet werden und jede mögliche Beeinflussung zwischen zwei Iterationen durch einen Testfall abgedeckt wird. Dies ist äquivalent mit der in Theorem 5.8.1 geforderten Testmenge.

Theorem 5.8.2 *Die Ergebnismenge $\tilde{\mathcal{K}}$ ist minimal. Aus der Ergebnismenge $\tilde{\mathcal{K}}$ kann keine Iterationsfolge entfernt werden, ohne das Theorem 5.8.1 zu verletzen.*

Beweis 5.8.2 *Beweis durch Widerspruch: Angenommen die Ergebnismenge $\tilde{\mathcal{K}}$ sei nicht minimal. In diesem Fall existiert in $\tilde{\mathcal{K}}$ mindestens eine Iterationsfolge $\tilde{\mathbb{K}}_x$, die nicht Teil der Ergebnismenge sein sollte. Damit $\tilde{\mathbb{K}}_x$ bzgl. Theorem 5.8.1 kein Element von $\tilde{\mathcal{K}}$ ist, muss für $\tilde{\mathbb{K}}_x$ folgendes gelten:*

$$\exists \Bbbk_i \in \tilde{\mathbb{K}}_x : \neg(\Bbbk_i \rightsquigarrow \Bbbk_{i+1})$$

Die Iteration $\Bbbk_i$ hätte in Zeile 6 des Algorithmus als $\Bbbk$ der Iterationsfolge $\tilde{\mathbb{K}}_x$ hinzugefügt werden müssen, da dies die einzige Zeile im Algorithmus `CreateLP` ist, die eine Iterationsfolge erweitert. In diesem Fall würde in Bezug auf Zeile 6 gelten $\neg(\Bbbk \rightsquigarrow \tilde{\mathbb{K}}[0])$. In dieser Abfrage gilt $\Bbbk = \Bbbk_i$ und $\tilde{\mathbb{K}}[0] = \Bbbk_{i+1}$. Dies ist jedoch nicht möglich, da dieser Fall in Zeile 4 abgefragt wird und die Ausführung der aktuellen Iteration in Zeile 5 beendet worden wäre.

Die Iterationsfolge $\tilde{\mathbb{K}}_x$ wäre demnach nicht um die Iteration $\mathbb{k}_i$ ergänzt worden und kann daher nicht Teil der Ergebnismenge sein.

5.9 Testvektorgenerierung

Als letzter Schritt werden für die dynamischen Testfälle $\mathbb{d}_\pi := (\vec{\mathbb{d}}, \Omega, \tilde{\mathbb{S}}, \mathbb{o}, \phi) \in \mathbb{D}$ und für die Robustheitstests $\mathbb{d}^?_{\pi,\omega} := (\vec{\mathbb{d}}, \Omega, \tilde{\mathbb{S}}, \mathbb{o}, \phi, \bar{\omega}) \in \mathbb{D}^?$ entsprechende Testvektoren generiert. Die Parameterliste eines Testfalls kombiniert die Parameter der zu testenden Methode $\vec{\mathbb{d}}$ und die Parameter für den Konstruktor $\vec{\mathbb{ctor}}$ der Testinstanz $\mathbb{o}$. Für die Generierung von Testvektoren existieren verschiedene Techniken. Einfache Testvektorgeneratoren (TVG) erzeugen zufällige Testparameterwerte. Diese kommen meist bei einfachen Robustheitstests zum Einsatz, sind jedoch weniger dafür geeignet isolierte Programmpfade zu testen. Fortschrittlichere TVG-Frameworks arbeiten mit Pfadbedingungen und verwenden die symbolische Programmausführung und Theorembeweiser für die Generierung von Testparametern (vgl. Abschnitt 2.8.1).
In dieser Arbeit werden beide Ansätze kombiniert. Für die symbolische Programmausführung wird das Microsoft Testframework IntelliTest instrumentalisiert, welches auf dem Microsoft Theorembeweiser Z3 aufbaut. Details zu der Anbindung sind im Abschnitt 6.5.3.1 im Kapitel zur Implementierung beschrieben.

Ein Problem von TVG-Frameworks, die auf der symbolischen Programmausführung beruhen, ist der Umgang mit einer großen Menge an freien Parametern. Dies wurde in Abschnitt 3.3 beschrieben und als Anforderung **T3** definiert. TVG-Frameworks können nur eine begrenzte Anzahl möglicher Permutationen generieren. Für die Erfüllung dieser Anforderung wird in dieser Arbeit statische Codeanalyse dafür verwendet, die Anzahl der freien Testparameter zu reduzieren. Das Ziel ist die Unterscheidung zwischen relevanten und nicht relevanten Testparametern.

Definition 5.94 (Relevante Parameter) *Ein Parameter $\mathbb{y}_i$ ist genau dann relevant bezüglich einer untersuchten Anweisungsmenge $\bar{\mathbb{S}}$ und Spezifikation γ, wenn der Parameter direkt oder transitiv in γ referenziert wird. Das Prädikat $\boldsymbol{Rel}(\mathbb{y}, \bar{\mathbb{S}}, \gamma) : \mathbb{Y} \times \mathcal{P}(\mathbb{S}) \times \Gamma \to \{\top, \bot\}$ ist genau dann wahr, wenn der Parameter $\mathbb{y}_i$ in $\bar{\mathbb{S}}$ bzgl. γ relevant ist:*

$$\boldsymbol{Rel}(\mathbb{y}, \bar{\mathbb{S}}, \gamma) \Leftrightarrow \mathbb{y} \in \boldsymbol{Ref}^*(\bar{\mathbb{S}}) \wedge \mathbb{y} \in \boldsymbol{Ref}^*(\gamma) \tag{5.112}$$

Relevante Parameter werden von einem TVG-Framework unter Berücksichtigung der Pfadbedingungen generiert. Für nicht relevante Parameter werden Zufallswerte entsprechend des Datentyps generiert.

5.10 Zusammenfassung

Die vorgestellte Methodik kombiniert verschiedene Verifikationsschritte von der Beweiszielgenerierung, über die automatische, formale Verifikation bis hin zu Testfallgenerierung.

Durch diese Kombination der verschiedenen Schritte erfüllt die vorgestellte Methodik die in Abschnitt 1.2 und 3 definierten Ziele. Die einzelnen Zielsetzungen werden wie folgt erfüllt:

Die Kernziele **K1** und **K2** werden durch die in den Abschnitten 5.4 und 5.6 beschriebene Beweiszielgenerierung und deren automatischen Verifikation erfüllt
Das Kernziel **K3** wird erfüllt, indem die Programmpfade nicht formal verifizierter Beweisziele durch Tests überprüft werden. Das Testen einzelner Programmpfade benötigt weniger Testfälle als das vollständige Testen kompletter Methoden. Das entsprechende Testverfahren wurde in Abschnitt 5.7.2 beschrieben.
Die Abhängigkeiten zwischen einzelnen Beweiszielen basieren auf den Annahmen, die während der modularen Verifikation getroffen werden. Deren Analyse wird in Abschnitt 5.4.1 beschrieben. Das Kernziel **K4** wird durch den in Abschnitt 5.7.4 diskutieren Einsatz von Robustheitstets erreicht. Diese simulieren Fehler bzgl. nicht formal verifizierter Beweisziele. Diese Fehler werden in Programmabschnitte injiziert, die von der Korrektheit der nicht formal verifizierten Beweisziele abhängen.

In Abschnitt 5.5 wurde ein neues Verfahren zur Behandlung von Objekt-Invarianten vorgestellt. Das Ziel **I1** wird durch die Einführung von Zugriffsberechtigungen für Invarianten erreicht. Diese erlauben es dem Entwickler zu definieren, welche Klassen eine Invariante vorübergehend verletzen dürfen. Invarianten werden formal verifiziert, indem sichergestellt wird, dass invalididerte Invarianten auch wiederhergestellt werden. Bei der Analyse von Invarianten werden die von jeder Invariante referenzierte Variablen extrahiert. In einem zweiten Schritt werden Programmstellen ermittelt, die eine Variable modifizieren, die von einer Invariante referenziert wird. Diese Programmstellen werden invalidierende Anweisungen genannt. Durch den Vergleich der referenzierten und modifizierten Variablenmengen kann statisch zwischen validen und invaliden Invarianten differenziert und das Ziel **I2** erfüllt werden. Für die Verifikation werden zudem in einem dritten Schritt die Programmstellen ermittelt, die keinen Zugriff auf die Invariante haben und direkt oder transitiv eine Variable referenzieren, deren Wertebereich durch eine Invariante definiert wird. Diese Programmstellen werden abhängige Anweisungen genannt. Eine Invariante gilt als verifiziert, wenn deren Gültigkeit zwischen jeder invalidierenden und abhängigen Anweisung sichergestellt wird. Die Analyse von Invarianten basiert auf den definierten Zugriffsberechtigungen und auf der Menge referenzierter und modifizierter Variablen. Das Ziel **I3** wird dadurch erfüllt, dass keine weiteren Spezifikationen benötigt werden.

In Abschnitt 5.8 wurde ein neues Verfahren zu dynamischen Verifikation von Schleifen vorgestellt. Das Ziel **L1** wird dadurch erreicht, dass mögliche Iterationen einer Schleife statisch analysiert werden. In dieser Analyse werden für jede Iteration die Mengen der referenzierten und modifizierten Variablen extrahiert. In einem zweiten Schritt werden die Iterationen so kombiniert, dass in einer Iteration die Variablen modifiziert werden, die in der folgenden Iteration referenziert werden. Dadurch können gezielt die Auswirkungen einer Iteration auf folgende Iterationen getestet werden.
Durch die gezielte Kombination von Iterationen wird auch das Ziel **L2** erreicht. Die vor-

gestellte Methodik reduziert die Anzahl der benötigten Testfälle, im Vergleich zu einer vollständigen Pfadabdeckung, auf einer abgerollten Schleife. Gleichzeitig werden Schleifen ausführlicher getestet durch Testfälle, die durch bisherige Testabdeckungskriterien impliziert werden. Dies wird in den Theoremen 5.8.1 und 5.8.2 gezeigt.

Das Ziel **T1** wird durch das in Abschnitt 5.7.2 und 5.7.3 vorgestellte Mockingverfahren erreicht. Die vollständige Parametrisierung von Klassen wird dadurch erzielt, dass neue Konstruktoren erzeugt werden, mit denen die Werte aller Klassenatrribute und rekursiv die Attribute aller aggregierter Klassen definiert werden können.
Das Ziel **T2** wird dadurch gewährleistet, dass zugriffsgeschützte und abstrakte Klassenelemente durch Mocking zugänglich gemacht werden. Hierzu wird die Zugriffsberechtigung von Klassenelemente auf `public` gesetzt und abstrakte Methode mit automatisch generierter Methodenrümpfe ergänzt. Diese Mockingschritte wurden in Abschnitt 5.7.3 beschrieben.
Das Ziel **T3** wird durch die in Abschnitt 5.9 beschriebene statische Codeanalyse erreicht. Diese analysiert die Menge an Variablen, die direkt oder transitiv in einem zu testenden Programmpfad referenziert werden. Als Testvektoren werden die freien Variablen dieser Menge extrahiert.
Die Implementierung dieser Schritte wird in den Abschnitten 6.4 und 6.5 beschrieben.

Kapitel 6

Implementierung

Dieses Kapitel beschreibt die Implementierung sprachabhängiger Bestandteile der in Kapitel 5 vorgestellten Methodik zur Kombination formaler und dynamischer Verifikationsverfahren. Die vorgestellte Methodik wurde prototypisch für die Verifikation von C#-Programmen umgesetzt. Die Implementierung erfolgte ebenfalls in C#.
In Abschnitt 6.1 wird der unterstützte Sprachumfang von C# und die verwendete Spezifikationssprache beschrieben. Die Besonderheiten der Spezifikation von Objekt-Invarianten und dem erwarteten Fehlerverhalten wird in den Abschnitten 6.1.2.2 und 6.1.3 behandelt. Abschnitt 6.2 erörtert die Implementierung der grundlegenden statischen Analyseverfahren, die in Abschnitt 5.3 eingeführt wurden. Die Verifikation der generierten Beweisziele mit Hilfe eines externen Verifikationsframeworks wird in Abschnitt 6.3 erörtert. Die Verfahren zum Isolieren der zu testenden Ausführungspfade und die dazu notwendigen Mocking-Schritte werden in Abschnitt 6.4 diskutiert. Dieses Kapitel beschreibt auch die Simulation von Fehlern während des Robustheitstestens.

6.1 Eingabe: C#-Programme

Das Ziel der vorgestellten Methode ist die Analyse objektorientierter Software. Die Kernkonzepte objektorientierter Sprachen werden von den verschiedenen Programmiersprachen syntaktisch und zum Teil auch semantisch unterschiedlich umgesetzt. Die im Rahmen dieser Arbeit erfolgte prototypische Implementierung der vorgestellten Methode analysiert Software, die in der Programmiersprache C# entwickelt wurde. Die Programmiersprache C# definiert einen sehr umfangreichen Sprachstandard. Viele der unterstützen Konzepte helfen dem Entwickler dabei Programme einfacher, schneller und effizienter zu programmieren. Beispielsweise können über LINQ Container schnell und einfach mit Hilfe einer Syntax

durchsucht werden, die Datenbankabfragen ähnelt. Mit etwas mehr Quellcode ließen sich diese Container auch mit Hilfe einer manuell programmierten Schleife durchsuchen.
Aus diesem Grund unterstützt die Implementierung auch nur einen Teil des vollständigen C#-Sprachumfangs. Der unterstütze Sprachumfang fokussiert die in Abschnitt 2.1 vorgestellten Konzepte objektorientierter Sprachen. Zudem orientiert er sich an den Notwendigkeiten der vorgestellten Fallbeispiele.

6.1.1 Unterstützter C#-Sprachumfang

Es werden folgende primitive Datentypen unterstützt: `int`, `float`, `double`, `string`. Komplexe Datentypen können als Struktur (`struct`), Klasse (`class`) und Schnittstellen (`interface`) definiert werden. Die Definition von eingebetteten Typen, Klassen und Strukturen wird nicht unterstützt. Zusätzlich werden syntaktisch die folgenden generischen Containertypen unterstützt: Listen (`List<T>`), assoziative Zuordnungen (`Dictionary<K,T>`) und Hashmengen (`Hashset<T>`). Bei der Definition von Typen muss stets der explizite Typ definiert werden. Die allgemeine Definition mit der C#-spezifischen `var`-Syntax wird nicht unterstützt.

Klassen können maximal eine Klassendefinition erweitern und eine beliebige Anzahl von Schnittstellen implementieren. Methoden, die überschrieben werden, müssen in der Basisklasse mit dem Schlüsselwort `virtual` gekennzeichnet sein. Überschriebene Methoden müssen mit dem Schlüsselwort `override` gekennzeichnet werden. Die Definition von abstrakten Klassen (`abstract`) wird unterstützt.
Bei der Definition von Konstruktoren werden in den Initialisierungslisten nur der Aufruf des Basiskonstruktors unterstützt (`base()`). Alle anderen Klassenattribute müssen im Rumpf des Konstruktors zugewiesen werden.

Die Datenkapselung von Attributen und Methoden kann mit folgenden drei Spezifikationen erfolgen: `public`, `protected`, `private`. Die Definition von statischen Attributen (`static`) und Methoden wird unterstützt.
Die Definition von C#-spezifischen Attributen mit der `get`- und `set`-Syntax wird nicht unterstützt. Diese müssen durch reguläre Methodendefinitionen ersetzt werden.

Bei einem Methodenaufruf wird die Parameterübergabe für alle Datentypen als Call-by-Value-Übergabe interpretiert. Parameter, die als Referenz übergeben werden damit Modifikationen innerhalb der aufgerufenen Methode auch außerhalb dieser sichtbar sind, müssen in der Parameterliste mit dem Schlüsselwort `ref` gekennzeichnet werden. Die Definition von Rückgabewerten als Parameter über das `out`-Schlüsselwort wird nicht unterstützt.

Innerhalb der Implementierung eines Methodenrumpfs werden folgende Kontrollstrukturen unterstützt: Verzweigungen können mit `switch-case`-Blöcken oder mit `if` und `else` Konstrukten implementiert werden. Schleifen können mit `for` und `while` definiert werden. Für das Iterieren von Container wird zudem die `foreach`-Syntax unterstützt. Innerhalb von

Schleifen werden die Sprungbefehle `break` und `continue` unterstützt.
Bei der Verarbeitung von numerischen und booleschen Werten werden folgende Operatoren unterstützt: +, −, ∗, /, <, >, ==, !, !=.
Für die Fehlerbehandlung wird die Definition von `try-catch`-Blöcken unterstützt. Ausnahmen können über das Schlüsselwort `throw` geworfen werden.

Sonstige C#-Spracherweiterungen, die hier nicht aufgeführt wurden, wie z.B. LINQ zur Verarbeitung von Containerklassen, werden nicht unterstützt.

6.1.2 Funktionale Spezifikation in C#

Die funktionale Spezifikation von C#-Programmen basiert auf Verträgen des Code Contracts Frameworks [66]:

`System.Diagnostics.Contracts`[1]

Vor-, Nach- und Laufzeitbedingungen wurden in Kapitel 2.4 beschrieben. Diese Arbeit unterstützt für deren Definition die folgenden Schlüsselwörter: `Contract.Requires()` für die Definition von Vorbedingungen, `Contract.Ensures()` für die Definition von Nachbedingungen, `Contract.Assert()` für die Definition von Laufzeitbedingungen.

6.1.2.1 Spezifikation von Schleifen-Invarianten.

Eine Sonderrolle nimmt die Spezifikation von Schleifen-Invarianten ein. Das Microsoft CodeContracts Framework unterstützt keine spezielle Syntax für die Definition von Schleifeninvarianten. Aus diesem Grund wurde im Rahmen dieser Arbeit eine eigene Syntax für die Definition von Schleifeninvarianten entwickelt:

`VSContract.LoopInvariant(bool expr)`

Die `LoopInvariant`-Anweisung kann einmal innerhalb eines Schleifenrumpfs verwendet werden. Das Argument ist ein aussagenlogischer Ausdruck, der die Schleifeninvariante repräsentiert. Das Listing 6.1 zeigt ein Beispiel für die Verwendung dieser Syntax.

```
int mul(int a, int b)
{
 int r=0;
 int i=0;
 while( i < b) {
  VSContract.LoopInvariant(r == i * a);
  r = r + a;
  i++;
 }
 return r;
}
```

Listing 6.1: Beispiel für die Definition einer Schleifeninvarianten

[1] https://docs.microsoft.com/de-de/dotnet/framework/debug-trace-profile/code-contracts

Das Beispiel zeigt eine Funktion, welche die Multiplikation der beiden Zahlen `a` und `b` berechnet. Hierfür wird in einer Schleife der Wert von `a` `b`-mal addiert. Das Ergebnis wird in der Variable `r` gespeichert. Die Invariante besagt, dass nach jeder Schleifenausführung das i-fache der Variable `a` in `r` gespeichert ist. Wir die Schleife also `b`-mal wiederholt, ist am Ende der Methode der Wert `a*b` in `r` gespeichert.

6.1.2.2 Spezifikation von Objekt-Invarianten.

Eine weitere Sonderrolle nimmt die Spezifikation von Objekt-Invarianten ein. Für diese Arbeit wurde die Standardsyntax von C#-Contracts um die Definition eines Zugriffsmodells erweitert. Die Verwendung der Annotation `[ContractInvariantMethod]` setzt voraus, dass die annotierte Methode als `private` oder `protected` deklariert wurde. Die in dieser Arbeit vorgestellte Methode zur Behandlung von Objektinvarianten basiert auf der Möglichkeit unterschiedliche Sichtbarkeiten einer Invariante definieren zu können. Dafür wird folgende neue Annotation eingeführt:

```
[InvariantMethod(<Visibility>)]
```

Das Argument *<Visibility>* definiert die Sichtbarkeit der im Rumpf der Methode definierten Invarianten. Es werden die Sichtbarkeiten *PUBLIC*, *PROTECTED* und *PRIVATE* unterstützt. Die Definitionen von Objekt-Invarianten können auf mehrere Methoden aufgeteilt werden. Für jede diese Methoden könnten individuelle Sichtbarkeiten definiert werden. Das Listing 6.2 zeigt ein Beispiel für eine Methode zur Definition von Objekt-Invarianten. Die Enum-Werte zur Definition der Sichtbarkeit wurden im Namensraum `Veritatest.InvariantVisbility` definiert. Die eigentlichen Bedingungen der Invariante werden im Methodenrumpf mit der Anweisung `Contract.Invariant()` definiert. In diesem Beispiel verlangt die Invariante, dass die beiden Klassenfelder `targetScopes` und `targetValues` ungleich `null` sind.

```
[ContractInvariantMethod]
[InvariantMethod(Veritatest.InvariantVisbility.PROTECTED)]
private void ObjectInvariant() {
  Contract.Invariant(targetScopes != null);
  Contract.Invariant(targetValues != null);
  /* ... */
}
```

Listing 6.2: Beispiel einer Methode zur Definition der Objekt-Invarianten

Bei der Definition von Bedingungen werden zudem folgende Referenzen unterstützt: Der Ausdruck `Contract.ReturnValue()` verweist auf den Rückgabewert der Methode. Der Wert einer Variablen vor der Methodenausführung wird mit `Contract.OldValue()` referenziert.

Zusätzlich zu Bedingungen und Invarianten wird auch die Definition von Annahmen unterstützt. Diese können über die Syntax `Contract.Assume()` definiert werden. Annahmen können dafür eingesetzt werden externes, kontextsensitives Wissen zu spezifizieren. Dieses kann sich beispielsweise auf den Wert einer Variablen oder das Verhalten einer externen

Methode beziehen. Im Rahmen dieser Arbeit werden Annahmen speziell dafür verwendet, das Verhalten von internen C#-Methoden zu definieren.

6.1.3 Definition von Fehlerverhalten

Das Ziel der Robustheitstests ist das Verhalten einzelner Programmabschnitte im Fehlerfall zu analysieren. Der getestete Quellcode soll die injizierten Fehler erkennen und entsprechend behandeln. Nur durch eine aktive Fehlerbehandlung kann sichergestellt werden, dass sich Fehler nicht unbemerkt auf verschiedene Programmabschnitte ausbreiten können. Das gewünschte Verhalten im Fehlerfall wird hierfür im Quellcode spezifiziert. Die Sprache C# bietet hierzu folgende Syntax:

```
Contract.EnsuresOnThrow<T>( this.F > 0 );
```

Das Argument des Vertrags ist die Bedingung, die erfüllt sein muss, wenn die Methode durch das Werfen einer Ausnahme des Typs T beendet wird. Innerhalb der Vertragsbedingung werden Attribute der umschließenden Klasse und die Referenz des Rückgabewertes unterstützt (`Contract.ReturnValue()`).

6.2 Implementierung der statischen Codeanalyse

In Abschnitt 5.3 wurden die grundlegenden statischen Codeanalyseverfahren erörtert. Sie bilden die Basis für die Methodik dieser Arbeit. Dieser Abschnitt beschreibt deren Implementierung im Rahmen der prototypischen Umsetzung der vorgestellten Methodik.

6.2.1 Interpretation des Quellcodes

Für die Interpretation und Verarbeitung des C#-Quellcodes wird die Microsoft .net Compiler Platform "Roslyn"[2] verwendet. Die Abbildung 6.1 zeigt eine Übersicht der verschiedenen Schnittstellen des Roslyn-Frameworks.

Für die Interpretation des Quellcodes wird zuerst die Syntax-Tree-API verwendet. Diese API basiert auf einer lexikalischen Analyse des Quellcodes. Die Analyse überführt den Quellcode in eine Menge von Syntax Tokens. Die Syntax Tokens sind grundlegende Sprachelemente wie z.B. Schlüsselworte, Namen, Zahlen oder Operatoren. Basierend auf den Syntax Tokens erstellt die Roslyn-Syntax-Tree-API einen Syntaxbaum. Bei diesem Vorgang werden die Syntax Tokens interpretiert und strukturell geordnet. Der Syntaxbaum enthält Knoten mit Referenzen auf Sprachkonstrukte wie z.B. Klassen, Methoden, Variablen und einzelne Anweisungen.

Basierend auf dem Syntaxbaum werden statische Analyseoperatoren implementiert. Mit Hilfe des Syntaxbaums können Anweisungen eines bestimmten Typs identifiziert und extrahiert werden. Beispielsweise wird innerhalb des Syntaxbaums nach Knoten des Typs

[2] `https://docs.microsoft.com/en-us/dotnet/csharp/roslyn-sdk/`

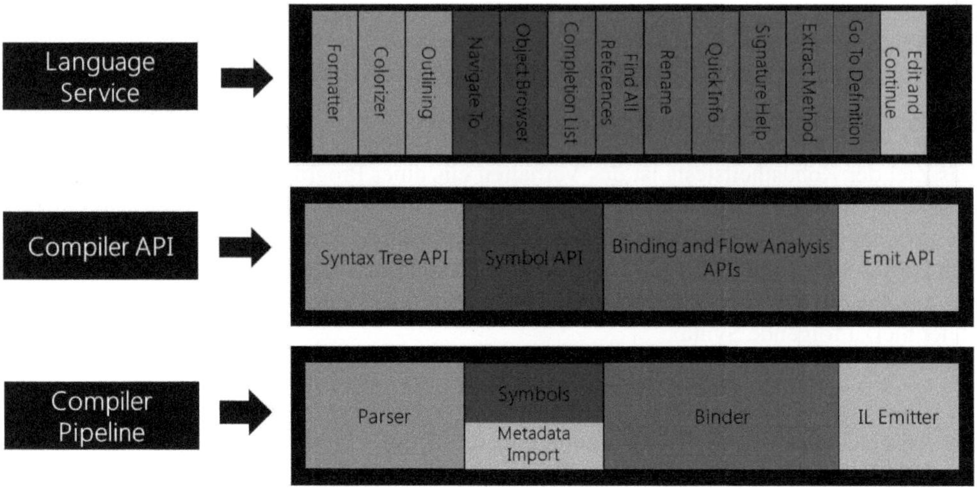

Abbildung 6.1: Aufbau der Roslyn-APIS
(Quelle: www.microsoft.com)

`ClassDeclarationSyntax` gesucht, um alle im Programm definierten Klassen zu extrahieren.

Aufbauend auf der Syntax-Tree-API wird die semantische Analyse des Roslyn-Frameworks verwendet. Diese beinhaltet die Symbol-, Binding- und Flow-Analysis-API und ermöglicht es u.a. Symbole aus einem Quellcodeabschnitt zu extrahieren oder alle Aufrufe einer Methode zu lokalisieren.

6.2.2 Generierung und Analyse des Kontrollflussgraphen

Der Kontrollflussgraph $\mathbf{G}(\langle S\rangle)$ (vgl. Def. 5.40) für die Kontrollflussanalyse basiert auf dem Syntax-Baum der Roslyn-API. Dieser wird in zwei Schritten generiert:
Zuerst werden alle Anweisungen aus dem Syntax-Baum extrahiert. Anweisungen werden von Roslyn als `StatementSyntax`-Elemente repräsentiert. Dieser Typ ist der Urtyp alle Anweisungen. Spezielle Anweisungen werden als Subtyp behandelt und werden durch abgeleitete Klassen repräsentiert. Durch den Vergleich der Klassentypen können Anweisungstypen voneinander unterschieden werden.
In einem zweiten Schritt wird über die Menge der zuvor extrahierten Anweisungen iteriert. Bei der Iteration wird nach speziellen Anweisungen mit Sprungbefehlen gesucht. Dazu zählen:`If`-Bedingungen, `For`-, `While`- und `Foreach`-Schleifen, `Switch`-, `Try-Catch`-Blöcke, `Return`- und `Throw`-Anweisungen. Innerhalb von Schleifen werden zudem `Break`- und `Continue`-Anweisungen extrahiert.

Innerhalb der prototypischen Implementierung ist der Kontrollflussgraph durch eine eigene Klasse repräsentiert. Es wird zwischen zwei verschiedenen Arten von Knoten unterschieden. Knoten, die Basisblöcke repräsentieren, enthalten eine Liste mit den zusammenhängenden Anweisungen. Diese werden als Referenz auf die zuvor iterierten Instanzen der `StatementSyntax`-Klasse gespeichert. Knoten, die Verzweigungen repräsentieren, enthalten lediglich die Verbindungen zu den möglichen Folgeknoten.
Verbunden werden die Knoten durch Kanten. Jede Kante hat genau einen Start- und einen Endknoten. Zusätzlich werden in den Kanten auch die Bedingungen von Verzweigungen gespeichert.
Durch die gewählte Repräsentation des Kontrollflussgraphen ist es möglich, statische Analysen mit Graphenalgorithmen wie z.B. der Tiefensuche oder der Breitensuche zu realisieren [22]. Ein Beispiel dafür ist der Operator $\mathbf{P}(\mathbb{s}_i, \mathbb{s}_j, \langle\mathbb{S}\rangle)$ (vgl. Def. 5.43). Dieser sucht nach allen Ausführungspfaden zwischen der Anweisung $\mathbb{s}_i$ und der Anweisung $\mathbb{s}_j$ innerhalb der sortierten Ausführungsmenge $\langle\mathbb{S}\rangle$. Im Kontrollflussgraphen werden die Anweisungen $\mathbb{s}_i$ und $\mathbb{s}_j$ je durch einen Knoten in der Menge $\mathbb{V}$ repräsentiert. Dies sind die Knoten $\mathbb{v}_i := \mathbf{V}(\mathbb{s}_i, \mathbb{V}_{G_{\langle\mathbb{S}\rangle}})$ und $\mathbb{v}_j := \mathbf{V}(\mathbb{s}_j, \mathbb{V}_{G_{\langle\mathbb{S}\rangle}})$. Für die Implementierung wird beginnend bei $\mathbb{v}_i$ eine Tiefensuche zu jeder Wurzel gestartet. Die besuchten Knoten werden mit der Knotenmenge $\mathbb{v}_j$ verglichen. Die auf diesem Weg gefundenen Pfade werden dann der Ergebnismenge hinzugefügt.

6.2.3 Analyse referenzierter Symbole

Die Analyse referenzierter Symbole **Ref**() und **Ref!**() unterscheidet entsprechend der ursprünglichen Definition zwischen verschiedenen Symbol-Quellen: (1) Klassenfelder, (2) Parameter einer Methode, (3) Rückgabewerte einer Methode, (4) lokale Variablendefinitionen, (5) Selbstreferenzen (`this`-Referenz).
Um die referenzierten Symbole eines Ausdrucks zu extrahieren, werden die Kinder der entsprechenden `StatementSyntax`-Instanz analysiert. Die Abbildung 6.2 auf Seite 144 zeigt ein Beispiel eines solchen Syntaxbaums. Die Namen verwendeter Variablen werden in diesem SyntaxBaum als `IdentifierName`-Knoten repräsentiert. Für die korrekte Zuordnung eines Symbolnamens zu einem Symbol sind Informationen über die Umgebung der analysierten Anweisung notwendig. Dazu zählen Informationen aus der umschließenden Klasse und Methode, sowie über die vorangegangenen Anweisungen. Aus der umschließenden Klasse werden die Definitionen der Klassenfelder, aus der umschließenden Methode die Parameter und aus den vorangegangenen Anweisungen lokaler Variablen extrahiert. Die Informationen der extrahierten Symbole umfassen den jeweiligen Typ und Bezeichner des Symbols. Die Zuordnung des analysierten Symbolnamens zu der entsprechenden Symbolreferenz erfolgt über eine lexikalische Bindung.

Die Roslyn-API liefert jedoch keine Informationen darüber, ob ein Symbol in einem Ausdruck potentiell modifiziert wird oder nicht. Diese Analyse muss zusätzlich implementiert werden. Sie basiert auf der Art der umschließenden Anweisung. Symbole werden in folgenden Fällen als modifiziert markiert:

- Symbole, die auf der linken Seite einer Anweisung stehen

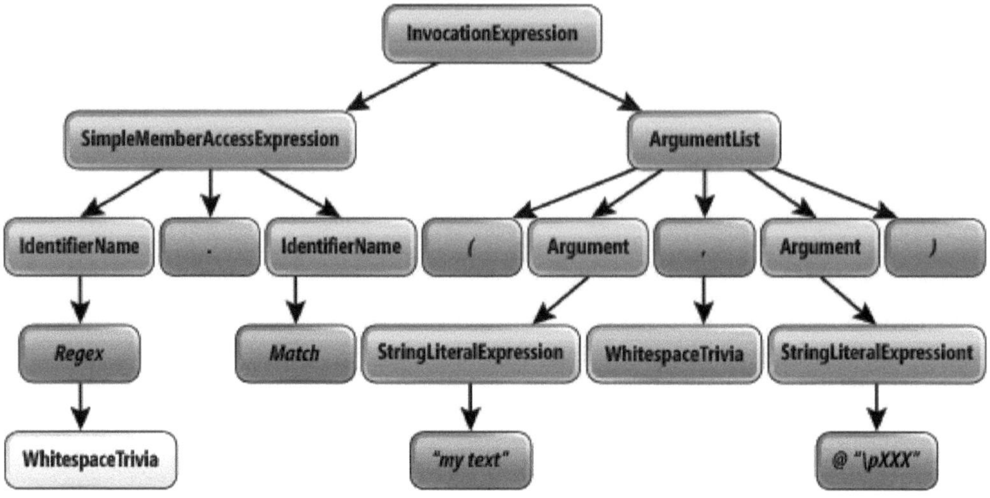

Abbildung 6.2: Beispiel für den Aufbau eines Roslyn-Syntax-Tree
(Quelle: https://msdn.microsoft.com/de-de/magazine/dn879356.aspx)

- Symbole, die in- oder dekrementiert werden
- Symbolen, auf denen Methoden aufgerufen werden, die nicht als `pure` gekennzeichnet wurden
- Symbole, die als `ref`-Parameter übergeben werden

6.2.4 Analyse der Methodenaufrufe

Die Operatoren $\mathbf{CM}(\mathbb{s})$ (vg. Def. 5.46) und $\mathbf{MC}(\mathbb{m}, \mathbb{S})$ (vg. Def. 5.49) für die Auflistung von Methodenaufrufen werden basierend auf der Syntax-API von Roslyn implementiert. Dazu wird die Menge aller Anweisungen auf Knoten des Typs `InvocationExpressionSyntax` durchsucht. Mit Hilfe der semantischen API kann, basierend auf einem Methodenaufruf, die Methodendeklaration ermittelt werden. Die gefundene Methodendeklaration entspricht jedoch ggf. nur einem möglichen Kandidaten. Durch das Konzept des dynamischen Dispatches (vgl. Abschnitt 2.1.2) ist es auch möglich, dass zu einem Methodenaufruf mehrere mögliche Methodendeklarationen in Frage kommen.
Für die notwendige Identifikation aller potentiell aufgerufenen Methoden ist ein zusätzlicher Analyseschritt notwendig. Dafür wird die umschließende Klasse und die Parameterliste der gefundenen Deklaration extrahiert. Mit diesen Informationen wird innerhalb der Klassenhierarchie nach allen möglichen Kandidaten gesucht.

```
1 namespace elusoft.Central.Settings.Model {
2 public partial class NumericSetting {
3   ASetting.eRValSetScopeAndValue verify_SetScopeAndValue(string targetName,
    SettingTypes.SettingScope scope, float value) {
4     Contract.Assume(!Locked);
5     Contract.Assume(!string.IsNullOrEmpty(targetName));
6     Contract.Assume(!targetName.Equals(SettingTypes.TARGETNAME_DEFAULT));
7     Contract.Assume(numericType != null);
8
9     Contract.Assume(!(value.GetType() != numericType));
10    Contract.Assume(!(!supportedScopes.Contains(scope)));
11
12    Contract.Assert(supportedScopes.Contains(scope));
13    return base.SetScopeAndValue(targetName, scope, value);
14  }
15 }
```

Listing 6.3: Beispiel für den extrahierten Pfad eines Beweisziels zur Verifikation

6.3 Anbindung eines Verifikationsframeworks

Für die Verifikation der generierten Beweisziele wird in dieser Arbeit das Mircosoft Framework CodeContracts[3] verwendet. Das CodeContracts-Framework verifiziert C#-Klassenbibliotheken gegenüber der definierten funktionalen Spezifikation. Die Ansteuerung von CodeContracts erfolgt über die Kommandozeile der Microsoft Entwicklungsumgebung Visual Studio. Dieser umständliche Weg ist notwendig, da es für das CodeContracts-Framework zum Entstehungszeitpunkt dieser Arbeit keine dokumentierte, frei verfügbare Schnittstelle gab.
Damit trotzdem jedes Beweisziel isoliert betrachtet werden kann, werden die Pfade $\tilde{\mathbb{S}}$ der Beweisziele $\pi \in \Pi$ jeweils als eigenständiges Projekt exportiert und an das CodeContracts-Framework übergeben. Die Analyse und Verifikation des Quellcodes und der Spezifikation erfolgt während der Kompilierung des Codes. Für die Anbindung wird die Log-Ausgabe des Compilers gelesen und auf Fehler des CodeContract-Frameworks hin überprüft.

Das Listing 6.3 zeigt ein Beispiel für einen auf diesem Weg isolierten Pfad. Das Beispiel entstammt einer Klassenbibliothek zur Verwaltung von Einstellungen einer Software. Die Annahmen Ω des Beweisziels π werden als `Contract.Assume`-Anweisung am Anfang umgesetzt (Zeile 4 ff.). Diese Form der Anweisungen dienen während der formalen Verifikation als Axiom. Die formulierten Aussagen werden als korrekt betrachtet, ohne dass diese statisch verifiziert werden. Auch die Pfadbedingungen von $\tilde{\mathbb{S}}$ werden in den Methodenrumpf als `Contract.Assume`-Anweisung eingefügt (Zeile 9 ff.). Die Zielformel des Beweisziels wird als `Contract.Assert`-Anweisung eingefügt (Zeile 12).

[3]https://github.com/Microsoft/CodeContracts

6.3.1 Verifikation von Schleifen

Für die Verifikation einer Schleifeninvariante werden zwei Programmpfade extrahiert. Der erste Programmpfad verifiziert, dass die Schleifeninvariante zu Beginn der Schleifenausführung gültig ist. Dies entspricht der Verifikation der Induktionsverankerung. Der zweite Programmpfad verifiziert, dass die Schleifeninvariante auch nach der Ausführung des Schleifenrumpfs erfüllt ist. Dies entspricht der Verifikation des Induktionsschritts.
Als Beispiel dient die Schleife aus Listing 6.1 auf Seite 139. Das Listing 6.4 zeigt den Programmpfad zur Verifikation der Induktionsverankerung. Die freien Variablen des Pfades werden als Parameter der Methode verwendet. Die Schleifeninvariante wird als `Assert`-Anweisung eingefügt, welche durch das CodeContracts-Framework verifiziert werden kann.

```
public void VLI_IA(int a, int b)
    int r=0;
int i=0;
Contract.Assert(r == i * a);
```

Listing 6.4: Beispiel für den Programmpfad zur Verifikation der Induktionsverankerung

```
public void VLI_IS(int a, int b)
    Contract.Assume(r == i * a);
int r=0, i=0;
int r2 = r + a;
int i2 = i + 1;
Contract.Assert(r2 == i2 * a);
```

Listing 6.5: Beispiel für den Programmpfad zur Verifikation des Induktionsschritts

Das Listing 6.5 zeigt den Programmpfad zur Verifikation des Induktionsschritts. Während der Verifikation des Induktionsschritts wird die Korrektheit der Induktionsverankerung postuliert. Hierfür wird der Programmpfad in die SSA-Form gebracht.
In dieser Form wird jeder Variablen nur einmal ein Wert zugewiesen. Die Schleifeninvariante kann dadurch als `Assume`-Anweisung am Anfang des extrahierten Pfades eingeführt werden. Der Schleifenrumpf wird für die Verifikation des Induktionsschritts zweimal abgerollt. Für die Zuweisungen innerhalb des Schleifenrumpfes werden entsprechend der SSA-Form die neuen Variablen `r2` und `i2` für die Variablen `r` und `i` eingeführt. Die Schleifenbedingung wird zusätzlich am Ende als `Assert`-Anweisung hinzugefügt. Innerhalb der Schleifenbedingung werden ebenfalls die Variablen entsprechend der SSA-Form ersetzt. Dadurch können die Modifikationen der einzelnen Variablen vor und nach der Ausführung des Schleifenrumpf individuell betrachtet werden. Dies erlaubt die Verwendung der Schleifeninvariante als postulierte und als zu verifizierende Zielformel.

6.3.2 Abbildung von Symbolräumen

Bei der modularen Verifikation wird während der Verifikation eines Beweisziels die Korrektheit aller anderen Beweisziele postuliert. Die Zielformeln anderer Beweisziele dienen hierzu als Annahme (vgl. Abschnitt 5.4.1). Für diese Vorgehen ist es notwendig, die Symbole der

postulierten Zielformeln auf den Symbolraum des zu verifizierenden Programmpfads abzubilden. Diese Abbildung $\langle\!\langle \gamma \rangle\!\rangle^{\hat{S}}_{(S)}$ wurde in der Definition 5.61 auf Seite 95 eingeführt.
Ein Beispiel hierfür ist der auf Seite 113 beschriebene Umgang mit Methodenaufrufen während der Verifikation. Die in dem zu verifizierenden Programmpfad aufgerufenen Methoden werden durch die Nachbedingungen der aufgerufenen Methode substituiert. Für diese Substitution ist es notwendig, die Symbole der Nachbedingung auf den Symbolraum des aufrufenden Quellcodes abzubilden.

```
1 public void Abs(int p) {
2  int p2 = Pow2(p);
3  int sqrtp2 = Sqrt(p2);
4  Contract.Assert(sqrtp2 >0);
5 }
6 public void Pow2(int a) {
7  Contract.Ensures(Contract.Result<int>() > 0);
8  return a * a;
9 }
10 public void Sqrt(int a) {
11  Contract.Requires(a > 0);
12      Contract.Ensures(Contract.Result<int>() > 0);
13      return Math.Sqrt(a);
14 }
```

Listing 6.6: Beispiel für die Abbildung zwischen Symbolräumen

Dieses Vorgehen wird im Folgenden anhand des Listings 6.6 erörtert. Das Listing enthält drei Methoden: `Abs`, `Pow2`, `Sqrt`. In der Methode `Abs` werden die anderen beiden Methoden aufgerufen. Der Parameter der Methode `Abs` ist `p`. In Zeile 2 wird die Methode `Pow2` aufgerufen. Diese versichert mit der Nachbedingung in Zeile 7, dass das Ergebnis größer Null ist. Das Ergebnis der Methode wird der Variable p2 zugewiesen. Die Nachbedingung der Methode `Pow2` muss nun auf dass Symbol p2 abgebildet werden. Hierzu wird die Referenz `Contract.Result<int>()` der Nachbedingung durch den Namen des Symbols ersetzt, welcher der Rückgabewert zugewiesen wird. Es gilt $p2 > 0$. In Zeile 3 wird die Methode 3 aufgerufen. Deren Vorbedingung in Zeile 11 fordert, dass der Parameter `a` größer Null ist. Beim Aufruf der Methode wird die Variable p2 als Argument übergeben. Die Referenz auf den Parameter `a` in der Vorbedingung muss zur Prüfung durch den Namen des Arguments p2 ersetzt werden. Für die Prüfung, ob die Vorbedingung eingehalten wird, muss die Bedingung $p2 > 0$ geprüft werden.

Die Methode `Sqrt` garantiert mit der Nachbedingung in Zeile 12 einen Rückgabewert größer Null. Der Rückgabewert der Methode wird der Variable `sqrtp2` zugewiesen. Auch hier muss daher wieder die Referenz auf den Rückgabewert innerhalb der Nachbedingung durch den Namen der Variable ersetzt werden, welcher der Rückgabewert zugewiesen wird. Nach dem Aufruf von `Sqrt` gilt also $sqrtp2 > 0$.
Bei der Abbildung zwischen verschiedenen Symbolräumen geht es immer um die Abbildung von Argumenten auf Parameter und von Referenzen auf Rückgabewerte zu Variablen. Argumente und Parameter werden entsprechend der Reihenfolge beim Aufruf und der Methodendefinition aufeinander abgebildet. Bei der Abbildung von Rückgabewerten wird mit

Hilfe der statischen Codeanalyse festgestellt, welcher Variable der Rückgabewert zugewiesen wird.

6.4 Mocking von Testfällen und Robustheitstests

Beim dynamischen Testen von Code müssen die zu testenden Codeabschnitte ausgeführt und ihr Verhalten überwacht werden. Dies wird z.T. erst durch spezielle Umformungen des Quellcodes möglich. Diese Umformungen werden Mocking genannt (vgl. Abschnitt 2.5.1). Die Möglichkeiten und das Vorgehen beim Mocking hängt von der verwendeten Programmiersprache und dem verwendeten Framework ab. Diese Arbeit hat das Ziel eine Methodik zu beschreiben, die so unabhängig wie möglich von der verwendeten Programmiersprache ist. Aus diesem Grund basiert diese Arbeit auf keinem vorhandenen Mocking-Framework. Stattdessen sind die notwendigen Mocking-Schritte aus Abschnitt 5.7.3 als automatisierte Modifikationen des Eingabequellcodes implementiert.

6.4.1 Mocking durch automatische Modifikationen des Quellcodes

Bei automatisierten Modifikationen des Quellcodes wird durch das Mocking eine veränderte Kopie $\mathbb{Prog}'$ des ursprünglichen Quellcodes $\mathbb{Prog}$ generiert. Der große Vorteil dieser Implementierung ist es, die notwendigen Mockingschritte ohne Verwendung sprachspezifischer Frameworks beschreiben und umsetzen zu können. Sprachspezifische Frameworks sind u.a. Reflection-API oder spezielle Laufzeitsysteme. Reflection-APIs sind Schnittstellen der verwendeten Laufzeitumgebung, die zur Laufzeit eines Programms Informationen über den gerade ausgeführten Quellcode bereitstellen. Sie ermöglichen es beispielsweise programmatisch die Liste aller Methoden oder Parameter einer Klasse abzufragen. Laufzeitsysteme bilden eine Zwischenschicht zwischen dem Programmcode und dem Betriebssystem. Programme, die in den entsprechenden Programmiersprachen programmiert sind, werden nicht direkt auf dem Betriebssystem ausgeführt, sondern von dem Laufzeitsystem interpretiert. Dies ermöglicht es dem Mocken die Interpretation des Laufzeitsystems zu beeinflussen, ohne das eigentliche Programm editieren zu müssen. Laufzeitsysteme sind beispielsweise das .NET-Framework für C# oder die Java Virtuel Machine für Java.
Der Nachteil dieser Methode ist, dass dadurch der zu testende Quellcode verändert wird. Dadurch ist es theoretisch möglich, dass sich die Testergebnisse des gemockten Programms von denen der ursprünglichen Version unterscheiden. Damit dies ausgeschlossen ist, muss gewährleistet werden, dass die angewendeten Schritte keinen Einfluss auf die Programmsemantik haben.

6.4.2 Zugänglichkeit, Ausführbarkeit und Initialisierbarkeit

Beim dynamischen Testen sind drei Eigenschaften des zu testenden Quellcodes wichtig:

- **Zugänglichkeit:** Der Quellcode des Testfalls muss auf alle Klassen, Methoden und Klassenfelder des zu testenden Quellcodes zugreifen können. Dies ist notwendig, um

Methoden aufrufen zu können und nach deren Ausführung beispielsweise die Werte von Klassenwerten überprüfen zu können. Für private Methoden und Felder einer Klasse ist dies beispielsweise ohne Mocking nicht möglich.

- **Ausführbarkeit:** Damit dynamische Testfälle eingesetzt werden können, müssen die zu testenden Codeabschnitte ausführbar sein. Ohne Mocking gilt dies beispielsweise nicht für Methoden von abstrakten Klassen.
- **Initialisierbarkeit:** Objektorientierte Programme speichern den Programmzustand in den Klassenfeldern der initialisierten Objekte. Um beim dynamischen Testen alle Pfade und Objektzustände testen zu können, ist es wichtig, das Programm in jedem beliebigen Zustand navigieren bzw. initialisieren zu können. Es existieren Programmzustände, die im regulären Ablauf eines Programms erst durch eine bestimmte Abfolge aufgerufener Methoden erreicht werden können. Dies ist beispielsweise der Fall, wenn iterativ Eingabedaten verarbeitet werden und der Zustand durch die Anzahl der bereits ausgeführten Iterationen beeinflusst wird. Bei der Erstellung dynamischer Testfälle kann es sehr aufwendig sein, diese Zustände manuell herbeizuführen.

Im Folgenden wird beschrieben, wie diese drei Ziele durch die Umschreibung des Quellcodes bei der Generierung von $\mathbb{Prog}^{!}$ erreicht werden. Als Beispiel dienen Listings 6.7 und 6.8. Das erste Listing zeigt die abstrakte Struktur der Originalklasse $\mathtt{CT}_1$. Das zweite Listing zeigt die Struktur derselben Klasse $\mathtt{CT}_1$ als gemockte Version in $\mathbb{Prog}^{!}$.

Die Zugänglichkeit aller Elemente wird durch die Modifikation der Zugriffsberechtigungen erreicht. In $\mathbb{Prog}^{!}$ werden alle Klassendefinitionen, Methodendeklarationen und Klassenfelder mit der Sichtbarkeit `public` exportiert. Dieses Vorgehen ist bei der Umwandlung des privaten Klassenfelds $\mathtt{f}_1$ in Zeile 4 oder der privaten Methode $\mathtt{m}_1$ in Zeile 7 in Listing 6.7 zu sehen. In der gemockten Klassse in Listing 6.8 wird aus dem privaten Feld und der privaten Methode in Zeile 4 und 7 ein öffentliches Klassenfeld und eine öffentliche Methode.
Diese Modifikation hat keinen Einfluss auf die Semantik. Ungültige Zugriffe auf nicht sichtbare Elemente einer Klasse im originalen Quellcode würden bereits durch die statische Analyse beim Kompilieren entdeckt werden. Das Mocking kann daher keine Ursache für ein falsch-negatives Testergebnis bezüglich dieser Fehler sein.

Auch Methoden von abstrakten Klassen können nicht unmittelbar beim Testen ausgeführt werden, da abstrakte Klassen nicht direkt initialisierbar sind. In $\mathbb{Prog}^{!}$ werden dafür die Schlüsselwörter `abstract` von Klassen- und Methodendefinitionen entfernt. Dieses Vorgehen ist bei der Umwandlung der abstrakten Klasse $\mathtt{CT}_1$ in Listing 6.7 und 6.8 zu sehen. Bei rein abstrakten Methoden fehlt zusätzlich auch die Implementierung. Damit $\mathbb{Prog}^{!}$ kompiliert werden kann, wird für ursprünglich abstrakte Methoden eine Standardimplementierung generiert. Diese enthält, sofern notwendig, lediglich eine `return`-Anweisung. Der Rückgabewert entspricht dem Standardwert des Rückgabetyps: Dies entspricht dem Wert 0 bei numerischen Typen und `null` bei Referenztypen. Dieses Vorgehen wird in den beiden Listings durch die Umwandlung der Methode $\mathtt{m}_2$ demonstriert. In Listing 6.7 wird diese Methode in Zeile 9 als abstrakt definiert. In der gemockten Klasse wird das

`abstract`-Schlüsselwort entfernt und der Methode ab Zeile 10 ff eine Standardimplementierung hinzugefügt.
Es werden keine semantische Veränderungen des Ausgangsprogramms generiert, da die modifizierten Klassen und Methoden des ursprünglichen Quellcode $\mathbb{P}\mathrm{rog}^!$ nicht aufgerufen werden konnten.

```
public abstract class CT1
{
 // Private class fields
 private FT1 f1;
 private List<CT2> f2;
 // None public methods
 private RT1 m1 { [...] }
 // Abstract methods
 protected abstract RT2 m2 ( [...] );
}

// Referenced class type
public class CT2 {
  private FT2 f3, f4;
}
```

Listing 6.7: Originale Klassenstruktur in $\mathbb{P}\mathrm{rog}$

```
1 public  class CT1
2 {
3  // Modified visiblity
4  public FT1 f1;
5  public List<CT2> f2;
6  public RT1 m1 ([...])
7  { [...] }
8  // Removed abstract-declarations and
     added default implementation
9  public RT2 m2 ( [...] )
10 {
11   return  DefaultValue(RT2);
12 }
13 // Added default constructor and
    initialisation method
14 public CT1 ( )
15 { [...] }
16 public static CT1 InitCT1(
17  FT1 p1,
18  FT2 p2,
19  FT2 p3)
20 {
21  CT1 obj = new CT1( );
22  obj.f1 = p1 ;
23  CT2 t1 = InitCT2(p2 , p3);
24  obj.f2.Add(t1); // Filling
     container types
25  return obj ;
26 }
27 }
28
29 public class CT2
30 {
31  public FT2 f3, f4;
32  public CT2 ()
33  {
34   f3 = DefaultValue(FT2);
35   f4 = DefaultValue(FT2);
36  }
37  public static CT2 InitCT2(
38   FT2 p1,
39   FT2 p2)
40  {
41   CT2 obj = new CT2( );
42   obj.f3 = p2;
43   obj.f4 = p3;
44   return obj;
45  }
46 }
```

Listing 6.8: Mocked Klassenstruktur in $\mathbb{P}\mathrm{rog}^!$

Die Initialisierbarkeit aller Objektzustände wird durch zwei Maßnahmen sichergestellt: Als erster Schritt wird mit Hilfe der beschriebenen Mocking-Schritte die Zugänglichkeit aller Klassenelemente sichergestellt. Als zweiter Schritt wird für jede Klasse ein Standardkonstruktor und eine statische Initialisierungsmethode generiert. Der Standardkonstruktor stellt sicher, dass jede Klasse initialisiert werden kann. Zeile 33 in Listing 6.8 zeigt einen hinzugefügten Standardkonstruktor. Die Klassenfelder werden entsprechend ihres Types mit

Standardwerten initialisiert. Dies wird durch die Methode **DefaultValue**() symbolisiert. Bei numerischen Typen gibt die Methode **DefaultValue**() 0 und bei Referenztypen `null` zurück. Über die Initialisierungsmethode können zusätzlich alle Parameter der Klasse definiert werden. In Kombination ist es dadurch möglich, direkt Instanzen in jedem beliebigen Objektzustand zu erzeugen. In Listing 6.8 wird beispielsweise für die Klasse $\mathtt{CT}_1$ in Zeile 14 ein Standardkonstruktur hinzugefügt. Die Initialisirungsmethode wird für die Klasse $\mathtt{CT}_1$ ab Zeile 16 ergänzt. Die Initialisirungsmethode der $\mathtt{CT}_1$ enthält drei Parameter $\mathtt{p}_1$, $\mathtt{p}_2$, $\mathtt{p}_3$. Der Parameter $\mathtt{p}_1$ wird dafür verwendet das Klassenfeld $\mathtt{f}_i$ zu initialisieren. Die beiden verbleibenden Parameter $\mathtt{p}_2$ und $\mathtt{p}_3$ in der Zeile 23 werden dafür verwendet, eine Instanz der Klasse $\mathtt{CT}_2$ zu erzeugen. Diese wird dann in Zeile 24 der Liste des Klassenfeldes $\mathtt{f}_2$ hinzugefügt.

```
class TrafficLight {
  public enum State { RED, YELLOW, GREEN }
  private State _state;

  private bool _greenLight;
  bool GreenLight {
    get { return _greenLight; }
  }
  bool _yellowLight;
  bool YelloLight {
    get { return _yellowLight; }
  }
  bool _redLight;
  bool RedLight {
    get { return _redLight; }
  }

  public TrafficLight() {
    _state = State.RED;
    ApplyState();
  }

  private void ApplyState() {
    switch(_state) {
      case State.GREEN: {
        _greenLight = true;
        _yellowLight = false;
        _redLight = false;
  break;
      }
      case State.YELLOW: {
     _greenLight = false;
        _yellowLight = true;
        _redLight = false;
        break;
      }
      case State.RED: {
        _greenLight = false;
        _yellowLight = false;
        _redLight = true;
        break;
      }
    }
  }

  public void NextState() {
    switch (_state) {
      case State.GREEN:
        _state = State.YELLOW;
        break;
      case State.YELLOW:
       _state = State.RED;
       break;
      default:
        _state = State.GREEN;
        break;
    }
    ApplyState();
  }

  public static TrafficLight Init(State state, bool greenLight, bool yellowLight, bool redLight) {
    _state = state;
    _greenLight = greenLight;
    _yellowLight = yellowLight;
    _redLight =  redLight;
  }
}
```

Listing 6.9: Klasse mit gemockter Initialisierung

Das Listing 6.9 auf Seite 151 beschreibt ein Beispiel für die Initialisierung eines Testobjekts mit Hilfe von Mocking. Das Listing zeigt eine einfache Implementierung einer Ampelschaltung. Diese wird standardmäßig mit dem Zustand `_state = RED` initialisiert. Damit der Status `_state = GREEN` erreicht wird, muss der Status zweimal über den Aufruf der `NextState`-Methode gewechselt werden. Dadurch wird beispielsweise das gezielte Testen der `ApplyState`-Methode aufwendig. Es ist nicht möglich eine Testinstanz zu generieren, auf der direkt der zweite Fall der `case`-Anweisung getestet werden kann. Dies wird durch die hinzugefügte `Init`-Methode möglich.

6.4.3 Injektion von Fehlern

Für das Robustheitstesten ist es notwendig, Fehler in den zu testenden Code zu injizieren. Dafür müssen drei unterschiedliche Fehlerquellen simuliert werden:

1. Falsche Eingabewerte einer Methode.
2. Ungültige Objektzustände.
3. Ungültige Rückgabewerte einer Methode.

Die Simulation falscher Eingabewerte bei nicht eingehaltenen Vorbedingungen gestaltet sich noch recht einfach und ist auch ohne Mocking möglich. Es reicht aus, die zu testende Methode mit ungültigen Parametern aufzurufen.

Ungültige Objektzustände können simuliert werden, indem Objekte mit entsprechenden Werten der Klassenfelder instanziert werden. Die ungültigen Werte der Klassenfelder können direkt mit der oben hinzugefügten Initialisierungsmethode gesetzt werden.

```
// Original Method
public MethodToTest(int i){
 // j >= 0
 int j = Power2(i);
 return i / j;
}

public int Power2(int i) {
 return i*i;
}

// Mocked Method
public MethodToTest(int i, int a){
 // j >= 0
 int j = Power2_1(i, a);
 return i / j;
}

public int Power2_1(int i, int a) {
 return a;
}
```

Listing 6.10: Beispiel einer gemockten Methode zum Testen eines ungültigen Rückgabewerts

Zusätzliche Mocking-Schritte sind notwendig, um ungültige Rückgabewerte einer Methode zu simulieren. In diesem Fall muss eine Kopie $\mathbb{m}'$ der aufgerufenen Methode $\mathbb{m}$ angelegt werden. Die neue Methode $\mathbb{m}'$ wird in $\mathbb{Prog}'$ hinzugefügt. Der Rumpf der Methode $\mathbb{m}'$ wird durch eine `return`-Anweisung ersetzt, die einen extern definierbaren Wert zurückgibt. Dieser Rückgabewert wird dafür der Parameterliste von $\mathbb{m}'$ hinzugefügt. Der Aufruf der

ursprünglichen Methode m$^{!}$ wird im zu testenden Codeabschnitt durch einen Aufruf der neuen Methode m$^{!}$ ersetzt. Der neue Parameter der Methode m$^{!}$ wird der Parameterliste der umschließenden Methode hinzugefügt.
Ein entsprechendes Beispiel zeigt Listing 6.10. Die Methode `Power2_1` wird neu hinzugefügt. Deren Parameter a steuert den Rückgabewert der Methode. In der aufrufenden Methode wird der Aufruf von `Power2` zu `Power2_1` geändert. Die Parameterliste wird um den Parameter a ergänzt. Über den Parameter a kann jetzt ein ungültiger Rückgabewert injiziert werden. Dadurch ist es möglich fehlgeschlagene Nachbedingungen zu simulieren.

6.5 Generierung der Testumgebung

Für die Überprüfung nicht formal verifizierter Beweisziele werden parametrisierbare Unit-Tests generiert. Ein parametrisierbarer Unit-Test ist eine Methode, in der die Ausführung des zu testenden Codes vorbereitet wird. Zu dieser Vorbereitung zählt u.a. die Initialisierung aller notwendigen Objektinstanzen und der eigentliche Aufruf des zu testenden Codes. Der parametrisierbare Unit-Test wird dann im Rahmen des Testvorgangs mit unterschiedlichen Testparametern aufgerufen, um unterschiedliche Pfade und Wertebereiche der Variablen im Code zu testen. Die in dieser Arbeit vorgestellte Methodik verwendet einen mehrstufigen

Abbildung 6.3: Mehrstufiger Aufbau der Testumgebung

Aufbau der Testfälle. Dieser ist in Grafik 6.3 dargestellt. Die unterste Ebene 1 hat die Aufgabe den Code testbar und ausführbar zu machen. Dies wird durch das oben beschriebene Mocking erreicht. Die Ebene 2 dient der Isolation der zu testenden Programmpfade. In dieser Ebene wird der Pfad der zu testenden Beweisziele als eigenständige Methode extrahiert. Auch die Mocking-Schritte für die Fehlersimulierung werden auf dieser Ebene hinzugefügt.

Die Ebene 3 entspricht dem parametrisierbaren Uni-Test. In den Testmethoden dieser Ebene werden die Testobjekte instanziert, die Testmethoden der Ebene 2 aufgerufen und deren Werte mit einem Testorakel überwacht. Die Ebene 4 entspricht dem Testprojekt. In diesem werden die einzelnen Uni-Tests aus Ebene 3 mit unterschiedlichen Testvektoren aufgerufen.

6.5.1 Testebene 1: Testbarer Quellcode

Die Grundlage aller Tests ist eine gemockte Kopie $\mathbb{P}\mathrm{rog}^!$ des ursprünglichen Quellcodes $\mathbb{P}\mathrm{rog}$. Die Kopie enthält die oben beschriebenen Mocking-Schritte. Damit ist sichergestellt, dass auf alle Klassen und Klassenelemente zugegriffen werden kann und dass jedes Objekt eine statische Initialisierungsmethode besitzt.
Die Parameter dieser statischen Initialisierungsmethoden sollen später durch ein Testvektorgenerierungsframework erzeugt werden. Jedoch können die Parameterlisten zu diesen Zeitpunkt noch Objekttypen als Parameter verwenden. Dies stellt ein Problem dar. TVG-Frameworks analysieren basierend auf einer statischen Codeanalyse die Pfadbedingungen des auszuführendes Pfades. Basierend auf den analysierten Pfadbedingungen werden Werte für primitive Datentypen generiert, welche die Pfadbedingung (wenn möglich) erfüllen. TVG-Frameworks sind nicht darauf ausgelegt, unterschiedliche Objektzustände entsprechend den Pfadbedingungen zu initialisieren. Stattdessen werden Objekttypen häufig mit `null` oder basierend auf dem Standardkonstruktor generiert. Für die Initialisierung unterschiedlicher Objektinstanzen sind zusätzliche Mocking-Schritte notwendig (vgl. Abschnitt 6.4.2). Diese sind i.d.R. nicht in TVG-Frameworks enthalten.
Aus diesem Grund wird in dieser Ebene für jeden Objekttyp eine zusätzliche statische Initilisierungsmethode `PrimitiveInit()` generiert. Diese verwendet primitive Datentypen als Parameter. Primitive Datentypen sind atomare Datentypen, die im Kern jeder Programmiersprache fest implementiert sind. Dazu zählen je nach Sprache u.a. Darstellungen von natürlichen Zahlen (`int`-Typen), Fließkommazahlen (`float`-Typen, `double`-Typen) und auch Zeichen bzw. Zeichenketten (`char`-Typen und `string`-Typen). Die Werte der primitiven Datentypen können einfach durch TVG-Frameworks bestimmt werden. Mit Hilfe der generierten Initialisierungsmethode können dann beliebige Objektzustände initialisiert werden.

Eine Klasse zeichnet sich dadurch aus, dass diese weitere Daten als Klassenfeld speichert. Jedes Klassenfeld ist entweder ein primitiver Datentyp oder eine Referenz auf eine Klasse. Für die Generierung der primitiv typisierten Parameterlisten werden die Klassentypen rekursiv in die enthaltenden primitiven Datentypen zerlegt. Die generierte Initialisierungsmethode erzeugt aus der Liste der primitiven Parameter die passende Objektstruktur.
Die Generierung der primitiv typisierten Parameterlisten ist in Algorithmus 3 auf Seite 155 beschrieben. Der Algorithmus unterscheidet zwischen simplen, komplexen und Mengentypen. Komplexe Typen sind Objekte. Mengentypen sind Listen und Arrays. Für die Analyse von Typen werden innerhalb des Algorithmus folgende Prädikate und Operatoren verwendet:

Algorithmus 3: Algorithmus zur Generierung primitiv typisierter Initialisierungslisten

```
Algorithmus: PrimitiveDivide(𝕥)
Globale Werte: RecDepth: Assoziative Liste mit der jeweiligen aktuellen
 Rekursionstiefe
               MaxRec: Die maximale Rekursionstiefe
               CoSize: Die Anzahl der zu erzeugenden Einträge für Kollektionen
Eingabe: Typedefinition 𝕥
begin
    PTL ← ∅
    /* Vermeidung endloser Rekursion                                    */
    if RecDepth[𝕥] > MaxRec then return {𝕥}
    /* Behandlung von primitiven Typen                                  */
    if IsPrimitive(𝕥) then PTL = PTL ∪ 𝕥
    else
        RecDepth[𝕥]++
        /* Behandlung von Klassentypen                                  */
        if IsClassType(𝕥) then
            𝕔 ← ClassDefinition(𝕥)
            foreach 𝕗 ∈ 𝔽_𝕔 do
                PTL = PTL ∪ PrimitiveDivide(T(𝕗))
            end
        /* Behandlung von Containertypen                                */
        else
            IsContainer(𝕥)
        for i = 0 → CollSize do
            if HasKeyType(𝕥) then
                PTL = PTL ∪ PrimitiveDivide(KeyType(𝕥))
            PTL = PTL ∪ PrimitiveDivide(ValueType(𝕥))
        end
        RecDepth[𝕥]--
    return PTL;
end
```

Definition 6.1 (IsPrimitive) *Das Prädikat **IsPrimitive** $:= f(\mathbb{t}) : \mathbb{T} \mapsto Bool$ ist genau dann wahr, wenn der Typ $\mathbb{t}$ primitiv ist.*

Definition 6.2 (IsClassType) *Das Prädikat **IsClassType** $:= f(\mathbb{t}) : \mathbb{T} \mapsto Bool$ ist genau dann wahr, wenn der Typ $\mathbb{t}$ einer Klassendefinition entspricht.*

Definition 6.3 (ClassDefinition) *Der Operator **ClassDefinition** $:= f(\mathbb{c}) : \mathbb{T} \mapsto \mathbb{C}$ gibt die Klassendefinition zu dem Typ $\mathbb{t}$ zurück.*

Definition 6.4 (IsCollection) *Das Prädikat **IsCollection** $:= f(\mathbb{t}) : \mathbb{T} \mapsto Bool$ ist genau dann wahr, wenn der Typ $\mathbb{t}$ ein Containertyp ist.*

Definition 6.5 (HasKeyType) *Das Prädikat **HasKeyType** $:= f(\mathbb{t}) : \mathbb{T} \mapsto Bool$ ist genau dann wahr, wenn der Containertyp $\mathbb{t}$ ein assoziativer Containertyp ist und Schlüssel-Werte-Paare verwaltet.*

Definition 6.6 (KeyType) *Der Operator **KeyType** $:= f(\mathbb{t}) : \mathbb{T} \mapsto \mathbb{T}$ gibt den Typ des Schlüssels des assoziativen Containertyps $\mathbb{t}$ zurück.*

Definition 6.7 (ValueType) *Der Operator **ValueType** $:= f(\mathbb{t}) : \mathbb{T} \mapsto \mathbb{T}$ gibt den Typ des Werts des assoziativen Containertyps $\mathbb{t}$ zurück.*

Die von der prototypischen Implementierung unterstützten Typen wurden in Abschnitt 6.1 aufgeführt. Der Algorithmus iteriert rekursiv über die Felder zusammengesetzter, komplexer Datentypen. Der Rückgabewert des Algorithmus ist eine Liste primitiv getypter Parameter. In Zeile (1) wird der Rückgabewert PTL als leere Menge initialisiert. Zur Vermeidung einer endlosen Rekursion wird zum Beginn jedes Durchlaufs in Zeile (3) die Rekursionstiefe überwacht. Die maximale Rekursionstiefe ist ein globaler Parameter des Algorithmus. Wird diese erreicht, wird der aktuell analysierte Typ nicht weiter aufgeteilt, sondern unverändert übernommen. In Zeile (3) wird untersucht, ob der übergebene Typ ein Primitivtyp ist. Primitive Datentypen werden direkt der Ergebnismenge hinzugefügt und nicht weiter analysiert. Handelt es sich bei dem untersuchten Type nicht um einen primitiven Typ, muss der übergebene Typ rekursiv analysiert werden. Hierfür wird in Zeile (4) die entsprechende Rekursionstiefe erhöht. In Zeile (5) wird geprüft ob der übergebene Datentyp einer Klassendefinition entspricht. Ist dies der Fall, wird in Zeile (6) die entsprechende Klassendefinition geladen. Die Schleife in Zeile (7) iteriert über alle Klassenfelder der Klassendefinition. In Zeile (8) wird der Algorithmus rekursiv für alle Klassenfelder aufgerufen. In Zeile (9) wird geprüft, ob der übergebene Typ ein Container-Typ ist. Container-Typen repräsentieren Mengen. Der Algorithmus generiert Parameter, mit denen später innerhalb der zu generierenden Initialisierungsmethode Werte für den Container generiert werden. Diese Werte werden in den Container eingefügt. Die Werte werden innerhalb der Schleife in Zeile (10) angelegt. Die Schleife wird entsprechend dem globalen Wert *CollSize* wiederholt ausgeführt. Der Parameter *CollSize* definiert wie viele Elemente in einen Container hinzugefügt werden sollen. Innerhalb der Schleife wird in Zeile (11) geprüft, ob es sich um einen assoziativen Container handelt. Assoziative Container speichern Elemente als Schlüssel-Wert Paare. In diesem

```
enum CountryIso {
  DE,
  US,
  /*...*/
}
class Adress {
  string Street;
  string HouseNr;
  string PostalCode;
  string Citiy;
  CountryIso Country;

  public static Adress PrimitivInit(string Street_1, string HouseNr_2,
   string PostalCode_3, CountryIso Country_4) {
    Street = Street_1;
    HouseNr = HouseNr_2;
    /* ... */
  }
}

class Person {
  string FirstName;
  string LastName;
  List<Adress> Adresses;

  // Init Method with primitiv parameters, CollectionSize = 2
  public static Person PrimitivInit(string FirstName_1, string LastName_2,
   string Street_3, string HouseNr_4, string PostalCode_5, CountryIso
   Country_6, string Street_7, string HouseNr_8, string PostalCode_9,
   CountryIso Country_10)
  {
    FirstName = FirstName_1;
    LastName = LastName_2;
    Adresses = new List<Adress>();
    Adresses adresses_1 = Adress.PrimitivInit(Street_3, HouseNr_4,
     PostalCode_5, Country_6);
    Adresses.Add(adresses_1);
    Adresses adresses_2 = Adress.PrimitivInit(Street_7, HouseNr_8,
     PostalCode_9, Country_10);
    Adresses.Add(adresses_2);
  }
}
```

Listing 6.11: Beispiel für primitiv typisierte Initialisierungsmethoden

Fall generiert der Algorithmus auch Parameter für die Generierung entsprechender Schlüssel. Die Schlüssel werden in Zeile (12) über einen rekursiven Aufruf generiert. In Zeile (13) werden die Werte des Containers über einen rekursiven Aufruf generiert. In Zeile (14) ist die rekursive Analyse des übergebenen Datentyps beendet und die entsprechende Rekursionstiefe wird wieder reduziert.
Ein Beispiel für generierte, primitiv typisierte Initialisierungsmethoden zeigt Listing 6.11 auf Seite 157. Für das Beispiel wurde *CollSize* = 2 gewählt. Dadurch werden zwei Instanzen der `Adress`-Klasse generiert.

```
// Original Methode und
static int Min(int arg1, int arg2, int arg3){
  /* Used to illustrate the handling of contracts */
  Contract.Requires(arg1 > 0);
  Contract.Ensures(Contract.Result() <= arg1);
  if(arg1 < arg2) {
    if(arg1 < arg3) {
      return arg1;
    }
    else {
      return arg3;
    }
  }
  else {
    if(arg2 < arg3) {
      return arg2;
    }
    else {
      return arg3;
    }
  }
}

// Isolated Test Path
static int TestMin2(int arg1, int arg2, int arg3) {
  Debug.Assert(!(arg1 < arg2));
  Debug.Assert(arg2 < arg3);
  return arg2;
}
```

Listing 6.12: Beispiel eines isolierten Testpfades

6.5.2 Testebene 2: Testisolation

Das Ziel der Testmethode dieser Ebene ist es, den zu testenden Code zu isolieren und für den Testfall vorzubereiten. Dafür wird der Pfad $\tilde{\mathbb{S}}$ des zu testenden Beweisziels π in einer eigenen Methode extrahiert und dadurch aus der ursprünglichen Methode isoliert. Für diese neu generierte Methode wird ebenfalls eine neue Klasse generiert. Diese erweitert die ursprüngliche Klasse, in der die zu testende Methode implementiert ist. Die aus den Beweiszielen exportierten Testpfade enthalten keine Verzweigungen mehr. Die Pfadbedingungen werden als `Debug.Assert` exportiert. Diese `Assert`-Anweisungen helfen später dabei das verwendete Framework für die Testfallgenerierung zu leiten. Die TVG-Frameworks versuchen Testparameter zu generieren, welche die Laufzeitbedingung erfüllen. Dadurch wird sichergestellt, dass die generierten Testparameter die ursprünglichen Pfadbedingungen erfüllen.

Das Listing 6.12 auf Seite 158 zeigt ein Beispiel für einen exportierten Testpfad. Getestet werden soll der Pfad aus der `Min`-Methode, der den Wert `arg2` zurückgibt.
Notwendige Änderungen für Robustheitstests werden zusätzlich auf den extrahierten Testpfad angewandt. Für Robustheitstests, die das Programmverhalten bei inkorrekte Rückgabewerte testen, wird der zu injizierende Rückgabewert der Parameterliste hinzugefügt.

6.5.3 Testebene 3: Testvorbereitung

Eine Testmethode auf dieser Ebene ruft die zu testende Methode mit dem isolierten Testpfad in Ebene 2 auf. Annahmen des zu testenden Beweisziels werden als `Contract.Ensures`-Anweisungen übernommen. Dies dient der zusätzlichen Steuerung der späteren Testvektorgenerierung. Als Testorakel wird die Zielformel des zu testenden Beweisziels verwendet. Die Testorakel werden als `Assert`-Anweisungen implementiert. Für Beweisziele, die das Verhalten im Fehlerfall analysieren (vgl. 6.1.3), wird der Aufruf der zu testenden Methode mit einem `try-catch`-Block umschlossen. Die eigentliche Zielformel wird in diesem Fall im `catch`-Block geprüft.
Die Parameterliste der Testmethoden dient als Schnittstelle zur Testvektorgenerierung. Die automatische Testvektorgenerierung ist besonders dann effektiv, wenn primitive Datentypen initialisiert werden müssen. Dafür wird die Parameterliste in zwei Schritten generiert: Als erster Schritt wird eine ungefilterte Parameterliste erstellt. Diese kombiniert die Parameter der zu testenden Methode und die Parametern aus der primitiven Initialisierungsmethode `PrimitiveInit()` des Testobjekts. Als Testinstanz wird ein Objekt der Klasse $\mathbf{C}(\mathbf{M}(\tilde{\mathbb{S}}_\pi)$ generiert. Komplexe Parameter der Testmethoden werden ebenfalls über die `PrimitiveInit()`-Methode generiert.
In einem zweiten Schritt wird die Parameterliste gefiltert. Die gefilterte Parameterliste enthält nur die Symbole, die im extrahierten Testpfad referenziert werden. Alle anderen Werte werden in der Testmethode über eine typspezifischen Standardwert initialisiert.

Ein einfaches Beispiel für eine Testmethode für die `Min`-Methode zeigt das Listing 6.13.

```
public int TestMin() {
static int TestMin3(int arg1, int arg2, int arg3) {
 Contract.Requires(arg1 > 0);
 var result = TestMin2(arg1, arg2, arg3);
 Debug.Assert(result <= arg1);
}
```

Listing 6.13: Beispiel für eine Testmethode auf Ebene 3

6.5.3.1 Anbindung IntelliTest

IntelliTest[4] ist ein Microsoft-Framework zu Generierung von Testvektoren. Es wird auf die gefilterte Parameterliste $\vec{\mathbb{P}}^*$ angewendet. IntelliTest führt den zu testenden Code wiederholt symbolisch aus. Basierend auf den gesammelten Pfadbedingungen werden mit Hilfe des Microsoft SMT-Solvers Z3 Werte für die Parameter der Testmethode generiert. Dies wiederholt IntelliTest so lange, bis keine neuen Pfade mehr in dem zu testenden Code ausgeführt werden oder ein zuvor eingestellter Timeout erreicht wird. Die bei der Generierung der Testmethode hinzugefügten Vorbedingungen und Assert-Anweisungen werden von IntelliTest ebenfalls als Pfadbedingung interpretiert. Dadurch wird der Wertebereich der freien Testparameter eingeschränkt und IntelliTest bei der Generierung unterstützt.

6.5.4 Testebene 4: Testprojekt

Auf der obersten Ebene werden die Aufrufe der Testmethoden jeweils in einzelnen Unit-Tests gekapselt. Diese werden in einem Testprojekt zusammengefasst. Das Listing 6.14 zeigt den Unit-Test für die oben beschriebene Testmethode. Die verwendeten Testvektoren wurden zuvor auf Testebene 3 durch das verwendete TVG-Framework generiert.

Durch den Einsatz von Standard-Unit-Tests bleiben alle Vorteile einer regulären Testumgebung bestehen. Die Tests können automatisiert ausgeführt und die Ergebnisse überwacht werden. Zudem kann auch die Testabdeckung der automatisch generierten Testvektoren mit Standardwerkzeugen kontrolliert werden.

```
[TestClass]
public class TestMin {
  [TestMethod]
  public void TestMin_1() {
    TestCalculator.Min(4, 5, 6);
  }
}
```

Listing 6.14: Beispiel für einen Unit-Test

[4]Ehemals Pex. IntelliTest bezeichnet die Integration in Visual Studio 2015 und folgende Versionen

Kapitel 7

Experimentelle Ergebnisse

Dieses Kapitel stellt die experimentellen Ergebnisse der beschriebenen Methode zur Kombination formaler Verifikation und dynamischem Testen vor. Die Methodik kombiniert mehrere Schritte, beginnend bei der formalen Spezifikation, über die Verifikation, bis hin zur Testfallisolierung und Generierung. Für jeden dieser Schritte wurde der Stand der Technik erweitert und Ergebnisse unabhängig von der Anwendung der Gesamtmethodik erzielt. Diese werden in Abschnitt 7.1 erörtert. Die Ergebnisse der Gesamtmethodik in den verschiedenen Fallbeispielen werden in Abschnitt 7.2 vorgestellt.

7.1 Ergebnisse der einzelnen Module

Die einzelnen Module der Gesamtmethodik enthalten auch für sich betrachtet Erweiterungen zum Stand der Technik. Diese können in den Fallbeispielen der Gesamtmethodik nicht im Detail betrachtet werden. Aus diesem Grund werden diese in den folgenden Abschnitten anhand spezieller Fallstudien im Detail vorgestellt.

7.1.1 Flexible Objektinvarianten

In Abschnitt 3.1 wurden die Anforderungen an eine Methodik zur Verifikation von Objekt-Invarianten definiert. Diese werden vom aktuellen Stand der Technik nicht erfüllt. An Hand von zwei Fallbeispielen wird gezeigt wie die in Abschnitt 5.5 beschriebene Methodik diese Anforderungen erfüllt. Das erste Beispiel zeigt die sequentielle Aktualisierung eines Objekts bei der eine Invariante vorübergehend durch einen Methodenaufruf aus einer externen Methode verletzt wird. Das zweite Beispiel zeigt den Umgang mit einer teilweise invalidierten Objektinstanz. Für beide Beispiele wird die Generierung der Beweisziele zur Prüfung der entsprechenden Invarianten beschrieben. Die Ergebnisse der Methodik werden in Abschnitt 7.1.1.3 mit dem Stand der Technik verglichen und diskutiert.

7.1.1.1 Fallbeispiel 1: Sequentielle Aktualisierung von Objekten

Häufig wird der Zustand eines Objekts durch mehrere Klassenfelder kodiert. Die Gültigkeit eines Objekts hängt in diesem Fall von der Beziehung der Klassenfelder zueinander ab. Zu Problemen kann es kommen, wenn die verschiedenen Klassenfelder sequentiell aktualisiert werden. Während dieser Aktualisierung kann es vorkommen, dass die Invariante vorübergehend invalidiert wird, solange noch nicht alle Klassenfelder aktualisiert wurden.
Aktuelle Methoden für die Verifikation von Objektinvarianten verwenden zusätzliche Spezifikationen, um ungültige Invarianten bzw. Objekte zu kennzeichnen. Diese wurden in Abschnitt 4.2.2 diskutiert. Im Beispiel in Listing 4.2 auf Seite 66 muss der Beginn und das Ende der sequentiellen Aktualisierung explizit durch die beiden zusätzlichen Befehle `unpack` und `pack` gekennzeichnet werden. Diese zusätzliche Spezifikation erhöht den Aufwand für den Entwickler. Zudem können Fehler innerhalb dieser Spezifikation nicht während der Verifikation überprüft werden.

```
class Interval {
    private int min, max;
    Interval(int min, int max) {
        this.min = min;
        this.max = max;
    }
  [ContractInvariantMethod]
    [InvariantMethod(Veritatest.Specification.InvarianVisbility.PUBLIC)]
    private void ObjectInvariant() {
        Contract.Invariant(Max >= Min);
    }
    public void SetMin(int min){ this.min = min; }
    public void SetMax(int max){ this.max = max; }
    public int GetSize() {
        Contract.Ensures(Contract.Result<int>() >= 0);
        return this.max - this.min;
    }
}
class IntervalClient
{
    void useInterval() {
        Interval i = new Interval(6, 10);
        i.SetMin(15);
        i.GetSize();
        i.SetMax(20);
    }
}
```

Listing 7.1: Sequentielles Update eines Objekts

Als Beispiel wurde das Listing 4.2 in C# implementiert und um die Methoden `SetMin()`, `SetMax()` und `GetSize()` erweitert. Der erweiterte Quellcode ist in Listing 7.1 aufgeführt.

Die `GetSize()`-Methode berechnet die Größe des Intervalls und garantiert mit der Nachbedingung in Zeile 14 einen positiven Rückgabewert. Die Verifikation der Nachbedingung erfordert die Gültigkeit der Invariante in Zeile 14.
Wird die `GetSize()`-Methode zwischen der Zuweisung von `Min` und `Max` in Zeile 23 aufgerufen, wird die Nachbedingung der Methode verletzt. Ein Spezifikationsfehler liegt vor, wenn die `GetSize()`-Methode zwischen der `unpack`- und `pack` aufgerufen wird. Die `unpack`-Anweisung markiert das Objekt als ungültig. Die von der `GetSize()`-Methode geforderte Invariante wird daher zu diesem Zeitpunkt explizit nicht garantiert. Aus diesem Grund wird kein Fehler erzeugt.
In Abschnitt 5.4.1 wurde beschrieben, welche Annahmen bei der modularen Verifikation von Beweiszielen getroffen werden. Bei der modularen Verifikation der Nachbedingung der `GetSize()`-Methode wird die Gültigkeit der Invariante jedoch als Annahme postuliert. Ist die Gültigkeit dieser Invariante nicht gegeben, kann dies direkte Auswirkungen auf die Gültigkeit der zu verifizierenden Nachbedingung haben. Aus diesem Grund stellen diese Art von Spezifikationsfehlern ein besonderes Risiko für die Korrektheit des Systems dar. Dies gilt insbesondere da die Spezifikation selber nicht gesondert geprüft wird.

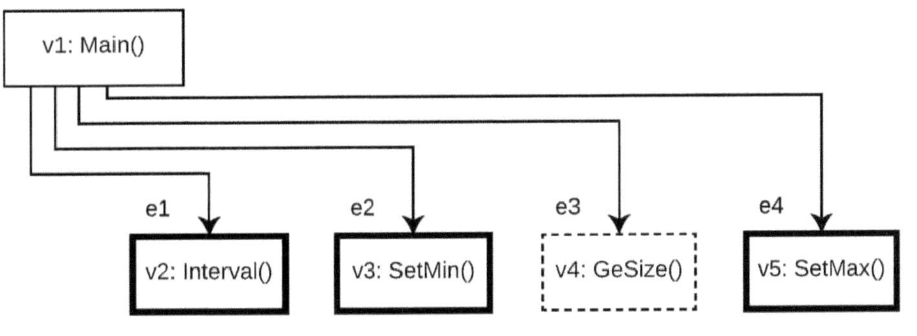

Abbildung 7.1: Schematische Darstellung des Verifikationsgraphen der Methode zur sequentiellen Aktualisierung

Die in dieser Arbeit vorgestellte Methodik benötigt für dieses Beispiel keine zusätzliche Spezifikation. Die Grafik 7.1 illustriert den Verifikationsgraph der Methode mit der sequentiellen Aktualisierung. Jeder Knoten repräsentiert eine Methode. Invaliderende Methoden werden als Knoten mit dickem Rahmen dargestellt. Abhängige Methoden werden mit einem gestricheltem Rahmen dargestellt. Kanten repräsentieren Methodenaufrufe, von der aufrufenden zu der aufgerufenen Methode. Entsprechend dem Schritt 5 in Abschnitt 5.5.6 wird der entsprechende Verifikationsgraph analysiert. Bei dieser Analyse wird erkannt, dass die `GetSize()`-Methode von der Korrektheit der Invariante abhängt. Aus diesem Grund muss sichergestellt werden, dass die Gültigkeit der Invariante zwischen der letzten Modifikation des untersuchten Objekts und dem Aufruf der `GetSize()`-Methode hergestellt wird. Dafür

sucht die vorgestellte Methodik, ausgehend von dem Knoten, der die abhängige Methode repräsentiert, den kürzesten Kantenzug zu einer invalidierenden Methode. In diesem Beispiel entspricht dies dem Kantenzug $\{e2, e3\}$. Dieser Kantenzug repräsentiert den Quellcode der `Main`-Methode zwischen dem Aufruf der `SetMin()`- und `GetSize()`-Methode.
Für diesen Kantenzug wird eine Beweisgruppe mit zwei Beweiszielen generiert. Ein Beweisziel prüft, ob die `SetMin()`-Methode die Invariante garantiert. Das zweite Beweisziel prüft ob der Code zwischen der `SetMin()`- und `GetSize()`-Methode die Invariante sicherstellt. Kann eines der beiden Beweisziele verifiziert werden, kann die `GetSize()`-Methode korrekt aufgerufen werden. In diesem Beispiel ist dies nicht der Fall. Daher wird der Aufruf der `GetSize()`-Methode an dieser Stelle als Fehler angezeigt.

Das Beispiel zeigt wie die vorgestellte Methodik eine sequentielle Aktualisierung eines Objekts zulässt. Der Programmieraufwand kann im Vergleich zum Stand der Technik reduziert werden, da das vorgestellte Verfahren ohne zusätzliche Spezifikationen auskommt. Durch den Wegfall zusätzlicher Spezifikationen sinkt auch das Risiko durch ungeprüfte Spezifikationsfehler.

7.1.1.2 Fallbeispiel 2: Umgang mit teilweise invaliden Objekt-Invarianten

Bei Objekten mit mehreren Invarianten kann es vorkommen, dass die verschiedenen Invarianten jeweils nur eine Teilmenge der Klassenvariablen referenzieren. Dadurch kann die Aktualisierung einzelner Klassenfelder dazu führen, dass nur einzelne Invarianten invalidiert werden. In diesem Fall ist die entsprechende Objektinstanz teilweise invalide. Klassische Betrachtungsweisen von Objekt-Invarianten, wie die der VST-Methode (vgl. Abschnitt 4.2.1), markieren solche Objekte als ungültig. Aufrufe öffentlicher Methoden auf ungültigen Objekten werden als Fehler hervorgehoben.
Die vorgestellte Methodik zur Behandlung von Invarianten unterstützt auch den Aufruf von Methoden auf teilweise gültigen Objektinstanzen. Es wird explizit unterschieden, ob die aufgerufene Methode von einer gültigen oder ungültigen Invariante abhängt.

In Abschnitt 3.1 wurde eine entsprechende Programmsituation motiviert. Listing 7.2 auf Seite 165 zeigt eine vereinfachte Implementierung der Methode zur Berechnung einer neuen Spannsituation. Das Beispiel nimmt Bezug auf das Listing 3.1 auf Seite 51. Der industriell eingesetzte ursprüngliche Quellcode dieses Beispiels berücksichtigt bei der Berechnung zusätzliche Faktoren und Maschineneigenschaften. Die entfernten Codestellen dienen jedoch nicht der Erörterung der Methodik und würden lediglich die algorithmische Komplexität des Quellcodes erhöhen.
Bei der Berechnung einer initialen Spannsituation wird die Anzahl der benötigten Spanner berechnet. Diese entspricht nicht immer der Gesamtanzahl der Spanner einer Maschine. Die Anzahl, der in einer Spannposition positionierten Spanner, darf beim Wechsel der Spannposition nicht variieren. Die Berechnung einer neuen Spannsituation erfolgt daher stets auf den Werten einer aktuellen Spannsituation. In Zeile 6 wird aus diesem Grund die aktuelle Spannsituation kopiert.
Die erste Modifikation der neuen Spannsituation erfolgt durch den Aufruf der Methode

```
class CncMachine
{
 public ClampSituation CalculateNextClampSituaion(int startWorkingArea, int endWorkingArea)
 {
  Contract.Requires(endWorkingArea > startWorkingArea);
  // Setting new working area
  ClampSituation newClampSit = new ClampSituation(this.currentClampSituation);
  newClampSit.SetWorkingArea(startWorkingArea, endWorkingArea);
  int lengthWorkingArea = endWorkingArea - startWorkingArea;
  // Estimating used clamping distance
  int usedClampingDist = lengthWorkingArea / ((newClampSit.CountClamps() - 3);
  int firstPosition = GetMaxClampingDistancecEnd() / 2;
  int lastPosition = GetCutLength() - (GetMaxClampingDistancecEnd() / 2);
  int midPosition = startWorkingArea;
  if(startWorkingArea < GetMaxClampingDistanceEnd()) {
   firstPosition = startWorkingArea;
   usedClampingDist = lengthWorkingArea / ((newClampSit.CountClamps() - 2);
  }
  if(endWorkingArea > (GetCutLength() - GetMaxClampingDistanceEnd())) {
   lastPosition = endWorkingArea;
   usedClampingDist = lengthWorkingArea / ((newClampSit.CountClamps() - 1);
  }
  // Set clamp positions
  for(int i=0; i < newClampSit.CountClamps(); i++) {
   if(i==0) { // First Clamp
    newClampSit.SetClampPosition(i, firstPosition);
   }
   else if(i == CountClamps() - 1) { // Last Clamp
    newClampSit.SetClampPosition(i, midPosition);
    midPosition += usedClampingDist;
   }
   else {
    newClampSit.SetClampPosition(i, lastPosition);
   }
  }
  return newClampSit;
 }
}
```

Listing 7.2: Methode zur Berechnung einer neuen Spannsituation

SetWorkinArea in Zeile 7. An dieser Stelle werden die Grenzen des neuen Arbeitsbereiches gesetzt. Die noch nicht aktualisierten Spannpositionen erfüllen die Anforderungen bzgl. der Fixierung des neues Arbeitsbereiches noch nicht. Dadurch invalidieren diese Änderungen die fünfte und sechste Invariante der ClampSituation-Klasse.
Der Umgang mit teilweise invaliden Objekten soll anhand des ersten Aufrufes der Methode CountClamps in Zeile 10 erörtert werden. Die CountClamps-Methode greift auf das Klassenfeld clampPositions zu. Dies erfordert, dass das Feld initialisiert und nicht null ist. Dies wird durch die erste Invariante der ClampSituation-Klasse gefordert. Dadurch kann während der statischen Codeanalyse festgestellt werden, dass die CountClamps-Methode die Invariante postuliert und somit von dieser abhängt.
Die Methode wird in den Zeilen 10, 16, 20 und 23 aufgerufenen. Jeder Aufruf erfolgt auf der Instanz newClampSit. Als Erstes muss daher verifiziert werden, dass diese Instanz zum Zeitpunkt ihrer Erstellung gültig ist. Dies erfolgt durch die Anforderung an alle Konstruktoren, gültige Objektinstanzen zu initialisieren (vgl. Abschnitt 5.5.6). Für den in Zeile 6 verwendeten Kopierkonstruktor werden demnach entsprechende Beweisziele generiert.
Als nächster Schritt muss gezeigt werden, dass zwischen der Initialisierung der Instanz und dem Aufruf der CountClamps-Methode die erste Invariante nicht verletzt wird. Für diesen Nachweis wird ein entsprechender Verifikationsgraph (vgl. Abschnitt 5.5.5) erstellt. Dieser repräsentiert die Methodenaufrufe auf der newClampSit-Instanz zwischen der Initialisierung und dem zu verifizierenden Aufruf der CountClamps-Methode. In diesem Abschnitt wird nur die SetWorkingArea-Methode aufgerufen. Diese Methode enthält keine Modifikation der Variable clampPositions und kann daher die postulierte Invariante auch nicht verletzen. Dadurch ist sichergestellt, dass die erste Invariante weiterhin gültig ist. Der Aufruf der CountClamps-Methode wird somit nicht als Fehler markiert.

7.1.1.3 Zusammenfassung der Ergebnisse

Das Vorgehen bei der Beweiszielgenerierung in beiden gezeigten Fallbeispielen zeigt, dass die vorgestellte Methodik zur Verifikation von Objekt-Invarianten die in Abschnitt 3.1 definierten Anforderungen erfüllt. Die Tabelle 7.1 vergleicht die vorgestellte Methodik mit dem in Abschnitt 4.2 aufgeführtem Stand der Technik. Als Vergleichskriterien gelten die in Abschnitt 3.1 definierten Anforderungen.

Die reine "Ownership"-Methodik (OST) wurde für die Definition von Invarianten mit Referenzen auf mehrere Objekte entwickelt. Sie unterstützt keine der definierten Anforderungen.
Die "Explicit State"-Methodik (EST) unterstützt die Invalidierung von Invarianten in externen Methoden. Dies erfordert jedoch den zusätzlichen Spezifikationsaufwand der OST und der expliziten Definition wann ein Objekt gültig ist und wann nicht. Eine Unterscheidung zwischen validen und nicht validen Invarianten wird nicht unterstützt.
Die "Visibility"-Methodik (VIST) unterstützt ebenfalls die Invalidierung von Invarianten in externen Methoden. Im Vergleich zur EST-Methodik benötigt dieser Ansatz keine explizite Definition bzgl. der Gültigkeit eines Objekts. Die VIST-Methodik baut jedoch auf der OST-Methodik auf und erfordert dadurch immer noch deren zusätzlichen Spezifikationsaufwand. Aus diesem Grund wird die Anforderung des geringen Spezifikationsaufwandes auch nur als

Tabelle 7.1: Vergleich der Ansätze zur Verifikation von Objekt-Invarianten

#	Eigenschaften	OST	EST	VIST	OVAL	VST	Huster
1	Invalidierung durch externe Methoden	-	•	•	-	-	•
2	Unterscheidung zwischen validen und invaliden Invarianten	-	-	-	•	-	•
3	Geringer Spezifikationsaufwand	-	–	◦	-	•	•

Legende: •: Wird unterstützt, ◦: teilweise unterstützt,
-: Wird nicht unterstützt bzw. beschrieben

teilweise erfüllt eingestuft. Die VIST-Methodik unterstützt keine Unterscheidung zwischen validen und invaliden Invarianten.
Diese Unterscheidung wird erst durch die OVAL-Methodik unterstützt. Dafür muss bei der OVAL-Methodik für jede Methode explizit angegeben werden, welche Invarianten erfordert bzw. verletzt werden. Durch diese Angabe steigt der Spezifikationsaufwand erheblich.
Einen geringen Spezifikationsaufwand fordert die "Visible State"-Methodik (VST). Dafür werden weder Invalidierungen in externen Methoden noch die Unterscheidung zwischen validen und nicht validen Invarianten unterstützt.
Die vorgestellte Methodik basiert nicht auf der OST-Methodik und erfordert bei der Definition von Methoden oder bei der Modifikation von Objekten keinen zusätzlichen Spezifikationsaufwand. Der geforderte Spezifikationsaufwand ist demnach gering. Dadurch konnte anhand der beiden Beispiele gezeigt werden, dass die vorgestellte Methodik alle drei definierten Anforderungen erfüllt. Das erste Beispiel zeigt wie die Invalidierung von Invarianten durch externe Methoden verifiziert wird. Das zweite Beispiel demonstriert wie zwischen gültigen und invalidierten Invarianten unterschieden wird.

7.1.2 Testfallgenerierung für Schleifen

In Abschnitt 3.2 wurden die Anforderungen an die Verifikation von Programmschleifen beschrieben. Methoden aus dem Stand der Technik sind nicht dafür geeignet Schleifen mit internen Kontrollstrukturen strukturiert zu testen. Die von ihnen generierten bzw. geforderten Testfälle lösen z.T. Fehler nicht aus oder erfordern eine zu hohe Anzahl an Testfällen.

In Abschnitt 5.8 wurde eine neue Methodik zum Testen von Schleifen vorgestellt. Die Methodik ist optimiert für Schleifen mit internen Kontrollstrukturen. Im Folgenden werden die Ergebnisse aus fünf Fallstudien aufgeführt. Mit Hilfe dieser fünf Fallbeispiele werden folgende Eigenschaften analysiert:

1. **Reduktion**: Wie hoch ist die Anzahl der generierten Testpfade im Vergleich zur Pfadabdeckung auf einer abgerollten Schleife?

2. **Qualität**: Können die generierten Testpfade einen Fehler im Quellcode auslösen?
3. **Effizienz**: Decken die generierten Testfälle unterschiedliches Verhalten der Schleife ab?

Verglichen werden die Ergebnisse mit den Ergebnissen des Microsoft Testtools Pex. Pex generiert Testfälle für eine vollständige Zweigüberdeckung. Die Ergebnisse werden in Abschnitt 7.1.2.6 zusammengefasst.

7.1.2.1 Fallbeispiel 1: String Array Signal Parser

Das erste Fallbeispiel ist eine Schleife zur Verarbeitung von sequentiell gesendeten Signalen. Die Signalliste wird in diesem Beispiel als Strings.Array `signals` repräsentiert. Die Schleife zur Verarbeitung der Signale durchläuft diese Array sequentiell. Der Quellcode der Schleife ist in Listing 7.3 auf Seite 169 aufgeführt. Diese vereinfachte Implementierung unterscheidet zwischen zwei verschiedenen Signalarten. Zudem werden zwei Empfänger „A" und „B" unterstützt. Steuersignale beginnen immer mit einem Bindestrich „-". Die Empfänger können einzeln über die Steuerungssignale „-A" und „-B" aktiviert und deaktiviert werden. Der Operator „-!" aktiviert bzw. deaktiviert alle Empfänger. Steuerungssignale werden nicht an die Empfänger übertragen. Signale ohne führenden Bindestrich werden als Nachricht interpretiert und an die aktivierten Empfänger übertragen.

In diesem Beispiel wurde in Zeile 8 ein Fehler eingebaut. In dieser Zeile wird anstelle des Werts `msgForA` der Wert `msgForB` ausgelesen. Dies hat zur Folge, dass das Aktivieren des Empfängers „A" mit dem Signal „-A" nicht funktioniert. Offensichtlich wird der Fehler, wenn in drei aufeinander folgenden Iterationen jeweils die Programmzeile 10, 8 und 16 ausgeführt werden. In dieser Iterationsfolge wird zuerst in Zeile 10 die Variable `msgForB` negiert. In der nächsten Iteration wird der negierte Wert der Variable `msgForB` der variable `msgForA` zugewiesen. Aufgrund der vorangegangenen Negierung in Zeile 10 wird die Variable `msgForA` an dieser Stelle nicht negiert. Dadurch werden auch weiterhin Nachrichten an den Empfänger „A" übertragen. Dies wird offensichtlich wenn in der folgenden Iteration die Zeile 16 ausgeführt wird.

Der Rumpf der Schleife enthält 13 verschiedene Pfade. Unter Berücksichtigung der Exception in Zeile 6, bleiben 12 verschiedene Pfade zur Kombination übrig. Bei einer Abrolltiefe der Schleife von $b_{max} = 4$ ergeben sich daraus 20.736 verschiedene Möglichkeiten die Schleife zu durchlaufen. Jede dieser Möglichkeiten muss für eine vollständige Pfadabdeckung durchlaufen werden.
Pex generiert für dieses Beispiel 22 Testfälle. Nur einer dieser 22 Testfälle testet eine Iterationsfolge, bei der sich die einzelnen Iterationen gegenseitig beeinflussen. Die von Pex generierten Testfälle erreichen im Schleifenrumpf eine vollständige Zweigüberdeckung, testen jedoch nicht alle möglichen Iterationsfolgen. Die oben beschriebene Iterationsfolge zur Ausführung des Fehlers wird nicht getestet. Des Weiteren enthält die von Pex generierte Testsuite mehrere Testfälle, welche die Basisblöcke der Zeilen 16 und 18 mehrfach hintereinander ausführen. Diese Kombination von Testfällen ist ineffizient, da durch das Testen

```
1 // Input: String[] signals
2 bool msgForA=false, msgForB=false, msgForAll=false;
3 for(int i=0; i < signals.Length; i++) {
4   if(signals[i].StartsWith("-")) {
5     if(signals[i].Length < 2)
6     { throw new Exception("Invalid Signal"); }
7     if(signals[i].Contains("A"))
8     { msgForA = !msgForB; } // Fehler! Korrekt: msgForA = !msgForA;
9     if(signals[i].Contains("B"))
10    { msgForB = !msgForB; }
11    if(signals[i].Contains("!"))
12    { msgForAll = !msgForAll; }
13  } else {
14   // Deliver Message
15   if(messageForA || msgForAll)
16   { messagesA.Add(signales[i]; }
17   if(messageForB || msgForAll)
18   { messagesB.Add(signales[i]; }
19  }
20 }
```

Listing 7.3: Fallbeispiel 1: String Array Parser

dieser Iterationsfolge immer wieder dasselbe Schleifenverhalten geprüft wird. Ein weiterer Hinweis für die Ineffizienz der von Pex generierten Testsuite sind 2 Testfälle, welche die Ausnahme in Zeile 6 auslösen und 3 Testfälle, welche mehrfach hintereinander die Alternative der ersten `if`-Bedingung ausführen.
Die vorgestellte Methode generiert für diese Schleife ohne Berücksichtigung von Äquivalenzklassen 1.939 Testfälle. Unter Berücksichtigung der Äquivalenzklassen werden 46 Testfälle generiert. Mehrere Iterationen führen das oben beschriebene Fehlerverhalten aus.

7.1.2.2 Fallbeispiel 2: Modifizierter String Array Signal Parser

Das zweite Beispiel ist eine modifizierte Variante der Schleife in Listing 7.3 aus der ersten Fallstudie. Die modifizierte Schleife ist in Listing 7.4 dargestellt. Die ursprünglichen `if`-Bedingungen in Zeile 9 und 11 wurden durch `else-if`-Anweisungen ersetzt. Zusätzlich wurden die `Contains`-Abfrage in den `if`-Bedingungen durch `Equals`-Abfragen ersetzt. Diese kleinen Änderungen reduzieren deutlich die Anzahl der verschiedenen Iterationsmöglichkeiten und den Suchraum für die entsprechenden Testeingaben. Der eingebaute Fehler bleibt gegenüber der ersten Fallstudie unverändert.

Pex generiert für dieses Beispiel 12 unterschiedliche Testfälle. Die von Pex generierte Testsuite erreicht keine vollständige Pfadabdeckung. Keiner der 12 Testfälle testet eine Iterationsfolge, bei der eine Iteration Einfluss auf eine nachfolgende Iteration nehmen könnte. Ebenfalls führt keine der getesteten Iterationsfolgen den Fehler in Zeile 8 aus.
Die Schleife enthält 9 verschiedene Iterationsmöglichkeiten. Bei einer Abrolltiefe von $b_{max} = 4$ existieren 6.561 verschiedene Möglichkeiten diese Iterationen zu kombinieren. Die

```
// Input: String[] signals
bool msgForA=false, msgForB=false, msgForAll=false;
for(int i=0; i < signals.Length; i++) {
 if(signals[i].StartsWith("-")) {
   if(signals[i].Length < 2)
   { throw new Exception("Invalid Signal"); }
   if(signals[i].Equals("-A"))
   { msgForA = !msgForB; } // Fehler! Korrekt: msgForA = !msgForA;
   else if(signals[i].Equals("-B"))
   { msgForB = !msgForB; }
   else if(signals[i].Equals("-!"))
   { msgForAll = !msgForAll; }
 } else {
  // Deliver Message
  if(messageForA || msgForAll) { messagesA.Add(signales[i]; }
  if(messageForB || msgForAll) { messagesB.Add(signales[i]; }
 }
}
```

Listing 7.4: Fallbeispiel 2: Modifizerter String Array Parser

vorgestellte Methodik generiert für diese Schleife 92 Testfälle ohne Berücksichtigung von Äquivalenzklassen und 51 Testfälle unter Berücksichtigung von Äquivalenzklassen. Die generierte Testsuite evaluiert die fehlerhafte Iterationsfolge.

7.1.2.3 Fallbeispiel 3: CSV-Parser

Das dritte Beispiel repräsentiert einen CSV-Parser und ist in Listing 7.6 dargestellt. Der Parser extrahiert aus einer Zeichenkette Werte, die von einem Anführungszeichen (") umschlossen und durch ein Kommata (,) getrennt sind. Listing 7.5 zeigt ein Beispiel dieses Formats. Innerhalb eines Wertes können Anführungszeichen mit einem Backslash (\) kaskadiert werden. Dadurch können auch innerhalb der einzelnen Werte Anführungszeichen verwendet werden, wie es z.B. beim dritten Wert des Beispiels der Fall ist.

```
"Fintelwudelwix", " Beteigeuze Sieben", "Rupert, auch \"Persephone\"","
 Eadrax"
```

Listing 7.5: Beispiele für Werte im CSV-Format

In Zeile 11 wurde ein Fehler eingebaut. Durch diesen Fehler wird jedes Kommata als Trennzeichen zweier Werte interpretiert. Eigentliche Werte können dadurch kein Kommata enthalten, wie es z.B. im dritten Wert des Beispiels verwendet wird. Das Kommata sollte daher nur als Trennzeichen zweier Werte erkannt werden, wenn der aktuelle Wert korrekt durch ein nicht kaskadiertes Anführungszeichen abgeschlossen wurde. Die korrekte `if`-Bedingung in Zeile 11 ist im Kommentar aufgeführt. Dieser Fehler wird offensichtlich, wenn zuerst in einer ungeraden Anzahl an Iterationen die Zeile 10 ausgeführt wird und darauf eine Iteration folgt, in der die Zeile 11 ff. ausgeführt werden.

```
// Input: String s
bool cascade=false, inValue = false;
String currentValue = "";
List<String> values = new List<String>();
for(int i=0; i < s.Length; i++) {
  char c = s[i];
  if(c=='\\' && !cascade)
  { cascade = !cascade; }
  else if (c=='\'' && !cascade)
  { inValue = !inValue; }
  else if (c==',') { // Fehler! Korrekt: c==',' && !inValue
    values.Add(currentValue);
    currentValue = "";
  }
  else { currentValue += c; }
  cascade = false;
}
```

Listing 7.6: Fallbeispiel 3: CSV-Parser

Pex generiert für dieses Beispiel eine Testsuite mit 13 Testfällen. In 7 Testfällen werden Iterationsfolgen ausgeführt, in denen sich die Iterationen untereinander beeinflussen können. Keiner der Testfälle führt den eingebauten Fehler aus.
Die Schleife in diesem Beispiel enthält 4 verschiedene Iterationsmöglichkeiten. Wird die Schleife 4 mal abgerollt ($b_{max} = 4$) ergeben sich 340 verschiedene Möglichkeiten die Schleife auszuführen. Die vorgestellte Methodik generiert für dieses Beispiel ohne Berücksichtigung von Äquivalenzklassen 340 Testfälle und 82 Testfälle unter Berücksichtigung von Äquivalenzklassen. Die generierte Testsuite evaluiert auch die Iterationsfolge, die den beschriebenen Fehler ausführt.

7.1.2.4 Fallbeispiel 4: Best Fit Optimization

Die vierte Fallstudie in Listing 7.7 ist eine C#-Implementierung des BestFit-Algorithmus. Der BestFit-Algorithmus beschreibt ein einfaches Verfahren, das in Abschnitt 1.1 beschriebene Zuschnittproblem zu lösen. Der Algorithmus optimiert die Verteilung von Gutteilen auf Rohmaterialstäben. Ein Gutteil wird durch dessen Länge definiert. Diese wird als `double`-Wert repräsentiert. Für die Rohmaterialstangen wurde eine `Bar`-Klasse eingeführt. Diese enthält als Eigenschaften die Länge des Rohmaterials und eine Liste der auf ihr positionierten Gutteillängen. Für die Optimierung sucht der Algorithmus für jede Gutteillänge den Rohmaterialstab mit der kleinsten verbleibenden Restkapazität, auf die das Gutteil noch positioniert werden kann. Kann keine passende Rohmaterialstange gefunden werden, wird das Gutteil auf einem neuen, leeren Rohstab platziert.
In Zeile 9 wurde ein Fehler eingebaut. Die Schleifenvariable i muss bei jedem Schleifendurchlauf inkrementiert werden, um den korrekten Index der ausgewählten Rohstange in der Variable `bestIndex` zu speichern. Der Fehler wird sichtbar, wenn Zeile 9 beim Durchlauf der Schleife mehrfach ausgeführt wird.

```
void BFIT(ref List<Bar> bars, List<double> pieceLengths, double rawLength) {
  foreach(double pl in pieceLength) {
    double minRest = double.MaxValue;
    int bestIndex = -1, i=0;
    foreach(Bar bar in bars) {
      double rest = bar.GetRestLength() - pl;
      if(rest >= 0 && rest < minRest) {
        minRest = rest;
        bestIndex = i; // Fehler: i wird nie inkrementiert
      }
    }
    if(bestIndex >= 0) {
      bars[bestIndex].AddPiece(pl);
    } else {
      Bar newBar = new Bar(rawLength);
      newBar.AddPiece(pl);
      bars.Add(newBar);
    }
  }
```

Listing 7.7: Fallbeispiel 4: Best Fit Optimisation

Pex generiert für dieses Beispiel eine Testsuite mit 4 Testfällen. Keiner der Testfälle löst den beschriebenen Fehler aus.
Es existieren 13 verschiedene Möglichkeiten die Schleife zu durchlaufen. Werden beide Schleifen 2 mal abgerollt ergeben sich 210 verschiedene Möglichkeiten die Schleife auszuführen. Die vorgestellte Methodik generiert für dieses Beispiel ohne Berücksichtigung von Äquivalenzklassen 182 Testfälle. Unter Berücksichtigung von Äquivalenzklassen werden 52 Testfälle generiert. Der Fehler wird durch einen der Testfälle ausgelöst.

7.1.2.5 Fallbeispiel 5: Textformat-Parser

Das fünfte Beispiel ist in Listing 3.2 auf Seite 55 dargestellt und wurde in Abschnitt 3.2 beschrieben. Die Schleife ist Teil eines Parsers zum Einlesen eines Textformats. Für Testzwecke wurde ein Fehler eingebaut und Zeile 14 des Beispiels entfernt. Dieser Fehler wird sichtbar, wenn in zwei aufeinander folgenden Iterationen die Zeile 15 und die Zeilen 9 ff. ausgeführt werden.

Der Schleifenrumpf kann auf 9 verschiedenen Pfaden ausgeführt werden. Wird die Schleife 4 mal abgerollt, ergibt dies für die 9 Iterationen 7.380 verschiedene Möglichkeiten die Iterationen zu kombinieren.
Pex generiert für dieses Beispiel 15 Testfälle. Keiner der Testfälle führt die oben beschriebene Iterationsfolge aus, die auf den eingebauten Fehler hinweisen würde.
Die vorgestellte Methode generiert ohne Berücksichtigung von Äquivalenzklassen 1.554

Testfälle. Unter Berücksichtigung von Äquivalenzklassen werden 78 Testfälle generiert. Der Fehler wird durch einen der Testfälle ausgelöst.

7.1.2.6 Zusammenfassung der Ergebnisse

Die Ergebnisse der einzelnen Fallbeispiele werden in Tabelle 7.2 auf Seite 173 zusammengefasst. In jeder Schleife der unterschiedlichen Fallbeispiele wurde ein Fehler eingebaut, der nur bei der Ausführung bestimmter Iterationsfolgen sichtbar wird. Keine der in Abschnitt 2.6 aufgeführten Überdeckungsmetriken ist darauf ausgelegt, das Testen bestimmter Iterationsfolgen zu protokollieren. Lediglich die Abdeckung aller Programmpfade auf der abgerollten Schleife würde das Finden der Fehler garantieren. Die Anzahl der zu testenden Kombinationen von Iterationen $|P|$ berechnet sich aus der Anzahl der möglichen Iterationen $|I|$ und der Häufigkeit des Abrollens b_{max}: $|P| = \Sigma_{n=0}^{b_{max}} |I|^n$.

Tabelle 7.2: Ergebnisse der Testfallgenerierung für Schleifen

			Pex		Huster						
#	**Fallbeispiel**	# Iterationen	# Testfälle	Fehler ausgelöst	b_{max}	# Möglicher Kombinationen	# Testfälle	# Testfälle mit Äquivalenzkl.	Reduktion	Red. mit Äquivalenzkl.	Fehler ausgelöst
1	Str. Signal Parser	12	22	✗	4	20.736	1.938	46	90%	99%	✓
2	Mod. Sig. Parser	9	12	✗	4	7.380	54	54	99%	99%	✓
3	CSV-Parser	4	13	✗	4	340	340	82	0%	75%	✓
4	BestFit-Opt.	13	4	✗	2	210	182	52	13%	75%	✓
5	Txt-Parser	9	15	✗	4	7.380	1.554	78	78%	98%	✓

In der Tabelle werden die Ergebnisse von Pex in den Spalten vier und fünf aufgeführt. Die Spalten sechs bis zwölf enthalten die Ergebnisse der vorgestellten Methode.
Die dritte Spalte zeigt die Anzahl der möglichen Iterationen der jeweiligen Schleife. Die sechste Spalte (b_{max}) zeigt an wie häufig eine Schleife abgerollt wird. Daraus ergibt sich die in der siebten Spalte aufgeführte Gesamtanzahl an Möglichkeiten, um die Iterationen zu kombinieren.
Die folgenden beiden Spalten enthalten die Anzahl der von der vorgestellten Methode generierten Testfälle. Die achte Spalte enthält die Anzahl der generierten Testfälle ohne Berücksichtigung von Äquivalenzklassen. Die neunte Spalte enthält die Anzahl der generierten Testfälle unter Berücksichtigung von Äquivalenzklassen. Die erzielte Reduktion bzgl. der

Anzahl an Testfällen im Vergleich zu der Gesamtanzahl an Kombinationsmöglichkeiten wird in den Spalten zehn und elf aufgeführt. Die Werte der zehnten Spalte zeigen die Reduktion ohne Berücksichtigung und die elfte Spalte die Reduktion unter Berücksichtigung von Äquivalenzklassen.

Pex ist nicht darauf ausgelegt für Schleifen Testfällle zu generieren, die explizit unterschiedliche Iterationsfolgen testen. Die Anzahl der generierten Tesfälle ist in jedem Fallbeispiel entsprechend gering. In keinem Fallbeispiel führen die von Pex generierten Testfälle die eingebauten Fehler aus.
Die im Rahmen dieser Arbeit entwickelte Methodik generiert speziell Testfälle zum Testen verschiedener Iterationsfolgen. Dabei werden explizit Iterationsfolgen getestet, deren Iterationen sich untereinander beeinflussen können. Die Anzahl der generierten Testfälle ist verglichen zu Pex entsprechend höher. Im Vergleich zu der Gesamtanzahl an möglichen Iterationskombinationen ist die Anzahl der benötigten Testfälle jedoch deutlich geringer. Unter Berücksichtigung von Äquivalenzklassen wird eine Reduktion von bis zu 99% erreicht. Trotz dieser Reduktion wird in jedem Fallbeispiel mindestens eine Iterationsfolge generiert, die den eingebauten Fehler ausführt. Die in Abschnitt 3.2 definierten Anforderungen werden somit erfüllt.

7.1.3 Testfallisolierung und Generierung

Bei der Kombination von formalen und dynamischen Methoden ist es wichtig, einzelne Pfade einer Methode isoliert testen zu können. Die mit dieser Anforderung verbundenen Herausforderungen wurden in Abschnitt 3.3 besprochen. Im Rahmen dieser Arbeit wurde das in Abschnitt 6.4 beschriebene Mocking-Verfahren entwickelt. Dessen Vorteile können auch beim rein dynamischen Testen genutzt werden. Durch die Anwendung der Mocking-Schritte wird die Testbarkeit des Quelltextes erhöht und die Anwendung von Frameworks zur Testvektorgenerierung vereinfacht. Diese Vorteile werden im Folgenden anhand von zwei Fallbeispielen demonstriert.

Verglichen werden die Ergebnisse, die IntelliTest auf dem gemockten und dem unveränderten Quellcode erzielt. Damit IntelliTest angewendet werden kann sind i.d.R. manuelle Änderungen am ursprünglichen Quellcode notwendig. Mit diesen Änderungen werden IntelliTest z.B. die erlaubten Wertebereiche bestimmter Variablen mitgeteilt oder der Zugriff auf wichtige Klassenfelder gewährt.

7.1.3.1 Fallbeispiel 1: Stangenoptimierer

Im ersten Beispiel wird das Mocking-Verfahren auf die `AddCut`-Methode aus Listing 7.8 auf Seite 175 angewendet. Eine vereinfachte Implementierung dieser Methode wurde bereits in Listing 1.1 auf Seite 6 vorgestellt. Die umschließende `Bar`-Klasse repräsentiert die Rohmaterialstangen. Die Klasse enthält hierfür zwei Kategorien von Klassenfelder. Die erste Kategorie beschreibt konstante Eigenschaften der Rohmaterialstange. Dazu zählt

```
1  class Bar {
2    public List<double> Cuts;
3    private double Length, MaxSpace, MinSpace, UsedLength;
4
5    public Bar (double length, double maxSpace, double minSpace) { ... }
6
7    [ContractInvariantMethod]
8    [InvariantMethod(eVisbility.PRIVATE)]
9    protected void ObjectInvariant() { // Object Invariants
10     Contract.Invariant(UsedLength <= Length);
11   }
12
13   public bool AddCut(double cutLength)
14   {
15     Contract.Requires(cutLength > 0 && Length > 0);
16     double usedSpace = Cuts.Count * MinSpace;
17     if ((Length - usedSpace) < cutLength)
18       return false;
19
20     UsedLength += cutLength;
21     Cuts.Add(cutLength);
22     return true;
23   }
24 }
```

Listing 7.8: Quellcode der analysierten Methode

die Länge der Stange (`Length`) und der Mindestabstand zwischen zwei platzierten Gutteilen (`MinSpace`). Dieser Mindestabstand ist ein Parameter der Produktion und wird u.a. durch die Breite des verwendeten Sägeblatts bestimmt. Die zweite Kategorie beschreibt dynamische Eigenschaften der `Bar`-Klasse. Dazu zählt die Länge des bereits verwendeten Rohmaterials (`UsedLength`) und die Liste der platzierten Gutteillängen (`Cuts`). Diese dynamischen Felder werden jedes Mal aktualisiert, wenn über die `AddCut`-Methode ein neues Gutteil der Rohmaterialstange hinzugefügt wird.

In der dargestellten Implementierung der `AddCut`-Methode wurde in Zeile 17 ein Fehler eingebaut. Die Zeile soll prüfen, ob auf der aktuellen Stange noch genügend Platz für das hinzuzufügende Gutteil vorhanden ist. Bei dieser Überprüfung wird jedoch nicht die bisherige Länge aller positionierten Gutteile (`UsedLength`) berücksichtigt. Durch diesen Fehler können mehr Teile auf der Stange positioniert werden, als es die Rohmateriallänge erlaubt. Die korrekte Implementierung dieser Prüfung wäre:

```
if ((Length - usedSpace - UsedLength) < cutLength)
```

Das Listing 7.9 auf Seite 176 zeigt einen von IntelliTest generierten, parametrisierbaren Testfall der `AddCut`-Methode. Die `PexAssume`- und `PexAssert`-Anweisungen wurden dem Testfall manuell hinzugefügt. Die `PexAssume`-Anweisung ist notwendig, um der Testvektorgenerierung die gültigen Wertebereiche beider Parameter mitzuteilen. Die `PexAssert`-

```
bool AddCutTest(Bar target, int cutLength) {
  PexAssume.IsTrue(target.Length > 0 && cutLength > 0);
  bool result = target.AddCut(cutLength);
  PexAssert.IsTrue(target.GetLength() >= target.GetUsedLength());
  return result;
}
```

Listing 7.9: Testfall von IntelliTest generiert

Anweisungen repräsentieren das Testorakel und prüfen, dass die verwendete Materiallänge nie größer ist als die zur Verfügung stehende Rohmateriallänge. Der `cutLength`-Parameter hat einen primitiven, numerischen Datentyp. Entsprechend einfach ist es für IntelliTest gültige Werte zu generieren. Anders sieht dies für den `target`-Parameter aus. Dessen Datentyp ist eine vom Nutzer selbst definierte Klasse. Diese kann nicht ohne Weiteres automatisch instanziiert werden. Aus diesem Grund generiert IntelliTest den Rumpf einer statischen Factory-Methode, die in Listing 7.10 dargestellt ist. Der Rumpf der generierten Factory-Methode muss vom Testentwickler manuell implementiert werden. Diese Implementierung benötigt u.U. auch weitere manuelle Änderungen am ursprünglichen Quellcode. Dies ist z.B. der Fall, wenn es notwendig ist, innerhalb der zu instanzierenden Klasse Werte von Klassenvariablen zu definieren, die nicht über einen entsprechenden Konstruktor gesetzt werden können.

```
public static Bar Create(double length_d, double maxSpace_d, double minSpace_d)
{
  Bar bar = new Bar(length_d, maxSpace_d, minSpace_d);
  return bar;
  // TODO: Edit factory method of Bar. This method should be able to configure
  // the object in all possible ways. Add as many parameters as needed,
  // and assign their values to each field by using the API.
}
```

Listing 7.10: Von IntelliTest generierter Stub der Factory-Methode

Das Listing 7.11 auf Seite 177 zeigt den von der vorgestellten Methodik generierten Testfall. Die `PexAssume`- und `PexAssert`-Anweisungen werden bei der Generierung der Beweisziele, basierend auf der Programmspezifikation, automatisch generiert. In Zeile 4 wird eine Instanz des Testobjekts erzeugt. Die verwendete Factory-Methode wurde während des Mockings automatisch generiert (vgl. Abschnitt 6.4.2). In Zeile 6 wird die zu testende Methode aufgerufen.

Die generierten Testfälle beider Ansätze werden in Tabelle 7.3 aufgeführt. Die Tabelle ist in zwei Bereiche aufgeteilt. Der obere Bereich der Tabelle listet die Ergebnisse der Vergleichsmethodik "Intelli Test". Der untere Bereich der Tabelle listet die Ergebnisse der

```
bool AddCutTest1(int cutLength, double barLength, double barUsedLength,
 double barMinSpace, double barExistingCut1, double barExistingCut2) {
  PexAssume.IsTrue(cutLength > 0);
  double barMaxSpace = 0.0;
  Bar objectUnderTest = Bar.CreateBar(barLength, barMaxSpace, barUsedLength,
    barExistingCut, barExistingCut2);
  PexAssume.IsTrue(objectUnderTest.Length > 0);
  bool testMethodReturnValue = objectUnderTest.AddCut(cutLength);
  PexAssert.IsTrue(objectUnderTest.Length >= objectUnderTest.UsedLength);
  return testMethodReturnValue;
}
```

Listing 7.11: Generierter Testfall

vorgestellten Methodik. Jede Reihe der Tabelle illustriert die Parameter und Ergebnisse eines generierten Testvektors. Die Spalten der Tabelle listen die einzelnen Ergebnisse beider Methoden. Die erste Spalte enthält die Werte der generierten Testvektoren. Die zweite Spalte zeigt den Rückgabewert der aufgerufenen `AddCut`-Methode. Die dritte Spalte listet Ausnahmen, die während der Testausführung aufgetreten sind.
Ein Ziel der generierten Testfälle ist es, beide Zweige der Methode auszuführen und daher beide möglichen Rückgabewerte zu generieren. Diese Anforderung wird von beiden Ansätzen erfüllt. Dies kann in der dritten Spalte abgelesen werden, die für beide Methoden die möglichen Rückgabewerte `true` und `false` aufweist. Das zweite Ziel der generierten Testfälle ist es, den Fehler in Zeile 17 aufzudecken, der es erlaubt, mehr Teile im Schnittmuster zu positionieren, als Platz auf dem Rohmaterial vorhanden ist. Dieses Ziel wird nur von der vorgestellte Methodik erreicht. Die dritte Spalte zeigt, dass nur der dritte Testfall der vorgestellten Methodik eine generierte Ausnahme auslöst und dadurch auf den Fehler aufmerksam macht. Der Grund dafür ist, dass IntelliTest im ursprünglichen Quellcode keine

#	TVG Parameter	Ergebnis	Ausnahmen
	Stand-alone IntelliTest		
1	Length = 1000, Used Length = 0, Cut Length = 1	true	
2	Length = 1000, Used Length = 0, Cut Length = 2083244251	false	
	Vorgestellte Methodik		
1	Length = 901, Used Length = 0, Cut Length = 1	true	
2	Length = 901, Used Length = 0, Cut Length = 15427	false	
3	Length = 901, Used Length = 901, Cut Length = 1	true	Assertion failed

Tabelle 7.3: Vergleich der generierten Testvektoren basierend auf den beiden Mocking-Methoden

Möglichkeit hat den Wert der Klassenvariable `UsedLength` zu setzen, da dieser durch keinen Parameter des Konstruktors abgedeckt ist. Dadurch ist es IntelliTest nicht möglich, eine zu geringe Restmateriallänge zu simulieren. Das vorgestellte Mockingverfahren generiert

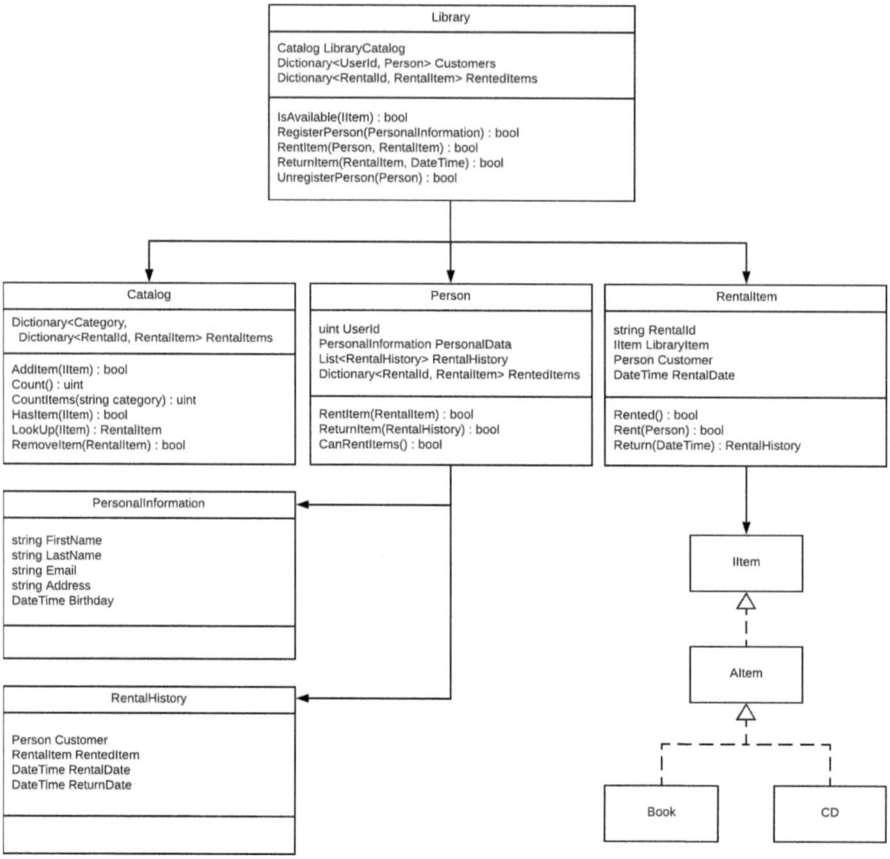

Abbildung 7.2: Ausschnitt des UML-Diagramms der Leihbibliothek

Factory-Methoden, mit denen die Werte aller Klassenvariablen definiert werden können. Dies erhöht die Testbarkeit des Codes und reduziert den manuellen Testaufwand, der u.a. bei der manuellen Implementierung der Factory-Methode entstehen würde. Durch die erhöhte Testbarkeit des Quellcodes konnte die Ausnahme durch einen automatisch generierten Testvektor ausgelöst und der Fehler in Zeile 17 in Listing 7.8 sichtbar gemacht werden.

7.1.3.2 Fallbeispiel 2: Leihbibliothek

Das zweite Beispiel ist ein Programm zur Organisation einer Leihbibliothek. Im Programm werden die verschiedenen Verleihobjekte einer Bibliothek repräsentiert wie z.B. Bücher, DVDs, CDs. Der Verleih jedes Objekts wird protokolliert. Die Grafik 7.2 zeigt einen Ausschnitt aus dem UML-Diagramm der Software. Dieses illustriert die Beziehungen zwischen den einzelnen Klassen der Implementierung.

```
1 bool ReturnItem(RentalItem item, DateTime returnDate)
2 {
3   if (!item.Rented || !RentedItems.ContainsKey(item.RentalId))
4     return false;
5
6   RentalHistory history = item.Return(returnDate);
7
8   if (history == null)
9     return false;
10
11  if(item.Person.ReturnItem(history)) {
12    RentedItems.Remove(item.RentalId);
13    return true;
14  }
15  return false;
16 }
```

Listing 7.12: Methode zur Rückgabe eines Objekts

```
public class Person {
  internal List<RentalHistory> RentalHistory { get; private set; }
  internal Dictionary<string, RentalItem> RentedItems { get; private set; }

  bool ReturnItem(RentalHistory rentalHistory) {
    if (!RentedItems.ContainsKey(rentalHistory.Item.Id))
      return false;

    //RentedItems.Remove(rentalHistory.Item.Id)
    RentalHistory.Add(rentalHistory);
    return true;
  }
  // ...
}
```

Listing 7.13: Pex Testfall für die Methode zur Kontrolle der Verleihliste einer Person

Zu erkennen ist, dass sich die `RentalItem`- und `Person`-Klasse gegenseitig referenzieren. Dies ist durch eine doppelte Buchführung beim Ausleihen und bei der Rückgabe von Objekten begründet. Die entsprechenden Methoden zur Ausleihe und zur Rückgabe von Objekten agieren hierfür auf denselben Datenstrukturen. Beim Ausleihen eines Objekts werden zwei Einträge erstellt. Der Eintrag in `RentedItems` protokolliert global verliehene Objekte. Zusätzlich wird in der `Person`-Instanz ein weiterer Vermerk generiert, der die von einem Kunden ausgeliehenen Objekte protokolliert.

Das Listing 7.12 zeigt die Methode zur Rückgabe eines Objekts. Bei der Rückgabe wird die doppelte Buchhaltung in Zeile 11 geprüft. Im Detail prüft diese Zeile, ob das zurückgegebene Objekt auch in der Verleihhistorie des Kunden aufgeführt ist. Die entsprechende Methode wird in Listing 7.13 gezeigt. Das Testen beider Methoden zum Ausleihen und zur

```
1 bool ReturnItemTest(Person target, RentalHistory history) {
2   PexAssume.IsNotNull(history);
3   PexAssume.IsNotNull(history.Item);
4   PexAssume.IsTrue(!string.IsNullOrWhiteSpace(history.Item.Id));
5
6   bool result = target.ReturnItem(rentalHistory);
7
8   PexAssert.IsTrue(!result || target.RentalHistory.Contains(history), "#1");
9   PexAssert.IsTrue(!target.RentedItems.ContainsKey(history.Item.Id), "#2");
10
11  return result;
12 }
```

Listing 7.14: Methode zur Kontrolle der Verleihliste einer Person

Rückgabe gestaltet sich durch die doppelte Buchhaltung als besonders schwierig. Dies wird durch die Implementierung der in Zeile 11 aufgerufenen `ReturnItem`-Methode deutlich. Der Rückgabewert dieser Methode ist genau dann `true`, wenn der Gegenstand tatsächlich von dieser Person ausgeliehen wurde bzw. ein entsprechender Eintrag im gespeicherten Verlauf gefunden werden konnte.
Für Testzwecke wurde ein Fehler eingebaut und die Zeile 9 auskommentiert. Dieser Fehler bewirkt, dass der zurückgebene Gegenstand nicht aus der Liste der aktuell ausgeliehenen Gegenstände entfernt wird.

Beim Testen der `ReturnItem`-Methode sollte der oben beschriebene Fehler gefunden und folgende zwei Eigenschaften getestet werden: (1) Beim Zurückgeben eines Gegenstands soll der Verlauf der `Person`-Klasse aktualisiert werden. (2) Nach dem Zurückgeben soll der Gegenstand nicht mehr in der Liste der ausgeliehenen Objekte der `Person`-Klasse aufgeführt sein.

Das Listing 7.14 zeigt den von IntelliTest generierten Testfall. Die `PexAssume`- und `PexAssert`-Anweisungen wurden manuell hinzugefügt. Die vorgestellte Methodik erzeugt automatisch für alle Testklassen entsprechende Factory-Methoden. Deren Parameterliste enthalten rekursive alle Klassenfelder des zu erzeugenden Testobjektes. Zusätzlich befüllt die vorgestellte Methodik automatisch Container-Listen der Testklasse. Die dazu notwendigen Parameter werden ebenfalls der Parameterliste der Factory-Methode hinzugefügt. Insgesamt verwendet die Factory-Methode 121 Parameter für die Erstellung einer Testinstanz der `Person`-Klasse. Die Parameterliste wird entsprechend der in Abschnitt 6.5.3 beschriebenen Methodik gefiltert. Durch das Filtern reduziert sich die Anzahl der automatisch zugewiesenen Parameter auf 25. Den gefilterten 96 Parametern werden entsprechend ihres Datentyps Standardwerte zugewiesen. Die Tabelle 7.4 zeigt die Ergebnisse beider Ansätze bezogen auf die `ReturnItem`-Methode.
Die vorgestellte Methodik benötigt keinen manuellen Programmieraufwand bei der Testfallgenerierung. Bei der Anwendung von IntelliTest müssen 55% der Quellcodezeilen des Testfalls manuell editiert bzw. ergänzt werden. Diese Ergänzungen umfassen u.a. das Hin-

	IntelliTest	Vorgestellte Methodik
Anteil manuell erstellter Testcode	55%	0%
Vom TVG zugewiesene Parameter	2	25
Parameter mit Standardwerten	0	>90
Verletzte Nachbedingungen	0	1
Ausgelöste Fehler	0	1

Tabelle 7.4: Vergleich der Testergebnisse

zufügen von Testorakeln oder die manuelle Initialisierung der Testobjekte über die manuell hinzugefügten Factory-Methoden.
IntelliTest verwendet zwei Testparameter. Die vorgestellte Methodik ist mit über 25 Parametern konfigurierbar. Durch die höhere Anzahl an Testparametern können mehr Zustände der Testmethode automatisch generiert und getestet werden. Die so generierten Testfälle schaffen es die `PexAssert`-Anweisung in Zeile 9 zu verletzen und so auf den oben beschriebenen Fehler aufmerksam zu machen. Die von IntelliTest generierten Testfälle lösen keine Laufzeitbedingung aus und können daher auch nicht auf den Fehler hinweisen. Tabelle 7.5 auf Seite 182 zeigt die Testergebnisse aus dem restlichen Quelltext des Beispiels. Die Tabelle ist in drei Bereiche unterteilt. Der erste Bereich zeigt die getesteten Methoden und die Anzahl der definierten `PexAssume`- und `PexAssert`-Anweisungen. Der zweite Bereich enthält die Ergebnisse der vorgestellten Testmethode. Die Spalten zeigen wie viele Testparameter automatisch definiert und wie vielen Parametern Standardwerte zugewiesen wurden. Dies gibt einen sehr guten Überblick über die Effektivität der Testparameterreduzierung während der Testvorbereitung. Der dritte Bereich listet die Ergebnisse von IntelliTest. Es wird zusätzlich aufgeführt wie viele Zeilen Quelltext manuell in den generierten Testfällen geändert bzw. hinzugefügt werden mussten. Für den Vergleich beider Ansätze wird die Anzahl erfolgreicher Testdurchläufe, die Anzahl der fehlgeschlagenen Testbedingungen und die Anzahl der ausgelösten Ausnahmen aufgeführt. Als Weiteres Vergleichskriterium wird zudem die erreichte Anweisungsüberdeckung als Testabdeckung gelistet. Die letzte Reihe der Tabelle akkumuliert die Ergebnisse beider Methoden für das ganze Projekt. Die Ergebnisse zeigen, dass die vorgestellte Methodik eine höhere Anzahl ausführbarer Testfälle generiert hat. Dadurch ist auch die Anzahl an Testfällen höher, bei denen eine Testbedingung fehlschlug und die dadurch auf einen Fehler im Quellcode hinweisen. Die höhere Anzahl an Testfällen hat auch einen direkten Einfluss auf die erreichte Anweisungsüberdeckung. Die von der vorgestellten Methodik automatisch generierten Testfälle erreichen eine Testabdeckung von 81.34%. Die von IntelliTest generierten Testfälle erreichen hingegen nur eine Testabdeckung von 58.06%.

7.1.3.3 Zusammenfassung der Ergebnisse

Die vorgestellte Methodik verwendet Mocking zur automatischen Generierung von Factory-Methoden zur vollständigen Parametrisierung von Testinstanzen. Dadurch können beim Te-

Getestete Methode	Bedingungen	Vorgestellte Methodik: Parameter	Vorgestellte Methodik: Ergebnisse	Vorgestellte Methodik: Test-abd.	InteliTest: Ergebnisse	InteliTest: Test-abd.	InteliTest: man. LOC
Person.							
FreeItems	1 Assertion 1 Assumption	9 Interfaced 41 Defaulted	1 ✓ 1 ✗ 0 ✻	100%	1 ✓ 0 ✗ 0 ✻	100%	2
RentItem	1 Assertion 1 Assumption	26 Interfaced 64 Defaulted	2 ✓ 1 ✗ 1 ✻	100%	1 ✓ 1 ✗ 1 ✻	100%	2
ReturnItem	3 Assertions 1 Assumption	43 Interfaced 78 Defaulted	0 ✓ 3 ✗ 1 ✻	100%	0 ✓ 2 ✗ 1 ✻	70%	4
Catalog.							
AddItem	2 Assertions 2 Assumptions	3 Interfaced 11 Defaulted	0 ✓ 1 ✗ 1 ✻	95%	0 ✓ 0 ✗ 1 ✻	5%	5
Count	1 Assertion 1 Assumption	2 Interfaced 11 Defaulted	3 ✓ 0 ✗ 0 ✻	100%	1 ✓ 0 ✗ 1 ✻	100%	3
CountItems	1 Assertion 1 Assumption	1 Interfaced 13 Defaulted	1 ✓ 0 ✗ 0 ✻	100%	0 ✓ 0 ✗ 1 ✻	50%	3
HasItem	1 Assertion 3 Assumptions	3 Interfaced 11 Defaulted	0 ✓ 1 ✗ 1 ✻	91.67%	0 ✓ 0 ✗ 1 ✻	50%	5
LookUp	1 Assertion 2 Assumptions	2 Interfaced 12 Defaulted	0 ✓ 1 ✗ 1 ✻	68.18%	0 ✓ 1 ✗ 1 ✻	22.73%	4
RemoveItem	1 Assertion 1 Assumption	10 Interfaced 43 Defaulted	1 ✓ 0 ✗ 3 ✻	68.42%	0 ✓ 0 ✗ 2 ✻	31.58%	3
Library.							
IsAvailable	1 Assertion 3 Assumptions	1 Interfaced 60 Defaulted	1 ✓ 1 ✗ 1 ✻	45.45%	0 ✓ 1 ✗ 0 ✻	45.45%	4
RegisterPerson	3 Assertions 1 Assumption	2 Interfaced 61 Defaulted	2 ✓ 1 ✗ 0 ✻	100%	0 ✓ 1 ✗ 0 ✻	92.86%	4
RentItem	1 Assertion 2 Assumptions	13 Interfaced 137 Defaulted	2 ✓ 0 ✗ 0 ✻	53.85%	0 ✓ 1 ✗ 2 ✻	53.85%	3
ReturnItem	1 Assertion 1 Assumption	9 Interfaced 92 Defaulted	1 ✓ 0 ✗ 2 ✻	66.67%	1 ✓ 0 ✗ 1 ✻	22.22%	2
UnregisterPerson	0 Assertions 1 Assumption	1 Interfaced 109 Defaulted	2 ✓ 0 ✗ 0 ✻	100%	1 ✓ 0 ✗ 0 ✻	60%	1
RentalItem.							
Rent	2 Assertions 1 Assumption	9 Interfaced 81 Defaulted	2 ✓ 0 ✗ 0 ✻	100%	1 ✓ 0 ✗ 0 ✻	88.89%	4
Return	1 Assertion	0 Interfaced 41 Defaulted	1 ✓ 0 ✗ 0 ✻	90.91%	0 ✓ 1 ✗ 0 ✻	36.36%	2
Gesamt	21 Assertions 22 Assumptions	134 Interfaced 865 Defaulted	17 ✓ 11 ✗ 12 ✻	**81.34%**	6 ✓ 8 ✗ 12 ✻	**58.06%**	**51**

✓ Anzahl erfolgreicher Tests ✗ Anzahl von Testfällen mit Fehler / Assertion ✻ Anzahl von Testfällen mit Exception

Tabelle 7.5: Testergebnisse für Leihbibliothek-Projekt

sten beliebige Objektzustände direkt initialisiert werden. Dies erhöht die Testbarkeit des Quellcodes und hilft bei der automatischen Generierung von Testvektoren. Durch das Filtern der Parameterlisten konnte die Anzahl der notwendigen Testparameter reduziert werden. Die so generierten Testvektoren konnten eine höhere Anweisungsüberdeckung erzielen und die Fehler in jedem Fallbeispiel finden. Die Kombination der formalen Spezifikation mit der automatischen Generierung von Testfällen reduzierte den manuellen Aufwand beim Anlegen der Testfälle. Die Anforderungen aus Abschnitt 3.3 konnten demnach erfüllt werden.

7.2 Ergebnisse zur Kombination formaler und dynamischer Verifikationsverfahren

In diesem Abschnitt werden die Ergebnisse der vorgestellten Methodik zur Kombination formaler und dynamischer Verifikationsmethoden anhand von drei Fallstudien demonstriert. Der Fokus der präsentierten Ergebnisse liegt auf der Demonstration, wie die generierten Robustheitstests dem Entwickler dabei helfen, gefährdete Programmabschnitte zu identifizieren, zu analysieren und abzusichern.

Die erste Fallstudie "Settings Manager" (SM) zeigt ein Modul zur Verwaltung von Programmeinstellungen. Das Modul ist Teil einer industriellen Software zur Ansteuerung von CNC-Maschinen.
Die zweite Fallstudie "Cutting Stock" (CS) entspricht dem Programm zur Optimierung von Schnittmuster. Dieses Beispiel wurde bereits in Abschnitt 1.1 beschrieben.
Die dritte Fallstudie "Leihbibliothek" (LB) ist ein Programm, welches als Beispiel im Rahmen dieser Arbeit entwickelt wurde. Das Beispielprogramm wurde in Abschnitt 7.1.3.2 vorgestellt.
Alle analysierten Programme sind in C# programmiert und mit der Syntax von CodeContracts spezifiziert. Die Eigenschaften aller drei Fallstudien sind in Tabelle 7.6 zusammengefasst.

Tabelle 7.6: Eigenschaften aller drei Fallstudien

	Settings Manager (SM)	**Cutting Stock (CS)**	**Leihbibliothek (LB)**
Zeilen Quelltext	1277	634	432
Vorbedingungen	46	32	12
Nachbedingungen	22	19	13
Invarianten	21	13	15
Beweisziele	187	115	52

Dem Autor ist zu diesem Zeitpunkt kein Framework bekannt, welches formale Verifikation, dynamisches Testen und Robustheitstests auf eine vergleichbare Art und Weise kombiniert, wie das in dieser Arbeit vorgestellte Verfahren. Aus diesem Grund werden für den Vergleich der erzielten Ergebnisse aktuelle Microsoft Werkzeuge zur Verifikation und Testfallgenerierung manuell kombiniert. In einem ersten Schritt wird hierfür das Verifikationsframework CodeContracts angewendet. Als Ergebnis dieses Schritts wird für jede Fallstudie die Anzahl der nicht verifizierten Beweisziele angegeben. In einem zweiten Schritt werden für jede Methode, die nicht vollständig verifiziert werden konnte, mit Hilfe von IntelliTest Testfälle generiert. Für diesen Schritt wird die akkumulierte Anweisungsüberdeckung auf den getesteten Methoden angegeben. Die Ergebnisse aller drei Fallstudien werden in Abschnitt 7.2.4

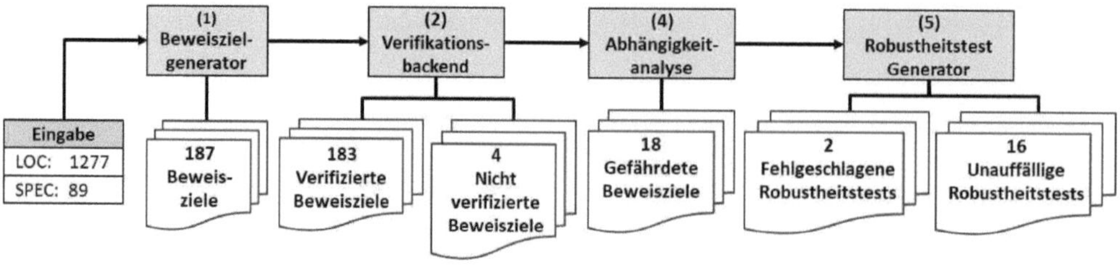

Abbildung 7.3: Illustration der Zwischenergebnisse aus Fallbeispiel 1

zusammengefasst. Die erzielten Ergebnisse werden im besonderen danach beurteilt ob die automatisch generierten Robustheitstests Fehler in nicht verifizierten Programmabschnitten auslösen können. In der Tabelle 7.7 auf Seite 192 werden diese Fehler als "Robustheitsfehler" aufgeführt.
Die Ergebnisse der einzelnen Schritte der Methodik werden jeweils anhand einer vereinfachten Darstellung der Abbildung 1.4 auf Seite 10 diskutiert. Verteilt über die drei Fallstudien wird die Behandlung einer nicht verifizierten Vorbedingung, Nachbedingung und Invariante und die Analyse einer betroffenen gefährdeten Programmstelle besprochen.

7.2.1 Fallbeispiel 1: Settings Manager

Die Zwischenergebnisse sind in Abbildung 7.3 dargestellt. Für dieses Modul generiert der Beweiszielgenerator basierend auf 89 Spezifikationen 187 Beweisziele. Von den 187 generierten Beweiszielen können 4 Beweisziele nicht verifiziert werden. Basierend auf den 4 nicht verifizierten Beweiszielen werden 18 verschiedene Programmabschnitte als gefährdet eingestuft (Schritt 4). Diese Programmabschnitte postulieren die Korrektheit der vier nicht verifizierten Beweisziele. Die generierten Robustheitstests können 2 Abstürze der Software auslösen. Die entsprechenden Robustheitstests machen die Entwickler auf mögliche Auswirkungen von Programmfehlern bzgl. der nicht verifizierten Beweisziele aufmerksam. Diese können jetzt dafür genutzt werden, die getesteten Programmabschnitte mit entsprechendem Quellcode zur Fehlerbehandlung zu ergänzen.

Die nicht verifizierten Beweisziele wurden basierend auf einer Nachbedingung und zwei Invarianten erstellt. Im Folgenden wird exemplarisch die Behandlung einer der beiden nicht verifizierten Invarianten und der damit verbundene Robustheitsfehler besprochen:
Die Software aus der das Modul entnommen wurde, dient der Ansteuerung verschiedener CNC-Maschinen. Der Settings Manager verwaltet die Einstellungen der Software. Für jede Einstellung kann ein individueller Anwendungsbereich ("Scope") definiert werden. Der Anwendungsbereich definiert u.a. ob eine Einstellung global für alle CNC-Maschinen verwendet werden soll oder für jede Maschine ein individueller Einstellungswert definiert wird. Jede Einstellungen wird dafür in den zwei Containern `targetScopes` und `targetValues` gespeichert:

```
1 protected virtual eRValSetScopeAndValue SetScopeAndValue(string targetName,
  SettingTypes.SettingScope scope, object value)
2 {
3  if(string.IsNullOrEmpty(targetName)) {
4   return eRValSetScopeAndValue.TARGET_NOT_SUPPORTED;
5  }
6  if(targetName.Equals(SettingTypes.TARGETNAME_DEFAULT)) {
7   return eRValSetScopeAndValue.CANNOT_SET_DEFAULT_VALUE;
8  }
9  if (!supportedScopes.Contains(scope)) {
10   return eRValSetScopeAndValue.SCOPE_NOT_SUPPORTED;
11  }
12  if (locked) {
13   return eRValSetScopeAndValue.SETTING_IS_LOCKED;
14  }
15  string scopeStr = scope.ToString();
16  targetScopes[targetName] = scopeStr;
17  targetValues[scopeStr] = value;
18  return eRValSetScopeAndValue.SCOPE_VALUE_SET;
19 }
```

Listing 7.15: Methode zum Speichern eines Einstellungswertes

```
protected Dictionary<string, string> targetScopes;
protected Dictionary<string, object> targetValues;
```

Der Container `targetScopes` verwendet den Maschinennamen als Schlüssel und speichert den Namen des für diese Maschine gültigen Anwendungsbereichs. Der Name des Anwendungsbereichs dient als Schlüssel für den `targetValues`-Container, der den eigentlichen Wert der Einstellung speichert. Diese Beziehung zwischen beiden Containerklassen wird u.a. mit folgender Invariante definiert:

```
Contract.Invariant(Contract.ForAll(targetScopes.Values, (string s) =>
 targetValues.ContainsKey(s)));
```

Diese Invariante verlangt, dass jeder Wert in `targetScopes` auch als Schlüssel in der assoziativen Liste `targetValues` vorhanden ist. Das Listing 7.15 zeigt den Quellcode einer von zwei Methoden, für welche die Invariante nicht verifiziert werden konnte. CodeContracts gibt keinen Grund dafür an, warum die Verifikation scheiterte. Die Methode `SetScopeAndValue` enthält keinen Fehler. Der Anwendungsbereich wird in Zeile 16 im Listing 7.15 korrekt in den Container `targetScopes` gespeichert. In Zeile 17 wird der Anwendungsbereich zudem als Schlüssel im Container `targetValues` gespeichert. Dementsprechend werden alle Testfälle für diese Methode erfolgreich ausgeführt. Dass die nicht verifizierte Methode in Wirklichkeit keinen Fehler enthält ist jedoch nicht immer so offensichtlich wie in diesem Beispiel. Aus diesem Grund ist es wichtig abhängige Programmabschnitte auch bzgl. möglicher Fehler zu testen und dahingehend abzusichern.
Die Zeile 10 der `GetValue`-Methode in Listing 7.16 hängt von der Korrektheit der nicht verifizierten Invariante ab. Die `GetValue`-Methode ist Teil derselben Klasse deren Invariante ggf. verletzt wird. Aus diesem Grund wird ein Robustheitstest generiert, der diese Methode

```
1 protected object GetValue(string targetName)
2 {
3  if(!targetScopes.ContainsKey(targetName)) {
4   throw new ArgumentException("Target name \"" + targetName + "\" is unkown"
    );
5  }
6  var targetSope = targetScopes[targetName];
7  /*if (!targetValues.ContainsKey(targetSope)) {
8   throw new InvalidStateException("Unkown scope\"" + targetScope + "\"");
9  }*/
10 return targetValues[targetSope];
11 }
```

Listing 7.16: Abhängige `GetValue`-Methode

```
1 public class SettingTests {
2   public static TestGetValue(string targetValues_key_1, object
     targetValues_value_2
3     string targetScopes_key_3, SettingScope targetScopes_value_4, [...],
4  string targetName_6)
5   {
6     // Initialisation of additional setting calls fields
7     Setting testObj = Setting.Init(targetValues_key_1, targetValues_value_2,
       targetScopes_key_3, targetScopes_value_4, [...]);
8     Contract.Assert(Contract.ForAll(targetScopes.Values, (string s) => !(
       targetValues.ContainsKey(s))));
9     object rVal = testObj.GetValue(targetName_6);
10  }
11 }
```

Listing 7.17: Initialisierung der invaliden Objektinstanz der Klasse Setting

direkt auf einer ungültigen Instanz der Klasse aufruft. Der Robustheitstest ist in Listing 7.17 dargestellt. Die fehlerhafte Objektinstanz wird in Zeile 7 generiert. Dazu wird die Initialisierungsmethode verwendet, die durch das Mocking der Testklasse hinzugefügt wurde. Dieser Schritt wurde in Abschnitt 6.4.1 beschrieben. Die Initialisierungsmethode befüllt die Klassenfelder der Testklasse. Dadurch kann explizit eine Objektinstanz erstellt werden, welche die Invariante verletzt. Dies wird als Bedingung in Form einer `Assert`-Anweisung in Zeile 8 formuliert und bei der Testausführung überwacht. Der Robustheitstest kann durch diese Laufzeitprüfung nur dann erfolgreich ausgeführt werden, wenn die Invariante verletzt wird. Die notwendigen Werte hierzu werden in der Parameterliste des Robustheitstests übergeben. Der Aufruf der `GetValue`-Methode in Zeile 9 innerhalb des Robustheitstest in Listing 7.17 bewirkt eine "Key Not Found"-Ausnahme in Zeile 10 der `GetValue`-Methode in Listing 7.16. Eine solche unbehandelte Ausnahme würde zum Absturz des Programms führen. Die auskommentierten Zeilen 7 ff. in Listing 7.16 würden einen solchen unkontrollierten Absturz verhindern. Diese könnten vom Entwickler, basierend auf diesem Robustheitstest, hinzuge-

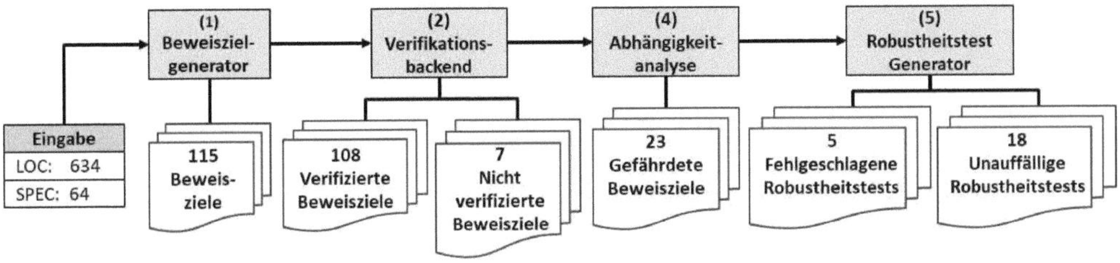

Abbildung 7.4: Illustration der Zwischenergebnisse aus Fallbeispiel 2

fügt werden. Die kontrolliert erzeugte "InvalidStateException"-Ausnahme wird durch den Robustheitstest ausgelöst und kann im aufrufenden Code entsprechend behandelt werden.

7.2.2 Fallbeispiel 2: Cutting Stock

Die Zwischenergebnisse des Fallbeispieles sind in Abbildung 7.4 dargestellt. Für dieses Modul generiert der Beweiszielgenerator basierend auf 64 Spezifikationen 115 Beweisziele. Von diesen Beweiszielen können 7 Beweisziele nicht verifiziert werden. Basierend auf den sieben nicht verifizierten Beweiszielen werden 23 gefährdete Programmabschnitte identifiziert. Die generierten Robustheitstests können in den gefährdeten Programmabschnitten 5 Fehler auslösen. Eine nicht verifizierte Eigenschaft ist die in Abschnitt 1.1 beschriebene Invariante der `Bar`-Klasse, deren Behandlung im Folgenden exemplarisch besprochen wird:

```
Contract.Invariant(UsedLength <= Length);
```

Eine der nicht verifizierten Beweisziele sollte sicherstellen, dass die `AddCut`-Methode in Listing 1.1 auf Seite 6 die Invariante einhält. In Abschnitt 1.1 wurde beschrieben, wie diese Methode mit vollständiger Anweisungsüberdeckung getestet werden kann, ohne den möglichen Fehler bzgl. der nicht berücksichtigten verbrauchten Materiallänge aufzudecken. Die einzelnen Schnittmuster (Instanzen der `Bar`-Klasse) werden in der `CreateBars`-Methode generiert. Die Methode[1] ist in Listing 7.18 dargestellt. Die nicht verifizierte Methode wird in Zeile 22 aufgerufen. Anders als die `GetValue`-Methode der "SettingsManager"-Fallstudie ist diese Methode nicht innerhalb derselben Klasse definiert, deren Invariante möglicherweise verletzt wird. Dadurch wird ein anderer Aufbau des Robustheitstests erforderlich. Es reicht in diesem Fall nicht aus, eine Methode auf einer ungültigen Objektinstanz auszuführen. Stattdessen muss der Robustheiststest das Fehlverhalten der `AddCut`-Methode innerhalb des abhängigen Programmabschnitts simulieren. Die `AddCut`-Methode muss für diese Simulation entsprechend gemockt werden. Die Klassenfelder, die in der Invariante referenziert werden deren Verletzung simuliert werden soll, werden der Parameterliste der gemockten Methode hinzugefügt. In diesem Beispiel sind dies die Klassenfelder `UsedLength` und `Length`. Die zusätzlichen Parameter werden an die gemockte Version der `CreateBars`-Methode weitergegeben. Das Listing 7.19 auf Seite 189 zeigt den relevanten Ausschnitt der

[1]Die Implementierung dieser Methode musste für die Veröffentlichung vereinfacht werden, da die Original Methode zusätzlich mit externen C-Bibliotheken für zusätzliche Optimierungsschritte interagiert.

```
public List<Bar> CreateBars(List<double> cutLengths, Dictionary<double, int> materials)
{
 List<Bar> cuttingLayouts = new List<Bar>();
 foreach(double cutLength in cutLengths) {
  bool couldAdd = false;
  foreach(Bar bar in cuttingLayouts) {
   if(bar.AddCut(cutLength)) {
    couldAdd = true;
    break;
   }
  }
  if(!couldAdd) {
   double bestFitLength = Double.MaxValue;
   foreach(double matLength in materials.Keys) {
    double offcut = matLength - cutLength;
    if (offcut > 0 && offcut < bestFitLength - cutLength && materials[matLength] > 0) {
     bestFitLength = matLength;
    }
   }
   if(bestFitLength < Double.MaxValue) {
    Bar newBar = new Bar(bestFitLength, 5);
    newBar.AddCut(cutLength);
    /*
    if((newBar.UsedLength - newBar.Length) < 0)
    { throw new InvalidStateException("..."); }
    */
    cuttingLayouts.Add(newBar);
    materials[bestFitLength] -= 1;
   }
  }
  return cuttingLayouts;
 }
}
```

Listing 7.18: Gefährdete CreateBars-Methode

gemockten Variante der CreateBars-Methode. In Zeile 6 wird die gemockten Variante der AddCut-Methode mit den zusätzlichen Parametern aufgerufen. Die gemockte Variante der AddCut-Methode ist in Listing 7.20 dargestellt. In den Zeilen 6 ff. werden die Werte der in der Invariante referenzierten Klassenfelder gesetzt.

Das Testen der CreateBars-Methode im Robustheitstest generiert keinen Fehler, obwohl die gemockte Variante der AddCut-Methode die Invariante verletzt. In diesem Zusammenhang ist die fehlerfreie Ausführung eines Robustheitstests immer ein eindeutiges Zeichen für eine fehlende Fehlerüberprüfung bzw. Fehlerbehandlung. Der injizierte Fehler sollte in der CreateBars-Methode bemerkt werden. Ansonsten kann sich der Fehler, wie in Abschnitt 1.1 beschrieben, unbemerkt und ungehindert in andere Programmabschnitte ausbreiten.

Die Bedingung des nicht verifizierten Beweisziels kann beispielsweise mit einer weiteren

```
public List<Bar> CreateBars(List<double> cutLengths, Dictionary<double, int> materials, newBar, double usedLength, double length)
{
 /* ... */
   if(bestFitLength < Double.MaxValue) {
     Bar newBar = new Bar(bestFitLength, 5);
     newBar.AddCutMocked(cutLength, usedLength, length);
     cuttingLayouts.Add(newBar);
     materials[bestFitLength] -= 1;
   }
 /* ... */
}
```

Listing 7.19: Ausschnitt der gemockten `CreateBars`-Methode

```
public bool AddCutMocked(double cutLength, double usedLength, double length) {
 if ((Length - UsedLength - (Cuts.Count * MinSpace)) < cutLength)
 { return false; }
 UsedLength += cutLength;
 Cuts.Add(cutLength);
 UsedLength = usedLength;
 Length = length;
 return true;
}
```

Listing 7.20: Gemockte `CreateBars`-Methode

Prüfung in der getesteten Methode abgesichert werden. Eine solche Prüfung wird in den auskommentierten Zeilen 24 ff. in Listing 7.18 dargestellt. Diese Prüfung verhindert, dass eine ungültige Instanz einer `Bar`-Klasse im Rückgabewert an andere Programmabschnitte weitergegeben wird.

Die Nachbedingung der `GetFreeClamp`-Methode kann ebenfalls nicht verifiziert werden. Diese Methode wird während der Prüfung verwendet, um zu prüfen, ob ein generiertes Schnittmuster später während der Produktion auch gespannt werden kann. Das Spannen von Gutteilen während der Produktion wurde in Abschnitt 3.2 beschrieben. Für diese Prüfung wird jede zu produzierende Stange in einzelne Segmente unterteilt. Jedes Segment muss von einem Spannner fixiert werden. Die `GetFreeClamp`-Methode ist in Listing 7.21 dargestellt. Die Methode prüft, ob für ein definiertes Segment ein freier Spanner vorhanden ist. Die `GetFreeClamp`-Methode wird von der `AssignClamps`-Methode aufgerufen. Diese postuliert die Gültigkeit der Nachbedingung und ist somit von der `GetFreeClamp`-Methode abhängig.
Der Robustheitstest simuliert einen ungültigen Rückgabewert der `GetFreeClamp`-Methode innerhalb der `AssignClamps`-Methode. Dafür müssen beide Methoden gemockt werden. Die ungültige `Clamp`-Instanz wird in Zeile 3 der `GetFreeClamp`-Methode über

```
private Clamp GetFreeClamp(double minPos, double maxPos) {
 Contract.Ensures(Contract.Result<Clamp>() == null ||
  ( Contract.Result<Clamp>().Free &&
   Contract.Result<Clamp>().MinPos <= minPos &&
   Contract.Result<Clamp>().MaxPos >= maxPos)
  );
 foreach (Clamp clamp in clamps) {
  if( clamp.free && clamp.minPos <= minPos &&
   clamp.maxPos >= maxPos) { return clamp; }
 }
 return null;
}
```

Listing 7.21: Methode mit nicht verifizierter Nachbedingung

```
private Clamp GetFreeClampMocked(double minPos_1, double maxPos_2, bool
 free_3, double MinPos_4, double MinPos_5) {
  Contract.Assert(!(/* original post condition */));
  Clamp returnVal = Clamp.Init(free_3, MinPos_4, MaxPos_5);
  return returnVal;
}
```

Listing 7.22: Gemockte Variante der `GetFreeClamp`-Methode

die generierte Factory-Methode erzeugt. Listing 7.22 zeigt die gemockte Variante der `GetFreeClamp`-Methode. Die notwendigen Parameter für den Aufruf der `Clamp`-Factory-Methode werden der Parameterliste der `GetFreeClamp`-Methode hinzugefügt. Diese gemockte Variante wird von der gemockten `AssignClamps`-Methode aufgerufen. Diese ist in Listing 7.23 dargestellt.

```
private bool AssignClampsMocked(Bar bar_1, bool free_2, double MinPos_3,
 double MinPos_4) {
 foreach(Cut cut in bar.Cuts){
  for(int i=0; i < 2; i++) {
   Clamp clamp = GetFreeClampMocked(cut.MinPos,cut.MaxPos,free_2,MinPos_3,
    MinPos_4);
   if(clamp == null /* || !clamp.IsFree() || clamp.MaxPos < cut.MaxPos ||
    cut.MinPos < clamp.MinPos */)
   { return false; }
   clamp.Free = false;
  }
 }
 return true;
}
```

Listing 7.23: Gemockte Variante der `AssignClampsMocked`-Methode

Die `AssignClamps`-Methode enthält keine Prüfungen bzgl. der Eigenschaften der zurückgegebenen `Clamp`-Instanz. Dadurch würde eine fehlerhafte Instanz der `Bar`-Klasse keinen Fehler auslösen. Dies hätte zur Folge, dass ein Schnittmuster fälschlicherweise als produ-

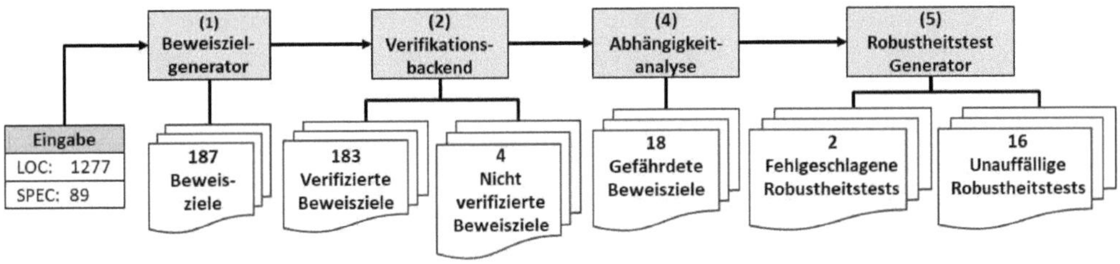

Abbildung 7.5: Illustration der Zwischenergebnisse aus Fallbeispiel 3

zierbar markiert und daher als Ergebnis zurückgegeben wird. Dieser Fehler würde u.U. erst zum Zeitpunkt der Produktion bemerkt werden und könnte dadurch das gesamte Optimierungsergebnis verfälschen. Diesem Risiko kann mit der auskommentierten Bedingung in Zeile 5 in Listing 7.23 entgegengewirkt werden. Diese könnte durch den Entwickler, basierend auf diesem Robustheitstest, hinzugefügt werden.

7.2.3 Fallbeispiel 3: Leihbibliothek

Die Zwischenergebnisse des Fallbeispieles sind in Abbildung 7.5 dargestellt. Der Programmcode dieser Fallstudie enthält 30 einzelne Spezifikationen. Für diese werden 54 Beweisziele generiert, von denen 6 Beweisziele nicht verifiziert werden können. Basierend auf den sechs nicht verifizierten Beweiszielen werden 12 gefährdete Programmabschnitte identifiziert. In diesen gefährdeten Programmabschnitten können Robustheitstests 3 Fehler auslösen.

Abbildung 7.2 auf Seite 178 zeigt einen Ausschnitt der Klassenstruktur dieses Beispiels. Das Listing 7.24 zeigt den Quelltext der `Return`-Methode. Die Methode ist Teil der `RentalItem`-Klasse. Die Vorbedingung dieser Methode konnte für einem Aufruf nicht verifiziert werden.

```
1 RentalHistory Return(DateTime date) {
2  Contract.Requires(date > RentalDate);
3  if(!Rented){ return null; }
4  // if(date <= RentalDate){ return null; }
5  RentalHistory history = new RentalHistory(this, this.Customer, this.
    RentalDate, date);
6  this.Customer.ReturnItem(history);
7  this.RentalDate = null;
8  this.Customer = null;
9  return history;
10 }
```

Listing 7.24: Methode mit nicht verifizierter Vorbedingung

Die Vorbedingung in Zeile 2 verlangt, dass das Ausleihdatum (`RentalDate`) vor dem übergebenen Rückgabedatum (`date`) liegt. Kann eine Vorbedingung nicht verifiziert werden, muss der Robustheitstest analysieren, wie die aufgerufene Methode auf eine verletzte Vorbedingung reagiert. Diese Art von Robustheitstest ist am einfachsten zu generieren. Es reicht aus die entsprechende Methode mit Parametern aufzurufen, welche die Vorbedingung verletzten. Die `Return`-Methode prüft die Einhaltung der Vorbedingung nicht. Dies hätte zur Folge, dass in der Zeile 5 ff. in Listing 7.24 ein ungültiger Eintrag in der Verleihhistorie gespeichert wird. Diesem potentiellen Fehler kann mit der auskommentierten Bedingung in Zeile 4 zuvorgekommen werden.

7.2.4 Zusammenfassung der Ergebnisse

Die Ergebnisse der drei Fallbeispiele sind in Tabelle 7.7 zusammengefasst. Für jedes nicht verifizierte Beweisziel können mit Hilfe automatischer Testfälle hohe Testüberdeckungswerte erreicht werden. Dies birgt das Risiko, dass die entsprechenden Testsuiten nicht manuell überprüft und ergänzt werden. Zusätzlich zu den nicht verifizierten Programmabschnitten wurden für jedes nicht verifizierte Beweisziel zusätzlich gefährdete Programmabschnitte identifiziert. In bisherigen Kombinationen formaler und dynamischer Testmethoden wurden diese gefährdeten Programmabschnitte nicht gesondert getestet. In den drei Fallstudien konnte gezeigt werden, dass mögliche Fehler bzgl. den nicht verifizierten Eigenschaften in diesen Programmabschnitten zu Abstürzen führen können oder Fehler unbemerkt weiter propagiert werden. Die Analyse einzelner nicht verifizierter Beweisziele wurde im Detail be-

Tabelle 7.7: Zusammenfassung der Ergebnisse der Methodik zur Kombination formaler und dynamischer Verifikationsmethoden

	SM	CS	LB
Nicht verifizierte Beweisziele	4	7	6
Erzielte Anweisungsüberdeckung	92%	94%	98%
Gefährdete Programmabschnitte	18	23	12
Robustheitsfehler	2	5	3

sprochen. Es konnte gezeigt werden, wie mit Hilfe automatisch generierter Robustheitstests die Auswirkungen möglicher Fehler in gefährdeten Programmabschnitten simuliert werden. Die hierzu notwendigen Mocking-Schritte wurden automatisch ausgeführt. Die Robustheitstests lösten in den Fallstudien drei unterschiedliche Programmverhalten aus:

1. Im besten Fall löst der simulierte Fehler eine bereits behandelte Ausnahme aus. In diesem Fall sind keine weiteren Maßnahmen erforderlich.

2. Der simulierte Fehler führt durch eine nicht behandelte Ausnahme zu einem unkontrollierten Absturz der Software. In diesem Fall ist das Ziel einen unkontrollierten Absturz der Software durch eine kontrollierte Fehlerbehandlung zu verhindern.

3. Der simulierte Fehler führt zu keinem besonderen Verhalten und wird unbemerkt in andere Programmabschnitte weiter propagiert. Dieser Fall ist der gefährlichste der drei Varianten. In Abschnitt 1.1 wurden die Risiken propagierter Fehler dargelegt.

Die automatisch generierten Robustheitstests erfüllen daher die Anforderungen einer Risikoanalyse. Basierend auf dieser Analyse kann der Entwickler frühzeitig durch zusätzliche Tests und Fehlerbhandlung die Risiken nicht verifizierter Programmabschnitte eindämmen. Dies erfüllt die in Abschnitt 1.2 definierten Ziele.

Kapitel 8

Zusammenfassung

In dieser Arbeit wurde eine neue Methodik zur Kombination formaler und dynamischer Verifikationsmethoden vorgestellt. Das Verfahren beruht auf der modularen formalen Verifikation. Diese unterteilt den Korrektheitsbeweis der Software auf mehrere Teilbeweise. Diese werden Beweisziele genannt. Jedes Beweisziel repräsentiert einen möglichen Ausführungspfad einer Methode. Bei der modularen Verifikation wird für die Verifikation eines Beweisziels die Korrektheit anderer Beweisziele postuliert. Eine Software gilt dadurch als formal korrekt, wenn all Beweisziele erfolgreich verifiziert werden konnten.
Nicht formal verifizierte Beweisziele werden isoliert durch Testfälle überprüft. Die Testfälle werden automatisch generiert. Die dynamischen Testergebnisse können jedoch nicht dafür verwendet werden, die Korrektheit eines Beweisziels zu garantieren. Dies wurde exemplarisch in Abschnitt 1.1 beschrieben. Fehler, die beim Testen übersehen wurden, können dadurch unbemerkt in verifizierte Programmabschnitte propagiert werden.
Um diesem Risiko entgegenzuwirken führt diese Methodik einen neuen Schritt zur automatischen Risikoanalyse ein. Die vorgestellte Methodik analysiert die Abhängigkeiten verifizierter Beweisziele zu den nicht verifizierten Beweiszielen. Programmabschnitte, welche die Korrektheit nicht verifizierter Beweisziele postulieren, werden abhängige Programmabschnitte genannt. Es werden Robustheitstests generiert, die ein Fehlverhalten der nicht verifizierten Beweisziele simulieren. Mit diesen Robustheitstests kann das Verhalten abhängiger Programmabschnitte im möglichen Fehlerfall geprüft werden. Diese helfen unkontrollierten Abstürzen sowie der unbemerkten Ausbreitung von Fehlern entgegenzuwirken.

In den Abschnitten 1.2 und dem Kapitel 3 wurden die Ziele und Anforderungen der Methodik definiert. Die Tabelle 8.1 auf Seite 196 fasst diese zusammen und vergleicht die

Tabelle 8.1: Vergleich der Ansätze zur Kombination formaler und dynamischer Validierungsverfahren

#	Eigenschaften	Christakis et al.	Kanig et al.	Czech et al.	Chebaro et al.	Csallner et al.	Tschannen et al.	Huster
K1	Modulare Verifikation funktionaler Korrektheit objektorientierter Software	•	•	•	-	-	•	•
K2	Automatische Verifikation von Beweiszielen	•	•	•	-	-	•	•
K3(T1-T2)[101]	Isoliertes Testen nicht verifizierbarer Beweisziele	○	-	•	○	○	○	•
K4	Analyse von Auswirkungen möglicher Fehler bzgl. nicht verifizierbarer Beweisziele	-	-	-	-	-	-	•
K5	Automatische Generierung von Testvektoren für Testfälle	•	-	•	•	•	•	•
I1-I3	Flexible Behandlung von Objekt-Invarianten	-	-	-	-	-	-	•
L1-L2	Strukturiertes Testen von Schleifen mit inneren Kontrollstrukturen	-	-	-	-	-	-	•
T3	Minimierung freier Testparameter	•	-	•	-	-	-	•

Legende: •: Wird unterstützt, ○: Wird teilweise unterstützt bzw. beschrieben,
-: Wird nicht unterstützt bzw. beschrieben

Ergebnisse mit Methoden aus dem Stand der Technik, die in Abschnitt 4 vorgestellt wurden.

Die Tabelle zeigt, dass die vorgestellte Methodik die einzelnen Anforderungen erfüllt und die Lücken im Stand der Technik schließt:
Die vorgestellte Methodik dient der Verifikation objektorientierter Software. In Abschnitt 5.4 wurde beschrieben wie der Gesamtbeweis auf Beweisziele aufgeteilt wird, die einzeln modular und formal verifiziert werden. Dadurch werden die Ziele `K1` und `K3` erfüllt.
Zur Behandlung von Objekt-Invarianten wurde in Abschnitt 5.5 eine neue Methodik zur Beweiszielgenerierung vorgestellt. Dieses Verfahren erlaubt die Definition von Zugriffsberechtigungen für Invarianten. Basierend auf diesen Zugriffsberechtigungen wird analysiert, wann eine Invariante gültig sein muss und wann diese temporär verletzt werden darf. Die

[101] Die Ziele T1 und T2 sind Teilprobleme des Ziels K3

Definition von Zugriffsberechtigungen verursacht einen geringeren Spezifikationsaufwand als andere Methoden aus dem Stand der Technik. Zudem erlaubt diese die Invalidierung von Invarianten innerhalb externer Methoden. Die Ergebnisse dieser Methodik wurden in Abschnitt 7.1.1 vorgestellt. Dadurch werden die Ziele `I1-I3` und die Anforderungen in Abschnitt 3.1 erfüllt. Die Methodik zur Behandlung von Objekt-Invarianten wurde in folgender Publikation veröffentlicht:

> *S. Huster, P. Heckeler, H. Eichelberger, J. Ruf, S. Burg, T. Kropf, W. Rosenstiel More Flexible Object Invariants with Less Specification Overhead. In: Giannakopoulou D., Salaün G. (eds) Software Engineering and Formal Methods. SEFM 2014. Lecture Notes in Computer Science, vol 8702. Springer*

In Abschnitt 5.7 wurde beschrieben, wie die Programmpfade nicht verifizierter Beweisziele isoliert getestet werden. Der zu testende Code wird durch die in Abschnitt 6.4.1 beschriebene Mocking-Verfahren testbar gemacht. In Abschnitt 6.5 wurde erörtert wie für die dynamischen Tests automatisch Testvektoren generiert werden können. Dadurch werden das Ziel `K3` und erfüllt.
Für das Testen von Schleifen wurde in Abschnitt 5.8 ein neues Verfahren vorgestellt. Dieses analysiert wie sich einzelne Iterationen gegenseitig beeinflussen können. Bei der Testfallgenerierung werden dann explizit Iterationsfolgen gewählt, in denen vorangegangene Iterationen Einfluss auf folgende Iterationen nehmen. Dies erhöht die Testqualität im Vergleich zur Erfüllung der Schleifenüberdeckung. Gleichzeitig wird die Anzahl der Testfälle im Vergleich zu einer Pfadüberdeckung auf einer abgerollten Schleife reduziert. Die Ergebnisse bzgl. dem Testen von Schleifen wurden in Abschnitt 7.1.2 erörtert. Dadurch werden die Ziele `L1` und `L2` Dieses Vorgehen wurde in der folgenden Publikation vorgestellt:

> *S. Huster, S. Burg, H. Eichelberger, J. Laufenberg, J. Ruf, T. Kropf, W. Rosenstiel. Efficient Testing of Different Loop Paths. In: Calinescu R., Rumpe B. (eds) Software Engineering and Formal Methods. SEFM 2015. Lecture Notes in Computer Science, vol 9276. Springer*

In Abschnitt 5.7.4 wurde die Analyse von Abhängigkeiten zu nicht verifizierten Beweiszielen und die Generierung von Robustheitstests vorgestellt. Die Ergebnisse dieser Risikoanalyse und deren Nutzen bei der Absicherung gegenüber potentiellen Fehlern in getesteten Codeabschnitten wurden in Abschnitt 7.2 besprochen. Insbesondere konnte in diesem Abschnitt gezeigt werden, wie die vorgestellte Methodik verwendet wird um den Fehler im motivierenden Beispiel aus Abschnitt 1.1 zu identifizieren und zu verhindern. Dadurch wird das Ziel `K4` erfüllt. Dieses Vorgehen wurde in folgenden Publikationen vorgestellt:

> *S. Huster, P. Heckeler, J. Ruf, S. Burg, T. Kropf, W. Rosenstiel. A Software Testing Framework to Integrate Formal Verification Results. MBMV 2013: 183-192*

> *S. Huster, M. Macic, S. Burg, H. Eichelberger, P. Heckeler, J. Ruf, T. Kropf, W. Rosenstiel. Increasing Software Reliability by Integrating Formal Verification and Robustness Testing. MBMV 2014: 125-136*

> *S. Huster, J. Ströbele, J. Ruf, T. Kropf and W. Rosenstiel. Using Robustness Testing to Handle Incomplete Verification Results when Combining Verification and Testing Techniques. In: Yevtushenko N., A. R. Cavalli, Yenigün H. (eds) Testing Software and Systems. ICTSS 2017. Lecture Notes in Computer Science, vol 10533. Springer*

Die Minimierung freier Testparameter wurde in Abschnitt 5.9 besprochen. Das Verfahren analysiert für die isolierten Testpfade die Menge relevanter Variablen. Die relevanten Variablen sind alle Variablen die transitiv die Auswertung der zu beweisenden Bedingung beeinflussen können. Diese Menge enthält i.d.R. nur einen Teil aller zur Verfügung stehenden Klassenfelder und Methodenparameter. Bei der Bestimmung der Testvektoren müssen nur Werte relevanter Variablen definiert werden. Alle anderen Variablen können mit Standardwerten belegt werden. In Abschnitt 7.1.3 wurde gezeigt wie dieses Verfahren die Anzahl freier Testparameter reduziert und in Kombination mit Mocking bessere Testergebnisse erzielt als reguläre Methoden zur Testvektorgenerierung. Dadurch wird das letzte Ziel T3 erfüllt. Dieses Vorgehen wurde in folgender Publikation beschrieben:

> *J. Ströbele, S. Huster, J. Ruf, T. Kropf, O. Bringmann. Specification-Based Generation of Isolated Parameterized Unit Tests. MBMV 2018*

Es könnte argumentiert werden, dass Entwickler auch ohne diese Methodik für alle Eventualitäten zusätzlichen Quelltext zur Fehlerbehandlung und zum Testen des Programmzustands implementieren könnten. Jedoch müsste auch diese Fehlerbehandlung durch simulierte Fehler getestet werden. Dies erfordert das Mocken des Ursprungscodes und ist bei manueller Ausführung mit großem Aufwand verbunden. Durch die in dieser Methodik vorangegangenen formalen Verifikation muss dieser Aufwand nur für die gefährdeten Programmabschnitte erfolgen. Die Methodik kann zudem automatisiert werden. Der Aufwand für den Entwickler wird dadurch signifikant reduziert.

In Abschnitt 7.2 wurde eine industriellen Fallstudie vorgestellt. Die Referenzimplementierung war im Stande auf diesem Code potentielle Fehler in abhängigen Programmabschnitten zu identifizieren. Dadurch wurde gezeigt, dass die in dieser Arbeit vorgestellte Methodik einen praktischen Nutzen erfüllt und dabei helfen kann die Qualität und Robustheit industrieller Software zu erhöhen.

Kapitel 9

Anhang

9.1 Übersicht verwendeter mathematischer Notationen

Notation	Definition	Seite	Beschreibung
Eingabe			
Programm, Klassen und Klassenelemente			
$\mathbb{Prog}$	5.1	79	Das zu verifizierende Gesamtprogramm
$\mathbb{c} \in \mathbb{C}$	5.2	79	Menge an Klassen
$\mathbb{c}_i < \mathbb{c}_j$	5.3	80	Die Klasse $\mathbb{c}_j$ ist Basisklasse der Klasse $\mathbb{c}_i$
$\mathbb{c}_i <^* \mathbb{c}_j$	5.3	80	Die Klasse $\mathbb{c}_j$ ist transitive Basisklasse
$\mathbb{f} \in \mathbb{F}$	5.6	81	Menge an Klassenfelder
$\mathbb{m} \in \mathbb{M}$	5.4	81	Menge an Methoden
$\vec{\mathbb{m}}$	5.4	81	Die Parameterliste der Methode $\mathbb{m}$
$[\![\mathbb{m}]\!]$	5.4	81	Der Rückgabewert der Methode $\mathbb{m}$
$\mathbb{ctor} \in \mathbb{Ctor}$	5.9	82	Menge an Konstruktoren
$\vec{\mathbb{ctor}}$	5.9	82	Die Parameterliste des Konstruktor $\mathbb{ctor}$
$\mathbb{o}_{\mathbb{c}}$	5.11	82	Ein Objekt der Klasse $\mathbb{c}$
$\mathbb{x} \in \mathbb{X}_{\mathbb{c}}$	5.13	82	Menge verschiedener Klassenelemente
$\mathbb{c}.\mathbb{x}, \mathbb{o}_{\mathbb{c}}.\mathbb{x}$	5.14	82	Zugriff auf Klassenelemente
Anweisungen			
$\mathbb{s} \in \mathbb{S}$	5.15	83	Menge an Anweisungen

Notation	Definition	Seite	Beschreibung
$\mathbb{s}_i \to \mathbb{s}_j, \mathbb{s}_i \to^* \mathbb{s}_j$	5.16	83	Ausführungsfolge von $\mathbb{s}_i$ nach $\mathbb{s}_j$
$\varphi \in \Phi$	5.17	83	Menge an booleschen Bedingungen
$\mathbb{s}_i \to_\phi \mathbb{s}_j$	5.17	83	Ausführungsfolge unter der Bedingung ϕ
$\langle \mathbb{S} \rangle$	5.18	83	geordnete Anweisungsmenge
$\mathbb{S}[i]$	5.18	83	Zugriff auf Anweisungen der geordneten Anweisungsmenge
$\langle \mathbb{S} \rangle_{\mathbb{m}}$	5.44	90	Der Methodenrumpf der Methode $\mathbb{m}$
$\tilde{\mathbb{S}}$	5.20	84	Ausführungspfad, Programmpfad
$\mathbb{s} - 1, \quad \mathbb{s} + 1$ $\mathbf{SMAX}(\tilde{\mathbb{S}}^k, \langle \mathbb{S} \rangle^l)$	5.22	84	Prädikat zur Prüfung einer maximalen, zusammenhängenden Anweisungsmenge
$\hat{\mathbb{s}}_{\langle \mathbb{S} \rangle}, \hat{\mathbb{S}}_{\mathbb{m}}$	5.23	84	Der Einstiegspunkt einer zusammenhängenden Anweisungsmenge
$\check{\mathbb{s}} \in \check{\mathbb{S}}_{\langle \mathbb{S} \rangle}$	5.24	85	Menge an Endpunkten
$\mathbf{S}(\gamma^{ass})$	5.25	85	Die Anweisung mit der die Laufzeitbedingung γ^{ass} spezifiziert wurde.
$\mathbb{w} \in \mathbb{W}$	5.26	85	Menge an Schleifen
Spezifikation			
$\gamma^{pre} \in \Gamma^{pre}$	5.7	81	Menge an Vorbedingungen
$\gamma^{post} \in \Gamma^{post}$	5.8	81	Menge an Nachbedingungen
$\gamma^{inv} \in \Gamma^{inv}$	5.12	82	Menge an Objekt-Invarianten
$\gamma^{ass} \in \Gamma^{ass}$	5.25	85	Menge an Laufzeitbedingungen
$\gamma^{li} \in \Gamma^{li}$	5.27	85	Menge an Schleifeninvarianten
$\gamma \in \Gamma_{\mathbb{Prog}}$	5.58	94	Die Menge aller Programmspezifikationen
Symbole und Typen			
$\mathbb{y} \in \mathbb{Y}$	5.28	85	Menge an Symbolen (z.B. Variablen)
$\mathbb{t} \in \mathbb{T}$	5.29	85	Menge an Datentypen
$\mathbb{t} \in \mathbb{T}^{prim} \subset \mathbb{T}$	5.30	86	Menge primitiver Datentypen
$\mathbb{t} \in \mathbb{T}^{cmlx} \subset \mathbb{T}$	5.31	86	Menge komplexer Datentypen
$\mathbb{t}_{\mathbb{c}_i} \leq \mathbb{t}_{\mathbb{c}_j}$	5.33	86	Subtypbeziehung zwischen $\mathbb{t}_{\mathbb{c}_i}$ und $\mathbb{t}_{\mathbb{c}_j}$
Auswertung			
$[\![\mathbb{S}]\!]$	5.36	87	Auswertung einer Anweisungsmenge
$[\![\mathbb{S}]\!][\mathbb{Y}]$	5.36	87	Auswertung einer Anweisungsmenge unter Verwendung einer Symbolmenge
$[\![\mathbb{S}]\!] \to \gamma$	5.36	87	Die Auswertung einer Anweisungsmenge erfüllt die Spezifikation
$[\![\gamma]\!]$	5.38	88	Auswertung einer Spezifikation
$[\![\mathbb{y}]\!], \quad [\![\mathbb{Y}]\!]$	5.37	87	Auswertung eines Symbols bzw. Wert einer Variablen
$[\![\gamma]\!][[\![\mathbb{Y}]\!]] \to \top$	5.38	88	Suche nach einer erfüllenden Belegung

Notation	Definition	Seite	Beschreibung
Statische Code Analyse			
Analyse des Kontrollflussgraphen			
$\mathbb{g} := (\mathbb{V}, \mathbb{E})$	5.40	89	Ein Kontrollflussgraph
$\mathbb{V}$	5.40	89	Menge an Knoten im Kontrollflussgraph
$\mathbb{E}$	5.40	89	Menge an Kanten im Kontrollflussgraph
$\mathbf{G}(\langle\mathbb{S}\rangle)$	5.40	89	Erzeugung eines Kontrollflussgraphen
$\mathbf{BB}(\langle\mathbb{S}\rangle)$	5.39	88	Ermittelt alle Basisblöcke in $\langle\mathbb{S}\rangle$
$\mathbb{p} := (\mathbb{e}_1, \ldots, \mathbb{e}_n)$	5.41	89	Ein Pfad im Kontrollflussgraph $\mathbf{G}(\langle\mathbb{S}\rangle)$
$\Phi(\mathbb{e})$	5.40	89	Ermittelt die Ausführungsbedingung der Kante
$\Phi(\mathbb{p})$	5.42	89	Ermittelt die Ausführungsbedingung des Kontrollflusses
$\mathbf{P}(\mathbb{s}_v, \mathbb{S}_w, \langle\mathbb{S}\rangle)$	5.43	89	Ermittelt alle Ausführungspfade zwischen $\mathbb{s}_v$ und $\mathbb{s}_w \in \mathbb{S}_w$ in $\langle\mathbb{S}\rangle$
Funktionen zur Analyse von Methoden und Methodenaufrufe			
$\mathbf{M}(\mathbb{s}), \mathbf{M}(\langle\mathbb{S}\rangle)$	5.44	90	Ermittelt die Ursprungsmethode
$\mathbf{M}^+(\mathbb{m})$	5.45	90	Ermittelt die transitive Hülle einer Methode
$\mathbf{CM}(\mathbb{s}), \mathbf{CM}(\mathbb{S})$	5.46	90	Ermittelt alle direkt aufgerufenen Methoden
$\mathbf{CM}^+(\mathbb{s}), \mathbf{CM}^+(\mathbb{S})$	5.47	91	Ermittelt alle Methoden die transitiv aufgerufen werden könnten
$\mathbf{CM}^*(\mathbb{S})$	5.48	91	Ermittelt rekursiv alle Methoden die transitiv aufgerufen werden könnten
$\mathbf{MC}(\mathbb{m}, \mathbb{S})$	5.49	91	Ermittelt alle Anweisungen in $\mathbb{S}$ welche die Methode $\mathbb{m}$ aufrufen
$\mathbf{MC}^*(\mathbb{m}, \mathbb{S})$	5.49	91	Ermittelt alle Anweisungen in $\mathbb{S}$ welche die Methode $\mathbb{m}$ im Rahmen des dynamischen Dispatch aufrufen könnten
$\mathbf{M}(\pi)$	??	??	Ermittelt die Ursprungsmethode des Beweisziels
Funktionen zur Analyse von Zugriffsberechtigungen			
$\mathbf{IAC}(\mathbb{c}, \mathbb{s})$	5.50	92	Ermittelt ob in $\mathbb{s}$ auf die Klasse $\mathbb{c}$ zugegriffen werden kann
$\mathbf{IAX}(\mathbb{x}, \mathbb{s})$	5.50	92	Ermittelt ob in $\mathbb{s}$ auf das Klassenelement $\mathbb{x}$ zugegriffen werden kann
Funktionen zur Analyse von Symbolen, Typen und Spezifikationen			
$\mathbf{Y}(\langle\mathbb{S}\rangle)$	5.51	92	Ermittelt den Symbolraum von $\langle\mathbb{S}\rangle$
$\mathbf{Ref}(\mathbb{s})$	5.52	92	Ermittelt die Menge der in referenzierten Symbole

Notation	Definition	Seite	Beschreibung
Ref!$(\mathbb{s})$	5.53	92	Ermittelt die Menge der in modifizierten Symbole
Ref(γ)	5.54	93	Ermittelt die Menge der in referenzierten Symbole
T$(\mathbb{y})$	5.55	93	Ermittelt den statischen Typ des Symbols $\mathbb{y}$
T$^*(\mathbb{y})$	5.56	93	Ermittelt alle möglichen dynamischen Typen des Symbols $\mathbb{y}$
S(γ)	5.57	93	Ermittelt die Anweisung mit der γ definiert wird
Beweiszielgenerierung und Analyse von Verifikationsergebnissen			
$\pi := (\Omega, \tilde{\mathbb{S}}, \phi) \in \Pi$	5.59	94	Die Menge der generierten Beweisziele
$\Pi(\gamma)$	5.60	94	Funktion zur Beweiszielgenerierung für die Spezifikation γ
$\langle\!\langle \gamma \rangle\!\rangle^{\tilde{\mathbb{S}}}_{\langle \mathbb{S} \rangle}$	5.61	95	Überführt die Symbole in γ aus dem Symbolraum von $\langle S \rangle$ in den Symbolraum $\vec{S}$
$\omega \in \Omega$	5.62	96	Die Menge an Annahmen
$\Omega(\langle \mathbb{S} \rangle)$	5.32	95	Ermittelt die Annahmen in $\langle \mathbb{S} \rangle$
$\Gamma(\omega)$	5.32	95	Die Spezifikation zu der Annahmen ω
$\omega \equiv \phi$	5.64	96	Äquivalenz zwischen Annahme und Zielformel
$\Psi(\pi)$	5.74	111	Funktion zur Verifikation eines Beweisziels
Π^+	5.75	114	Die Menge der verifizierten Beweisziele
Π^-	5.76	114	Die Menge der nicht verifizierten Beweisziele
$\pi_j \rightsquigarrow \pi_i$	5.77	115	Das Beweisziel π_i hängt von Beweisziel π_j ab
$\Pi^?$	5.78	115	Die Menge gefährdeter Beweisziele
$\Omega^?(\pi)$	5.79	115	Ermittelt die nicht verifizierten Annahmen des Beweisziels π
Analyse von Objekt-Invarianten			
IAI$(\gamma^{inv}, \mathbb{s})$	5.65	101	Ermittelt ob in $\mathbb{s}$ auf die Invariante γ^{inv} zugegriffen werden kann
CC$(\gamma^{inv}, \mathbb{s})$	5.66	102	Ermittelt die Überprüfbarkeit der Invariante γ^{inv} in $\mathbb{s}$
DO$(\gamma^{inv}, \mathbb{s})$	5.67	102	Prüft ob die Anweisung $\mathbb{s}$ von der Invariante γ^{inv} abhängig ist
DOS$(\gamma^{inv}, \mathbb{S})$	5.67	102	Ermittelt die Menge der von γ^{inv} abhängigen Anweisungen in S
VS$(\gamma^{inv}, \mathbb{S})$	5.68	103	Ermittelt die Menge an invalidierenden Anweisungen bzgl. γ^{inv}
$\mathbb{z} = (\mathbb{V}, \mathbb{E})$	5.69	104	Der Verifikationsgraph

Notation	Definition	Seite	Beschreibung
VGVS($\mathbb{v}$)	5.69	104	Abbildung eines Konten $\mathbb{v} \in \mathbb{V}_{\mathbb{z}}$ auf eine zusammenhängende Anweisungsmenge $\tilde{\mathbb{S}}$
VGSV($\mathbb{s}$)	5.69	104	Abbildung einer Anweisung $\mathbb{s}$ auf eine Knoten $\mathbb{v} \in \mathbb{V}_{\mathbb{z}}$
MCS($\tilde{\mathbb{S}}$)	5.70	105	Aufteilung einer zusammenhängenden Anweisungsmenge anhand von Methodenaufrufen
RP($\mathbb{s}, \gamma^{inv}$)	5.71	107	Ermittelt alle Wiederherstellungspfade zu der invalidierenden Anweisung $\mathbb{s}$
$[\Pi]$	5.73	109	Eine geschlossene Beweiszielgruppe
$\Psi([\Pi])$	5.73	109	Verifikation einer geschlossene Beweisziel-gruppe
$]\Pi[$	5.72	109	Eine offenen Beweiszielgruppe
$\Psi(]\Pi[)$	5.72	109	Verifikation einer offenen Beweiszielgruppe

Notation	Definition	Seite	Beschreibung
Mocking, Testfall- und Robustheitstestsgenerierung			
Testfallgenerierung und Mocking			
$\mathbb{d}_\pi \in \mathbb{D}$	5.85	118	Menge an Testfällen
$[\![\mathbb{d}_\pi]\!][\![\vec{\mathbb{d}}]\!] \rightarrow \phi$	5.85	118	Die Auswertung des Testfalls $\mathbb{d}$ erfüllt die Bedingung ϕ
$\mathbb{S}_a^! := \mathbb{S}_a[\mathbb{S}_i \mapsto \mathbb{S}_j]$	5.86	120	Mocking: In der Anweisungsmenge $\mathbb{S}_a$ werden die Anweisungen $\mathbb{S}_i$ durch $\mathbb{S}_j$ ersetzt
$\mathbb{S}_a^! := \mathbb{S}_a[\mathbb{Y}_i \leftarrow [\![\mathbb{Y}_j]\!]]$	5.86	120	Mocking: In der Anweisungsmenge $\mathbb{S}_a$ wird der Wert $\mathbb{Y}_i$ durch den Wert $\mathbb{Y}_j$ ersetzt
$\mathbb{c}_a^! := \mathbb{c}_a[\mathbb{M}_\mathbb{c} \cup \mathbb{m}_i]$	5.87	120	Mocking: Der Klasse $\mathbb{c}_a$ wird die Methode $\mathbb{m}_i$ hinzugefügt
$\mathbb{c}_a[\mathbb{m}_i \leftarrow public]$	5.87	120	Mocking: Der Methode $\mathbb{m}_i$ der Klasse $\mathbb{c}_a$ wird eine neue Sichtbarkeit zugewiesen
$\mathbb{c}_a[\mathbb{f}_i \leftarrow public]$	5.87	120	Mocking: Dem Feld $\mathbb{f}_i$ der Klasse $\mathbb{c}_a$ wird eine neue Sichtbarkeit zugewiesen
Generierung Robustheitstests			
$\mathbb{d}^?_{\pi,\bar{\omega}} \in \mathbb{D}^?$	5.88	121	Menge an Robustheitstests
$\bar{\omega}$	5.88	121	Das Robustheitskriterium
$[\![\gamma]\!][\mathbb{Y}] \rightarrow \bot$	5.88	121	Das Robustheitskriterium
Testfallgenerierung für Schleifen			
$\mathbb{k} \in \mathbb{K}_\mathbb{w}$	5.89	128	Menge möglicher Iterationen der Schleife $\mathbb{w}$
$\tilde{\mathbb{K}}_\mathbb{w}$	5.89	128	geordnete Iterationsfolge der Schleife $\mathbb{w}$
$[\![\mathbb{w}]\!]$	5.90	129	Ausführung der Schleife $\mathbb{w}$
$[\![\mathbb{k}_i]\!][\mathbb{w}_j]$	5.90	129	Ausführung Iteration $\mathbb{k}_i \in \mathbb{K}_\mathbb{w}$ als $j$te-Iteration der Schleife $\mathbb{w}$
$\check{\mathbb{k}} \in \check{\mathbb{K}}_\mathbb{w}$	5.91	129	Die Menge terminierender Iterationen der Schleife $\mathbb{w}$
$\mathbb{k}_i \rightsquigarrow \mathbb{k}_j$	5.92	129	Die Iteration $\mathbb{k}_i$ beeinflusst die Iteration $\mathbb{k}_j$
$\mathbb{k}_i \sim_\mathbb{Y} \mathbb{k}_j$	5.93	130	Die Iteration $\mathbb{k}_i$ ist bzgl. Modifikationen der Symbolmenge äquivalent zu der Iteration $\mathbb{k}_j$
$[\mathbb{K}]^*_\mathbb{Y}$	5.93	130	Die Menge der Äquivalenzklassen der Iterationen der Schleife $\mathbb{w}$
Testvektorgenerierung			
$\mathbf{Rel}(\mathbb{y}, \bar{\mathbb{S}}, \gamma)$	5.94	134	Prädikat zur Prüfung der Parameter Relevanz

Literaturverzeichnis

[1] W. Ahrendt, B. Beckert, R. Bubel, R. Hähnle, P.H. Schmitt, and M. Ulbrich. *Deductive Software Verification – The KeY Book: From Theory to Practice*. Lecture Notes in Computer Science. Springer International Publishing, 2016. 43, 45, 47, 47, 47

[2] Wolfgang Ahrendt, Bernhard Beckert, Reiner Hähnle, Philipp Rümmer, and Peter H Schmitt. Verifying object-oriented programs with key: A tutorial. In *Formal Methods for Components and Objects*, pages 70–101. Springer, 2007. 47

[3] Wolfgang Ahrendt, Jesús Mauricio Chimento, Gordon J Pace, and Gerardo Schneider. Verifying data-and control-oriented properties combining static and runtime verification: theory and tools. *Formal Methods in System Design*, pages 1–66, 2017. 58

[4] Paul Ammann and Jeff Offutt. *Introduction to software testing*. Cambridge University Press, 2016. 16

[5] C. Baier, J.P. Katoen, and K.G. Larsen. *Principles of Model Checking*. MIT Press, 2008. 43

[6] Michael Barnett, Robert DeLine, Manuel Fähndrich, K Rustan M Leino, and Wolfram Schulte. Verification of object-oriented programs with invariants. *Journal of Object Technology*, 3(6):27–56, 2004. 66

[7] Mike Barnett, Bor-Yuh Evan Chang, Robert DeLine, Bart Jacobs, and K Rustan M Leino. Boogie: A modular reusable verifier for object-oriented programs. In *International Symposium on Formal Methods for Components and Objects*, pages 364–387. Springer, 2005. 47

[8] Mike Barnett, K Rustan M Leino, and Wolfram Schulte. The spec# programming system: An overview. In *International Workshop on Construction and Analysis of*

Safe, Secure, and Interoperable Smart Devices, pages 49–69. Springer, 2004. 2, 25, 45

[9] Mike Barnett and David A Naumann. Friends need a bit more: Maintaining invariants over shared state. In *MPC*, volume 3125, pages 54–84. Springer, 2004. 66, 66

[10] Nels E Beckman, Aditya V Nori, Sriram K Rajamani, Robert J Simmons, Sai Deep Tetali, and Aditya V Thakur. Proofs from tests. *IEEE Transactions on Software Engineering*, 36(4):495–508, 2010. 58, 58

[11] Régis Blanc, Viktor Kuncak, Etienne Kneuss, and Philippe Suter. An overview of the leon verification system: Verification by translation to recursive functions. In *Proceedings of the 4th Workshop on Scala*, page 1. ACM, 2013. 69

[12] Manfred Broy, Matthias Jarke, Manfred Nagl, and Dieter Rombach. Manifest*: Strategische bedeutung des software engineering in deutschland. *Informatik-Spektrum*, 29(3):210–221, 2006. 1

[13] Kim B Bruce. *Foundations of object-oriented languages: types and semantics*. MIT press, 2002. VII

[14] Joseph T Buck, Soonhoi Ha, Edward A Lee, and David G Messerschmitt. Ptolemy: A mixed-paradigm simulation/prototyping platform in c++. In *Proceedings of the C++ At Work Conference*, 1991. 15

[15] Patrice Chalin, Joseph R Kiniry, Gary T Leavens, and Erik Poll. Beyond assertions: Advanced specification and verification with jml and esc/java2. In *FMCO*, volume 5, pages 342–363. Springer, 2005. 25, 64

[16] Omar Chebaro, Nikolai Kosmatov, Alain Giorgetti, and Jacques Julliand. Combining static analysis and test generation for c program debugging. *Tests and Proofs*, pages 94–100, 2010. 60

[17] Maria Christakis. On narrowing the gap between verification and systematic testing. *it-Information Technology*, 2015. 59

[18] Maria Christakis, Peter Müller, and Valentin Wüstholz. Collaborative verification and testing with explicit assumptions. *FM 2012: Formal Methods*, pages 132–146, 2012. 59

[19] Maria Christakis, Peter Müller, and Valentin Wüstholz. Guiding dynamic symbolic execution toward unverified program executions. In *Proceedings of the 38th International Conference on Software Engineering*, pages 144–155. ACM, 2016. 59

[20] Edmund Clarke, Orna Grumberg, Somesh Jha, Yuan Lu, and Helmut Veith. Counterexample-guided abstraction refinement. In *Computer aided verification*, pages 154–169. Springer, 2000. 70

[21] Edmund M Clarke, Orna Grumberg, and Doron Peled. *Model checking.* MIT press, 1999. 44, 44

[22] Thomas H Cormen, Charles E Leiserson, Ronald L Rivest, and Clifford Stein. *Introduction to algorithms.* MIT press, 2009. 107, 143

[23] Christoph Csallner and Yannis Smaragdakis. Jcrasher: an automatic robustness tester for java. *Software: Practice and Experience*, 34(11):1025–1050, 2004. 61

[24] Christoph Csallner and Yannis Smaragdakis. Check'n'crash: combining static checking and testing. In *Proceedings of the 27th international conference on Software engineering*, pages 422–431. ACM, 2005. 61

[25] Mike Czech, Marie-Christine Jakobs, and Heike Wehrheim. Just test what you cannot verify! In *FASE*, pages 100–114, 2015. 60, 63

[26] Sandeep Desai and Abhishek Srivastava. *Software testing: A practical approach.* PHI Learning Pvt. Ltd., 2016. 33, 34, 35, 36, 38, 39

[27] Srinivasan Desikan and Gopalaswamy Ramesh. *Software testing: principles and practice.* Pearson Education India, 2006. 29, 39

[28] Werner Dietl and Peter Müller. Object ownership in program verification. In *Aliasing in Object-Oriented Programming. Types, Analysis and Verification*, pages 289–318. Springer, 2013. 65

[29] Alastair F Donaldson, Leopold Haller, Daniel Kroening, and Philipp Rümmer. Software verification using k-induction. In *SAS*, volume 11, pages 351–368. Springer, 2011. 70

[30] Sophia Drossopoulou, Adrian Francalanza, Peter Müller, and Alexander J Summers. A unified framework for verification techniques for object invariants. In *European Conference on Object-Oriented Programming*, pages 412–437. Springer, 2008. 63

[31] Vijay D'silva, Daniel Kroening, and Georg Weissenbacher. A survey of automated techniques for formal software verification. *IEEE Transactions on Computer-Aided Design of Integrated Circuits and Systems*, 27(7):1165–1178, 2008. 69

[32] Jean-Christophe Filliâtre and Andrei Paskevich. Why3—where programs meet provers. In *European Symposium on Programming*, pages 125–128. Springer, 2013. 47

[33] Donald G Firesmith. Common system and software testing pitfalls. Technical report, CARNEGIE-MELLON UNIV PITTSBURGH PA SOFTWARE ENGINEERING INST, 2014. 39

[34] Kathryn Francis and Peter J Stuckey. Loop untangling. In *International Conference on Principles and Practice of Constraint Programming*, pages 340–355. Springer, 2014. 69

[35] Juan P Galeotti, Carlo A Furia, Eva May, Gordon Fraser, and Andreas Zeller. Inferring loop invariants by mutation, dynamic analysis, and static checking. *IEEE Transactions on Software Engineering*, 41(10):1019–1037, 2015. 70

[36] E. Gamma, R. Helm, R. Johnson, and J. Vlissides. *Design Patterns: Elements of Reusable Object-Oriented Software*. Addison-Wesley Professional Computing Series. Pearson Education, 1994. 17, 19

[37] Patrice Godefroid, Nils Klarlund, and Koushik Sen. Dart: directed automated random testing. In *ACM Sigplan Notices*, volume 40, pages 213–223. ACM, 2005. 69

[38] Patrice Godefroid, Michael Y Levin, David A Molnar, et al. Automated whitebox fuzz testing. In *NDSS*, volume 8, pages 151–166, 2008. 69

[39] Patrice Godefroid and Daniel Luchaup. Automatic partial loop summarization in dynamic test generation. In *Proceedings of the 2011 International Symposium on Software Testing and Analysis*, pages 23–33. ACM, 2011. 70

[40] Bhargav S Gulavani, Thomas A Henzinger, Yamini Kannan, Aditya V Nori, and Sriram K Rajamani. Synergy: a new algorithm for property checking. In *Proceedings of the 14th ACM SIGSOFT international symposium on Foundations of software engineering*, pages 117–127. ACM, 2006. 58, 58

[41] Martin Hentschel. *Integrating Symbolic Execution, Debugging and Verification*. PhD thesis, Technische Universität Darmstadt, Januar 2016. 2

[42] Charles Antony Richard Hoare. An axiomatic basis for computer programming. *Communications of the ACM*, 12(10):576–580, 1969. 45

[43] Tony Hoare. The verifying compiler: A grand challenge for computing research. In *International Conference on Compiler Construction*, pages 262–272. Springer, 2003. 8

[44] Andreas Humenberger, Maximilian Jaroschek, and Laura Kovács. Automated generation of non-linear loop invariants utilizing hypergeometric sequences. *arXiv preprint arXiv:1705.02863*, 2017. 70

[45] Stefan Huster, Patrick Heckeler, Jürgen Ruf, Sebastian Burg, Thomas Kropf, and Wolfgang Rosenstiel. A software testing framework to integrate formal verification results. In Christian Haubelt and Dirk Timmermann, editors, *MBMV*, pages 183–192, 2013. 63

[46] Nicolai M Josuttis. *Object oriented programming in C++*. Wiley, 2003. 13

[47] Johannes Kanig, Rod Chapman, Cyrille Comar, Jerôme Guitton, Yannick Moy, and Emyr Rees. Explicit assumptions-a prenup for marrying static and dynamic program verification. In *International Conference on Tests and Proofs*, pages 142–157. Springer, 2014. 59

[48] Simon Kendal. *Object oriented programming using Java*. Bookboon, 2009. 13

[49] Joseph R Kiniry and David R Cok. {ESC/Java2}: Uniting {ESC/Java} and {JML}: Progress and issues in building and using {ESC/Java2} and a report on a case study involving the use of {ESC/Java2} to verify portions of an {Internet} voting tally system. 2005. 45, 61, 64, 69, 69

[50] Florent Kirchner, Nikolai Kosmatov, Virgile Prevosto, Julien Signoles, and Boris Yakobowski. Frama-c: a software analysis perspective. *Formal Aspects of Computing*, 27(3):573–609, 2015. 60

[51] Gerwin Klein, Kevin Elphinstone, Gernot Heiser, June Andronick, David Cock, Philip Derrin, Dhammika Elkaduwe, Kai Engelhardt, Rafal Kolanski, Michael Norrish, et al. sel4: Formal verification of an os kernel. In *Proceedings of the ACM SIGOPS 22nd symposium on Operating systems principles*, pages 207–220. ACM, 2009. 2, 47

[52] Daniel Kroening and Georg Weissenbacher. Verification and falsification of programs with loops using predicate abstraction. *Formal Aspects of Computing*, 22(2):105–128, 2010. 70

[53] D Richard Kuhn, Raghu N Kacker, and Yu Lei. *Introduction to combinatorial testing*. CRC press, 2013. 33

[54] Bernhard Lahres and Gregor Raŷman. Praxisbuch objektorientierung. *Galileo Computing*, 13, 2006. 14

[55] Philip A Laplante. *What every engineer should know about software engineering*. CRC Press, 2007. 24, 43

[56] Gary T Leavens. An overview of larch/c++: Behavioral specifications for c++ modules. In *Object-Oriented Behavioral Specifications*, pages 121–142. Springer, 1996. 25

[57] K Rustan M Leino and Peter Müller. Object invariants in dynamic contexts. In *European Conference on Object-Oriented Programming*, pages 491–515. Springer, 2004. 67

[58] Andreas Leitner, Ilinca Ciupa, Bertrand Meyer, and Mark Howard. Reconciling manual and automated testing: The autotest experience. In *System Sciences, 2007. HICSS 2007. 40th Annual Hawaii International Conference on*, pages 261a–261a. IEEE, 2007. 60

[59] Theodor Lettmann. *Aussagenlogik: Deduktion und Algorithmen: Deduktion und Algorithmen*. Springer-Verlag, 2013. 45

[60] Peter Liggesmeyer. *Software-Qualität: Testen, Analysieren und Verifizieren von Software*. Springer Science & Business Media, 2009. 3, 29, 33, 33, 36, 37, 37, 38, 38, 38, 39, 40, 40, 42, 43, 43, 43, 45, 111, 112, 115

[61] Tianhai Liu, Michael Nagel, and Mana Taghdiri. Bounded program verification using an smt solver: A case study. In *Software Testing, Verification and Validation (ICST), 2012 IEEE Fifth International Conference on*, pages 101–110. IEEE, 2012. 69

[62] Asma Louhichi, Wided Ghardallou, Khaled Bsaies, Lamia Labed Jilani, Olfa Mraihi, and Ali Mili. Verifying while loops with invariant relations. *International Journal of Critical Computer-Based Systems*, 5(1-2):78–102, 2014. 70

[63] Yi Lu, John Potter, and Jingling Xue. Validity invariants and effects. In *European Conference on Object-Oriented Programming*, pages 202–226. Springer, 2007. 68

[64] Bertrand Meyer. Design by contract. Technical report, Interactive Software Engineering Inc., 1986. 2, 24

[65] Bertrand Meyer. *Eiffel: the language*. Prentice-Hall, Inc., 1992. 25, 60, 63

[66] Microsoft Corporation. *Code Contracts*, 01 2012. 139

[67] Rick Miller. *C# for Artists: The Art, Philosophy, and Science of Object-oriented Programming*. Pulp Free Press, 2008. 13

[68] John C Mitchell. *Concepts in programming languages*. Cambridge University Press, 2003. 13

[69] Peter Müller, Arnd Poetzsch-Heffter, and Gary T Leavens. Modular invariants for layered object structures. 2005. 67

[70] Peter Müller. *Modular specification and verification of object-oriented programs*. Springer-Verlag, 2002. 2, 3, 47, 65, 94

[71] Peter Müller. Reasoning about object structures using ownership. *Verified Software: Theories, Tools, Experiments*, pages 93–104, 2008. 65

[72] Peter Müller and Arnd Poetzsch-Heffter. A type system for controlling representation exposure in java. In *ECOOP Workshop on Formal Techniques for Java Programs. Technical Report*, volume 269, 2000. 65

[73] Tobias Nipkow, Lawrence C Paulson, and Markus Wenzel. *Isabelle/HOL: a proof assistant for higher-order logic*, volume 2283. Springer Science & Business Media, 2002. 2, 47, 47

[74] Jan Obdržálek and Marek Trtík. Efficient loop navigation for symbolic execution. In *International Symposium on Automated Technology for Verification and Analysis*, pages 453–462. Springer, 2011. 70

[75] Edward E Ogheneovo. On the relationship between software complexity and maintenance costs. *Journal of Computer and Communications*, 2(14):1, 2014. 1

[76] R. Osherove. *The Art of Unit Testing: With Examples in C#.* Manning, 2013. 29, 29, 31, 31

[77] Jan Peleska, Helge Löding, and Tatiana Kotas. Test automation meets static analysis. *GI Jahrestagung (2)*, 110:280–290, 2007. 58, 58

[78] Cees Pierik and Frank S De Boer. A proof outline logic for object-oriented programming. *Theoretical Computer Science*, 343(3):413–442, 2005. 3

[79] J. Sistowicz and R. Arell. *Change-Based Test Management: Improving the Software Validation Process.* Engineer to Engineer Series. Intel Press, 2003. 39

[80] Andreas Spillner, Mario Winter, and Andrej Pietschker. *Test, Analyse und Verifikation von Software–gestern, heute, morgen.* BoD–Books on Demand, 2018. 30

[81] Nikolai Tillmann and Jonathan De Halleux. Pex–white box test generation for. net. *Tests and Proofs*, pages 134–153, 2008. 43, 59, 69

[82] Julian Tschannen, Carlo Furia, Martin Nordio, and Bertrand Meyer. Usable verification of object-oriented programs by combining static and dynamic techniques. *Software Engineering and Formal Methods*, pages 382–398, 2011. 60

[83] Julian Tschannen, Carlo Alberto Furia, Martin Nordio, and Bertrand Meyer. Automatic verification of advanced object-oriented features: The autoproof approach. In *Tools for Practical Software Verification*, pages 133–155. Springer, 2012. 60

[84] Aliaksei Tsitovich, Natasha Sharygina, Christoph M Wintersteiger, and Daniel Kroening. Loop summarization and termination analysis. In *TACAS*, volume 11, pages 81–95. Springer, 2011. 70

[85] Nicky Williams, Bruno Marre, Patricia Mouy, and Muriel Roger. Pathcrawler: Automatic generation of path tests by combining static and dynamic analysis. In *EDCC*, volume 3463, pages 281–292. Springer, 2005. 60, 69

[86] Xusheng Xiao, Sihan Li, Tao Xie, and Nikolai Tillmann. Characteristic studies of loop problems for structural test generation via symbolic execution. In *Automated Software Engineering (ASE), 2013 IEEE/ACM 28th International Conference on*, pages 246–256. IEEE, 2013. 69

[87] Tao Xie, Nikolai Tillmann, Jonathan de Halleux, and Wolfram Schulte. Fitness-guided path exploration in dynamic symbolic execution. In *Dependable Systems & Networks, 2009. DSN'09. IEEE/IFIP International Conference on*, pages 359–368. IEEE, 2009. 70